『导』亦有道

——『五学五导生长课堂』实践与研究

黄尤林／主编

中国文联出版社

图书在版编目（CIP）数据

“导”亦有道：“五学五导生长课堂”实践与研究 / 黄尤林主编. — 北京：中国文联出版社，2023.12
ISBN 978-7-5190-5402-1

Ⅰ. ①导… Ⅱ. ①黄… Ⅲ. ①小学语文课—课堂教学—教学研究 Ⅳ. ①G623.202

中国国家版本馆CIP数据核字（2024）第028102号

主　　编　黄尤林
责任编辑　刘　旭
责任校对　秀点校对
装帧设计　刘贝贝　李　娜

出版发行　中国文联出版社有限公司
社　　址　北京市朝阳区农展馆南里10号　　邮编　100125
电　　话　010-85923025（发行部）　010-85923091（总编室）
经　　销　全国新华书店等
印　　刷　北京四海锦诚印刷技术有限公司

开　　本　710毫米×1000毫米　1/16开
印　　张　18.5
字　　数　350千字
版　　次　2023年12月第1版第1次印刷
定　　价　58.00元

编 委 会

序 言

聚焦五学五导　叩问生命成长

——“五学五导生长课堂”的实践样态

从“双基训练”到“三维目标”，再到“核心素养”的提出，为课堂改革增添了新意，创设了亮点。教师的教学理念、内容、方法有突破吗？他们的课堂究竟存在哪些问题？他们的课堂效益增大了吗？课堂改革将走向何方？……

黄尤林情智共生工作室以成都市名师专项课题“‘五学五导生长课堂’实践与研究”为支点，撬动课堂深度变革，分别从“为什么”“是什么”“怎么做”“怎样评”四个方面求解，以“五学”破解学生的成长密码，以“五导”破译教师的发展密码，以“生长”为主线，探求师生在课堂的生长样态，教给学生对学生一生都有用的东西，践行“真学真教”，努力实现“知行合一”，提高课堂效率，提升课题品位，提高课程质量。

一、课堂教学的问题聚焦

（一）穿新鞋走老路——思想观念陈旧

教师忽视角色转变，仍以教师为中心，认为教师是独奏者，学生只需要恭敬地聆听；忽视调动学生的积极性，仍是由教师进行单纯的、整齐划一的讲授，学生仍是被动地接受式学习；忽视教学方式的改变，使学生成了课堂的“奴隶”，他们不能亲自操作，不会主动参与，教学质量低下，使“知行合一”成为水中月、镜中花。

（二）握旧票登新船——教学方式落后

一是作用点不准。“眉毛胡子一把抓”“乱点鸳鸯谱”，教学目标过多过杂，隔靴搔痒、蜻蜓点水。二是作用点过多。课件容量大，教师成了"放映师"，课堂成为"资源展示厅"，学生成了"信息接收器"。三是作用点过偏。使教师充满魅力的教学艺术和学生富有个性的自主学习、合作探究，让位于泛滥成灾的图、文、声、像，导致热闹有余但知行分离，学生片面畸形地发展。

（三）拉虎皮做大旗——媒体功能异化

教师课堂中过量地运用课件、网络资源等，缺乏对学科特点和教学需求的深入分析，缺乏精心设计，减弱了学生智慧与智慧、思想与思想的碰撞，使学生的性情变得浮躁。没有充分利用预设的情境提出富有挑战性的问题，来激发学生对字、词、句、段的深度理解的热情，探求、挖掘和感悟字、词、句、段的浓厚兴趣。

解决问题的良策在哪里？途径有哪些？全体成员在深度追问中开展了系列研究，将课堂独奏变为"交响乐"，使师生彼此独奏，又为对方伴奏，让师生学会演奏，获得新的生长。

二、"五学五导生长课堂"的理论视角

（一）古为今用——主体理论的源头

《礼记·学记》"道而弗牵"——教导学生，但不能牵着走；"强而弗抑"——督促学生，但不能压制："开而弗达"——教给学生知识，但不能灌输。

（二）洋为中用——国外主张的启示

美国教育家杜威认为"教育即生长"，提出了"儿童中心论"和"做中学"的观点。他还提出了教学五步骤：暗示问题情境—遇见真实问题—提出各种假设—整理解决办法—应用检验价值。他提倡以问题解决为中心，注重学生的独立活动，着眼于学生的思维力和意志力培养。

（三）活学活用——现代模式的借鉴

近代教育家陶行知提出"好的先生不是教书，不是教学，乃是教学生学"。近现代涌现了一批富有特色的教学模式："传递—接受"式、"自学—辅导"式、"引导—发现"式（"问题—探究教学"式），最有代表性的是以下几例。

1. 杜郎口“三三六”自主学习模式

其有三个特点——立体式、大容量、快节奏；三个模块——预习、展示和反馈；六个环节——预习交流、明确目标、分组合作、展示提升、穿插巩固和达标测评。

2. 洋思课堂教学模式——“先学后教，当堂训练”

洋思人认为“课改的目的是课堂效益的最大化，要将课堂变成师生高效发展的、共赢的课堂”。

3. 盘锦课堂教学模式

盘锦课堂教学模式以“定向—自学—释疑—探究—互测—自结”为核心，具体包括以下四点：第一，通过“定向”来帮助学生把握一节课的“全局”，确定学习的重点、难点，明确学习目标；第二，教师在教授学生方法后鼓励学生“自学”；第三，在“导学释疑”“合作探究”中深化课程重点、突破难点；第四，通过“测试”“自结”使学生达到强化和运用知识的目的。

（四）边试边用——预设模式，超越模式

基于学生的“学”，基于教师的“导”，基于发展学生核心素养，在实践研究中，我们预设基本教学模式，边尝试边思考，边改革边完善。我们鼓励每一位教师活用教学模式，超越教学模式，让每一位教师都能找到适合自己的教学方法，让课堂教学实现真实的改变。

“五学五导生长课堂”实践与研究课题组狠抓“五学五导生长课堂”这个锚点，直击问题，寻求良策，创新评价，使课堂不断迭代升级，铸就课堂品牌。

三、“五学五导生长课堂”的突围路径

主动探究学习的课堂必然是充满朝气与活力的课堂，是一个个鲜活生命体相互涌动、激越，交往互动，相互碰撞、启发、滋润，在尽情体验、探求与分享中共同发展的课堂。在研究实践中，我们把课堂改革的关注点提高到“生命”的高度，把兴奋点焦聚于“生命发展”上，把着力点投放在“生命的碰撞与交流”上，使学生真正成了课堂的主人，使学生的生命在课堂上雀跃，教师的生命在课堂上涌动，无论在台上、台下，无论学生学习起点是高是低，都能够得到最佳发展。

（一）营造人文关怀的课堂——尊重学生的生命主体

我们把语文教学的目标、内容、过程、评价等鲜明地指向生命的发展，使语文课成为对学生生命的呼唤。在课堂上"教师、学生、教材"相互尊重，平等民主地对话、交流、交往，教师充分关注差异，善待差异，想办法满足学生对语文学习的不同需求。学生分小组按兴趣、成绩（好、中、差）搭配，讨论时能充分尊重别人，不管内容对与错，不轻易打断别人的谈话，老师不贬低或讽刺观点不一致的人，让学生能充分发挥，使课堂成为学生展示的舞台。

（二）构筑魅力四射的课堂——焕发学生的主动精神

学生只有感到快乐，才会变得主动，只有主动，才会有充分发展。魅力四射的课堂能使学生快乐地学习，在尽情地享受与滋润中，获得健康成长。课题组的做法如下所示。

1.营造快乐情绪的魅力

充分利用信息资源创设多样情境，借助其内容丰富、用多媒体呈现、具有联想结构的特点，借助人机交互技术和信息处理平台，为学生提供了丰富多彩的学习环境和有力的学习工具，构筑了课堂欢乐的基调、轻松的氛围，使学生的主动精神得以被激发，学生在探究学习中获得的是愉悦、享受、滋润和陶冶。

2.诱发追求与实现的魅力

我们在打造课堂愉悦魅力的基础上，及时地引导学生将焕发出来的主动精神和获得的情绪、情感尽情地释放出来，将其转化成追求学习的自我实现，追求自己生命价值实现的认识、情感和学习行为。

3.显示语文学科的魅力

充分挖掘语文学科自身无穷尽的内涵与深不可测的领域以显示其魅力。包括语文学科文字、语言、阅读、写作的魅力，书法、朗诵、检索的魅力，用语言、文字表达思想、观点、意见、情感、塑造形象的魅力等，使学生在发现语文的魅力、享受魅力中得到充分发展。

（三）生成智慧碰撞的课堂——促进学生的主动思维

生命体本身就蕴含着智慧。我们在小学语文探究学习中，尽可能地发挥每一个学生的智慧，挖掘每一个学生的潜能。让每一个学生以智慧启迪智慧，以智慧交换智慧，以智慧融合智慧，以智慧发展智慧。让探究学习的师生之间、学生之间没有明显的地位区别，教师是学生学习的伙伴，让大、小伙伴一起进行生命律动，师生互动、生生互动、人机互动，在智慧的传递与互换中，丰富和发展自己的智慧。

（四）搭建交流合作的平台——发展学生的探究能力

在教学过程中，师生之间、学生之间的信息都需要不断地进行交流，在交流中探讨，在互动中合作。在师生、生生的交流协商学习中，学生既可以在网上查找资料，进行探究阅读，自主积累、自由感悟、自在审美，还可以将自己查寻的结果形成自己的意见通过网络工具与教师或学生交流、探讨、合作学习。

“寂寞是一个人的狂欢，狂欢是一群人的寂寞。”让课堂成为师生生命和灵魂的栖居地，愿黄尤林情智共生工作室成员继续在“五学五导生长课堂”这条艰辛且幸福的改革路上追根求源、深度挖掘，形成更丰富的研究成果。

黄尤林

2023年3月12日

前言

在课堂摸爬滚打35年的我，从简陋、泥泞、偏远的山村小学，到古色古香的县城省重点实验小学，再到豪华气派的省城小学，职业生涯不断冲破舒适区，踏上一次又一次蝶变之旅。

2018年8月，我的职业生命再次出现拐点。我以四川省特级、正高级高端人才身份引进至成都市新都区蚕丛路小学校，在李继美校长的引领下，组建成都大学蚕丛路小学教师发展学校，建立教育科研基地，筹建发展与研究中心，踏上了教师培养的蜕变之旅。2020年4月和2021年4月，我分别领衔成都市第三批和新都区第三批名师工作室，工作室由38名成员组成。为怎样把这些“有经验”“有思考”的优秀教师培养成为卓越教师，我把“以情激智、以智生情、情智共生”作为工作室发展理念，把开启专业发展的“第三双眼”——提炼教学主张，作为奋斗目标，聚焦习作教学，坚定行走步伐，“+”强内涵积淀，“-”少急功近利，“×”势个性发展，“÷”去惰性思维，同心同向同行，共建共享共进，实现情智共生。

在工作室成员共读著名教育学者成尚荣先生的《儿童立场》后，每个成员都扪心自问：究竟有多少学生喜欢我教的课？怎样才能让更多的人喜欢我的学科？如果学生不喜欢我的学科该怎么办？这是每个成员都要深度思考且不断优化的问题，教师要不断调整自己的专业短板，把精准研判学情作为重要发展指标，逐渐学会站在儿童视角思考问题，做出科学合理的决策。

教师要把自己的教育智慧应用在适当的时间，用恰当的方法激发学生主动思考。当学生自主解决问题受阻时，教师要用恰当的方法为他们指引方向，并照亮学生求知前路的指明灯，让学生形成自主寻求知识、主动解决问题的能力和可持续发展的终身素养。

工作室以成都市名师专项课题——中高段“五学五导生长课堂”实践与

研究为研究目标，分别负责自己最擅长的领域，组建专业发展共同体。阅读主要分为单篇（精读课文、略读课文、文言教学）、群文阅读、整书阅读三个子课题共同体，口语交际训练共同体，习作训练分为低段“绘画与写话”训练共同体、中段“体验与表达”训练共同体、高段“评改与发表”训练共同体。每个共同体在总课题的指导下，以“五学五导生长课堂”课例研究为重心，以专题讲座为着力点，以《少年百科知识报》“黄尤林名师工作室”为成果发布平台，将研究成果在工作室定期活动中辐射开来，先后在金堂县实验小学、温江区实验小学、新都区蜀龙学校、新都区桂林小学等学校推广应用，得到了推广学校的高度赞誉。

“爱过方知情重，醉过才知酒浓。”为进一步提高工作室成员的成果意识和专业自信，提炼他们的教学主张，使他们早日形成教学风格，让实践留下痕迹，梳理研究成果，我们出版了这本书。愿这本稚嫩的小书能激扬起每个成员继续远航的成长之帆，使他们重新规划航程，时刻助力自己前行，努力将自己锤炼成一个自带“光源”的人，反哺自己所在学校的优秀教师，与他们一起从优秀走向卓越，书写幸福完整的教育人生。

让课堂成为直击学生灵魂，实现心灵交流的场域！远离浮躁短视，远离急功近利，远离社会喧嚣，回归课堂原点，回归教育本真，遵循教学规律，尊重生命，无限信任学生，让课堂成为师生生命成长的地方，成为师生情智共生的主战场！

我们以最朴素的姿态行走在“五学五导生长课堂”的改革路上，了解儿童，让儿童在人文的课堂中学会质疑和追问，让儿童思维走向纵深；相信儿童，让儿童在自然状态下进行自主实践，掌握学习方法，形成学习能力；滋养儿童，让儿童在其乐融融的学习过程中，耳濡目染地学做人，让真学真教真正地发生，真正地在课堂落地生根！

由于水平有限，本书难免有些许错漏，敬请读者匡正。

黄尤林

2023年3月18日

目 录

第一篇 旁门正道：“五学五导生长课堂”的理性回归

第二篇　头头是道：“五学五导生长课堂”的阅读实践策略

第三篇　能说会道：“五学五导生长课堂”的口语交际实践与研究

第四篇　文以载道：“五学五导生长课堂”习作实践研究

第五篇　津津乐道：“五学五导生长课堂”的推广效果

第一篇

旁门正道：

“五学五导生长课堂”的理性回归

杨东先生的专著《旁门正道》封面上写道“一只蜜蜂，望见窗外的鲜花，在窗户玻璃上嗡嗡乱撞，却不知旁边的窗户才是开着的。”由此情景引发的联想：在课堂改革的院落里寻找出路，我们不正像这只蜜蜂，总要撞上几个回合，才会发现旁边的出口。

“五学五导生长课堂”内涵是什么？为什么？怎么做？研究效果及创新程度如何？选择好切入点后，我们积极引导全体工作室成员对“五学五导生长课堂”研究价值高度认同后再精心实施。

紧扣“五学五导生长课堂”主题，形成以学生的“学”为主、以教师的“导”为辅的生长课堂，立足于学生的原有认知、立足于学生的真实生活，一切行为服从、服务于学生的“学”，教师为学生搭建平台，为学生的“学”提质增效。

重构教学环境，变革学习方式，再造导学流程，引发深度学习，根治“少慢差费”痼疾，努力提高“五学五导生长课堂”吸引力、感染力和影响力，扩大“生长课堂”成果，彰显“生长课堂”品牌。

第一章

揭开“五学五导生长课堂”的神秘面纱

领衔教师：成都市新都区蚕丛路小学校　黄尤林

践行五学五导生长课堂，让课堂成为师生生命成长的栖息地。

——课题组研究感悟

“小学中高段‘五学五导生长课堂’实践与研究”是由成都市教育科学规划办批准的黄尤林领衔的名师专项课题（课题编号：CY2019ZM37），工作室成员严格按照方案开展研究，扎实工作，勤于钻研，勇于探索，开拓创新，圆满完成研究任务，取得了预期成果，为课堂改革提供可借鉴的实践经验，是一项经过实践验证的、有着广泛推广价值的课题，研究成果先后在温江区实验小学、金堂实验小学、新都区桂林小学、蜀龙学校、利济小学进行推广，培养了一批优秀教师，得到实验教师的高度评价，2022年10月经专家鉴定后顺利结题。

第一节 "五学五导生长课堂"的研究背景

成都市新都区蚕丛路小学校 黄尤林

一、观察课堂的理性反思

30年一线课堂教学按下暂停键，2018年8月我从大竹县第一小学调入蚕丛路小学发展与研究中心，从事教师发展和教育科研工作，观课、议课、诊课成了我的主要工作。我大约复盘了160节课，开始理性反思，发现课改实施以来，教学理念与方法有了显著变化，但仍有教师坚持灌输式的陈旧教学理念：牵引痕迹重，学生做不了主；活动形式虚，学生找不着北；学习目标飘，学生抓不住本；教学设计滥，学生提不起神。

1. 坚持学生立场，但主体偏移，学习受限

教师的教学时间观不强，不能很好地向课堂40分钟要质量，对每个环节所用时间掌握不好，耗时耗力，教学效果大打折扣。学生主动学习欲望不强，大多数学生处于盲目、随从状态，甚至有的同学玩弄东西，对教师的讲解漠不关心。

2. 建构学习方式，但被动应付，消极依赖

主动参与学习的同学人数太少。在课堂上，大多数同学不能积极主动地发言，不乐意表达自身的观点，课堂气氛沉闷，同学参与面小，反馈面小，考虑问题、回答问题积极的同学只占全班人数的20%，仍有80%以上的同学处于被动、机械接受状态。同学之间的交流有待加强。在课堂中，同学对回答问题者不关注，不倾听同学的发言，也不能及时做出补充评价，学习状况松散、拖拉，缺少相互促进、一起达成目标的氛围。

3. 变革主导理念，但重教轻学，为教而教

教师在授课过程中，满足于对教材内容的简单机械的重复，依照参考书的方法设计直叙，不敢越雷池半步；很少设计出较新颖的练习方法，不注重鼓励、褒扬、启发同学，而是批评、指责同学，挫伤了同学练习的积极性。同学学习兴趣因此很受影响，造成课堂效率低下，能力训练目标难以完成。教师没有形成对自身有实用的教学模式。即使有，也出现对自身所采用的教学模式认识模糊、不能很好地掌握各个环节的时间等问题。讲授式重结果而轻过程，不能让同学在"动手、动口、动脑"中理解知识、结论的发生和形成过程。

4. 课程意识缺失，目标意识淡化，单元意识缺乏

教师对《义务教育语文课程标准》研读不够透彻，对教材解读不够精准，导致课堂重点不突出，难点突破手段单一，教学效果不佳，目标的设定与达成也大打折扣。学生对要获得的知识、形成的能力了解不够准确，对知识的地位、作用及前后联系理解不完整，使学生一知半解。

教师不能很好地解读优秀教案，导致优秀教案的使用价值不高，教学设计不够精心，导学流程心中无数，教学随意性太强，脚踩西瓜皮，溜到哪里算哪里。对教学中出现的问题、障碍预设不充分，对整堂课全面安排和考虑不够，导致课堂结构松散，环节零乱，层次模糊。

因为教师对《义务教育语文课程标准》解读不精，对教材理解不到位，对知识的重难点和关键掌握不准确，使课堂教学的盲目性增大，教学方式、方法、手段单一，课堂枯燥乏味，致使学生知识、技能得不到有效落实，知识得不到联系和拓展。

如何真正揭开课堂学习的神秘面纱？如何让课堂学习真正发生？怎样实现教师教的就是学生想学、会学且能学的？怎样在课堂中实现真学真教？如何真正指向学习的本质？

二、现实课堂的深度分析

课题组把"深度学习"划分为"已知""能知""困惑""潜能"四个区域，从240节观摩课中统计，75%的学生停留在"已知""能知"区，15%的学生处在"困惑"区，达到"潜能"区的不到10%。主要问题聚焦在以下几个方面：

1. 学生本位虚化

教师教得过度，教得无效；学生学得被动，学得无趣。学生是课堂的主角，教师是课堂的导演。从备课环节开始，就应以学生为备课的中心，以学生为本。在课堂这一舞台上，教师始终是导演，"主导"指的是在课堂上教师由场上的"主演"变成了场外的"指导"，"教师之为教，不在全盘授予，而在相机诱导"（叶圣陶语），在课堂上教师主要把握好这个"导"字，也就是在课堂上教师不再只是一个传递信息的人，而是主客体相互作用的促进者。教师讲的少了，直接灌输减少甚至消失了，但教师的启发、引导作用和事先的工作、组织工作都增强了，通过引导学生阅读、思考，让学生提出问题；通过组织学生搜集材料，发动讨论、辩论，集思广益，让学生解决问题。课堂总以发挥学生学习主动性为先决条件，教师作用在于诱导学生思维，只在学生"愤""悱"时予以指点。提倡学生主体性，就应当把提问的主动权交还给学生，让学生参与探讨的过程，尊重学生探讨的结果。

2. 课堂范式缺乏

课堂结构僵化，目标同质、方式统一、进程同步。新课程改革要求改变学生的学习方式，推进素质教育，也就是要提高课堂教学的有效性。而要提高课堂教学的有效性，就应高度关注学生的课堂行为。如果能在教师的教学行为上加以重视和改进，通过课堂上师生的交往和互动，引导和规范学生的课堂行为，抑制并减少学生异常行为的发生，就可以大大提高课堂教学的有效性。

3. 评价方式单一

不能有效激发学生强烈的深度学习欲望。"评价"是课程实施的一个非常重要环节。新课程的评价强调评价功能从注重甄别与选拔转向激励、反馈，调整评价内容从过分重视学业成绩转向注重多方面发展的潜能，评价主体从单一转向多元……新评价要求广大教师转变观念，树立评价为学生的发展服务、为学习服务的评价观，把学生当作有血有肉、有情感、有理性、有尊严、有发展潜力的生命体，突出评价的诊断、激励和改进的发展性功能。

深度学习如何发生？教学环境如何重构？导学流程如何再造？"少慢差费"的痼疾怎样根治？课堂学习方式怎样变革？……

三、"五学五导生长课堂"的理性追问

从"双基训练"到"三维目标"再到"核心素养"，这是课改一路前行的符号，教育变革落脚在课程，最终落实在课堂。课堂教学的痼疾盛行，课堂教学问题依然严峻，课题组对其进行了理性追问并大胆实践。

"五学五导生长课堂"研究小组直面以上问题，"以理念补经验""以团队抵精英"，凝聚学校"幸福教育"理念，指引全体年轻老师一踏上讲台，就沿着正确的方向前行，并在教学实践中逐渐领悟教育的真谛与美好。

第二节 "五学五导生长课堂"的理论支撑与研究设计

成都市新都区蚕丛路小学校 黄尤林

一、"五学五导生长课堂"的理论支撑

（一）从卢梭到杜威再到陶行知，为"生长教育"思想找寻精神支撑

正确理想信念是教书育人、播种未来的指路明灯。通往未来的路，永远不可能一蹴而就，总需要有人去探索。一名好老师，应该把"传道"之"道"，蕴含在"授业""解惑"的过程之中，用正确的方法诠释科学的理念，以自身的理解去诠释和传播中华优秀传统文化，汲取世界文明，从而培养出真正的建设者，用行动助力中华民族伟大复兴中国梦的实现。

（二）厘清"生长课堂"的思想脉络，为"生长课堂"找到"根"

教学设计缺乏清晰的脉络，琐细的问题使文本支离破碎，整堂课没有整体感。教师要设计一堂好的语文课，就要像构思一篇好的文章一样，必须做到层次清楚，脉络清晰，给人一气呵成的感觉。

（三）阐释"生长课堂"的基本理念，为"生长课堂"找到"魂"

人的生物性是教育的基础，用"生长"来定义儿童教育的意义，当然不应该只是生物学意义上的、工具性的、单向度的人，也不应该是抽象的、普遍的人，而应该是具体的、现实的、活生生的、完整的人。生命是教育的原点，教育与生命共存。因此，面对有着丰富多彩的生命内涵的学生，我们的课堂只有回归生长本身，才能展示出它的无穷魅力，也只有不停地在生长中对课堂展开理解，才能理解教育，从而实现生命意义的回归。

（四）参考"生长课堂"的基本文献，为"生长课堂"找到"路"

从郭思乐的《教育走向生本》《教育激扬生命：再论教育走向生本》、周一贯的《语文课堂变革的创意策略：周一贯谈好课的应有样态》、孟晓东的《用生长定义教育》、黄厚江的《语文课堂寻真——从原点走向共生》等文献中借鉴经验，运用到我校教师的课堂教学中。

（五）构建"生长课堂"的基本模式，为"生长课堂"找到"型"

建构"五学五导生长课堂"，指导学生自主地学，自发地学，自觉地学，使他们开阔思维的广度，开掘思维的深度，探索语文教学的真谛，让教学回归学生本体，回归学习本质，回归教学本真，强化学生深度学习和自主建构。

（六）组建"生长课堂"的研究团队，为"生长课堂"找到"盾"

组建"语文生长课堂"研究团队，从理论和实践两个层面开辟语文教育新天地，提升参研教师的学术修养。

二、"五学五导生长课堂"的研究设计

（一）研究目标与内容

1. 研究目标

（1）加深"五学五导生长课堂"的理性认识。

（2）构建"五学五导生长课堂"的基本模式。

（3）开展"五学五导生长课堂"的范式研究。

（4）探究"五学五导生长课堂"的评价体系。

（5）开拓"五学五导生长课堂"的价值创新。

2. 研究内容

（1）形成课题实验方案

① 完成"课堂现状"的调查分析报告。

② 查阅"五学五导生长课堂"相关的文献资料。

③ 拟定"五学五导生长课堂"的实验方案。

（2）"五学五导生长课堂"教学模式的建构及功能研究

① 建立"五学五导生长课堂"自主、合作、探究学习共同体。

②"五学五导生长课堂"教学模式中"学"的研究。

③"五学五导生长课堂"教学模式中"导"的研究。

④ 初步构建"五学五导生长课堂"教学模式。

（3）"生长课堂"的保障措施

①"生长课堂"培养生成问题的方法研究。

②"生长课堂"合作解决问题的方法研究。

③"生长课堂"成果展示的方法方式研究。

④"生长课堂"生成问题的有效性研究。

⑤"生长课堂"互动探究方式方法的研究。

（4）"生长课堂"的评价研究

①自我评价、同伴评价、教师评价、家长评价策略。

②"生长课堂"行动模式前后比较研究。

③"生长课堂"行动模式前后学生心理、行为变化研究。

④教师备课方式、教学行为变化研究。

（5）"生长课堂"范例研究

①"生长课堂"观察点的研究。

②"生长课堂"教学情感研究。

③"生长课堂"优秀课例研究。

（二）研究思路与方法

1. 实施范围及样本选择

第一轮实验对象分别为蚕丛路小学二（1）班、三（2）班、四（2）班、五（1）班、六（1）班；温江实验小学四（2）班、五（3）班、六（4）班；蜀龙学校三（4）班、五（1）班；桂林小学四（3）班、五（7）班。

2. 研究的基本思路

弄清"为谁教""教什么""怎么教"的辩证关系，从关注"教"转变为关注"学"；从注重学生的外在变化到注重学生内在变化的转变；从强调学生的学习结果到强调学生的学习过程的转变；从单一的教师讲授的教学方法到师生互动的教学方法的转变；从封闭式的教学组织形式到开放式的教学组织形式的转变。

研究团队以推进新课程为核心，以课堂教学改革为突破口，以提高教师整体素质和教学质量为目标，进行大量的实践与研讨，对课堂教学如何改革取得了较为深切的认识与体会。

以丰富的实验数据为依据，提炼形成切合校情、具有我校特点的、适用于学科教学的课堂教学模式——"五学五导生长课堂"教学模式。

深化"五学五导生长课堂"教学模式，实现教学方式和学习方式的转变，推动教育教学理论研究工作，形成校本课堂教学理论体系，让教育科研与教学实践教育的反思与专业成长紧密结合，不断提升教师的教科研水平和实践能力。

（三）研究阶段与内容

1. 准备阶段：（2019年3—6月）

（1）筹备课题组设计实验方案。

（2）培训实验教师，对实验对象进行实验前测。

（3）聘请成都大学师范学院小教系主任黄云峰博士指导论证。

（4）修改实验方案，使其具有更强的可操作性。

2. 实施阶段：（2019年7月—2021年3月）

（1）学习掌握有关理论和确立的理念。

（2）探索"生长课堂"的建设策略。

（3）开展"生长课堂"的教师发展策略研究。

（4）构建"五学五导生长课堂"行动模式。

（5）定期交流研讨实验经验，反思实验情况，相互借鉴成功经验。

（6）撰写上述过程中各方面的经验总结或论文、阶段性报告等。

3. 总结推广阶段：（2021年4月—2022年9月）

（1）汇总子课题。

（2）对课题进行过程中收集、形成的资料进行总结、分析。

（3）撰写实验研究报告。

（4）对研究的成果进行汇编，形成系列成果。

（四）研究方法与运用

1. 问卷调查法

向学生发放"生长课堂"的问卷，对回收的问卷进行描述性统计分析，以期能够得到一些量化的、较有说服力的指标，通过调查现代制度试点学校教师发展存在问题等，分析其现状及成因，确定课题。

2. 文献研究法

在硕博士论文、期刊网中的全文数据库和万方数据资源系统、外文数据库等权威数据库分别以"生长课堂""五学五导"及与其相关的关键词进行检索，将检索到的文献按其重要性排列，决定阅读文献的顺序，追踪涉及的参考文献，通过对教学理论的学习，明确研究价值、研究思路、研究方法等，学习借鉴成功经验，推进研究工作。

3. 行动研究法

基于研究所得的数据和结论，根据相应的效果反馈，提出改善建议措施并落实，探索建构“五学五导生长课堂”的有效策略。

4. 个案研究法

由于本研究的主要研究对象是现代学校教师，主要采用以质性研究为主、量化研究为辅的分析方法，从发展的现状、策略、措施、效果四个方面展开调查。同时对访谈得来的材料进行整理分析，得出访谈一手资料。定量分析则主要运用统计图表制作软件对问卷调查搜集的数据进行输入，对数据进行初步的定量分析，结合Excel、SPSS分析工具做出图表进行详细解读。以对不同个性特征、不同层次的教师发展进行长期的成长记录，研究其有无达到预期效果，及时调整研究思路、方法等。

5. 经验总结法

不断将调查、研究得到的数据及信息进行定性分析，将感性认识上升为理性认识，总结出基于现代改制学校教师发展的有效模式及策略。

第二章

“五学五导生长课堂”的基本内涵与课堂生态

领衔教师：成都市新都区蚕丛路小学校　吕焱

从卢梭到杜威再到陶行知，从郭思乐的《教育走向生本》《教育激扬生命：再论教育走向生本》、周一贯的《语文课堂变革的创意策略：周一贯谈好课的应有样态》、孟晓东的《用生长定义教育》、黄厚江的《语文课堂寻真——从原点走向共生》等文献中借鉴经验，厘清“生长课堂”的思想脉络，为“生长课堂”找到“根”；阐释“生长课堂”的基本理念，为“生长课堂”找到“魂”。

“五学五导生长课堂”，指导学生自主生长、自发生长、自觉生长、自然生长、自由生长，让学生开阔思维的广度，开掘思维的深度，探索教学真谛，让教学回归学生本体，回归学习本质，回归教学本真，强化深度学习和自主建构。

第一节 "五学五导生长课堂"的基本内涵与特征

成都市新都区蚕丛路小学校 刘怀菊

一、"五学五导生长课堂"的基本内涵

（一）"五学""五导""五学五导"

"五学"：预学、对学、展学、评学、延学；"五导"：诱导、引导、疏导、指导、辅导。"五学五导"指先学后导、以学定导、顺学而导、以学论导、多学少导。以"学"为核心，培育生长的力；以"导"为引擎，扬生长的帆，"学"放首位，"学""导"共生，蓄生长的能。

（二）"生长课堂"

"学"与"导"相依相伴，"学"是"导"的起点，也是"导"的归宿。聚焦于"学"，让"学"从自发走向自主与自觉，促使学生自主生长、自然生长和自由生长。

（三）"五学五导生长课堂"的实施原则

自由与天性是儿童成长需要的土壤，激励与欣赏是儿童成长需要的阳光，对话与交流是儿童成长需要的清新空气，熏陶与濡染是儿童生长需要的水分。

（1）一种理念：让师生"过一种幸福完整的教育生活"。

（2）两个目标：每个学生快乐成长，每位教师感到幸福。

（3）三大原则：一个不能少，一个不掉队，成就每一个。

（4）四种状态：自主生长、自然生长、自发生长、自由生长。

（5）梯级五学：自学、对学、互学、共学、延学。

二、"五学五导生长课堂"的基本特征

（一）实现"三转变"

（1）变教师灌输式的"教"为学生自主性的"学"，使学生获得学习动力。

（2）变"听懂了"为"学懂了""会学了"，使学生掌握学习方法。

（3）变"他律"为"自律"，使学生获得自信、自尊，激发内在的学习潜能。

（二）强化"四突出"

（1）突出学生：充分发挥学生主体作用，变"请跟我来"为"我跟你去"。

（2）突出学习：整个教学过程处处突出学生的学习、质疑和探究。

（3）突出合作：全班分成若干小组，每小组4—6人，每位学生都必须在小组内充分发挥其应有的作用。

（4）突出探究：让学生通过自主学习、探究获得知识，形成能力。

新课程实施以来，"以生为本"的理念得到体现，但仍有部分教师独霸讲台，忽视对学生自学能力的培养，关注教案，忽视学生，教学形式单一，内容单调。

（三）凸显学生"五学"

1. 鼓励自学

在教学活动中我们提倡让学生"先做后学"，结合课程内容布置前置学习任务，鼓励学生进行自学，并保证学生自学的质量。学生只有在对知识进行了充分的独立思考的基础上才有进行讨论的价值。

2. 强调互学

在学生有一定的思考基础后，课堂的主要教学活动是组织学生展开小组互学，先进行小组交流与合作学习完成前置学习内容的订正，学生将自己的想法在小组内互动交流，在小组内达成共识，形成讨论的基础。

3. 适时群学

学生的互学绝不是放任自流，教师在组织教学活动中要进行及时的评价与引导，保证教学活动的顺利开展和知识的有效生成，并且教师要引导学生进行拓展性知识的讨论、学习。教师的导学是学生课堂学习的驱动力，是课堂教学质量的保证。

4. 充分展学

展学，即鼓励学生将个人理解或小组讨论的结果在全班进行展示、交流、分

享，教师退到幕后将讲台让给学生，让孩子以他们的方式诠释对知识的理解。

5. 多元评学

学生在展示自己想法的时候其他组的同学不是被动地接受，而是带着自己的理解去倾听，去分析，去评价，同时要对同学的想法进行补充或调整，这样形成个人与个人、小组与小组之间的思维碰撞，使思维升华。

（四）彰显教师“五善”

1. 善激发

敏锐捕捉学生的兴奋点，让学生连成思维流，旋成思维圈，形成思维场，使课堂如磁石般吸引学生积极参与。

2. 善观察

既要善于观察目标是否落实，又要善于观察学生状态，调整导学进程，实现教学效率最优化。

3. 善点拨

善于对重难点进行点拨，对疑难处适时引导，帮助学生掌握规律，启迪智慧，发展智能。

4. 善评价

善于用准确、简洁的评价语言，强化知识的落实，帮助学生深入思考，使其增强自信心，体验快乐。

5. 善反思

善于运用理论设计和指导教学，分析认识教学现象，创造性地解决问题。

第二节 "五学五导生长课堂"的模式简说与课堂生态

成都市新都区谕亭小学 钟 章

一、"五学五导生长课堂"的模式简说

"生长课堂"追求的"生命活力"，是学生"思维成果"的内涵魅力，是"师生之间、生生之间"的对话质量。如果将文本作为内容，那么听、说、读、写就是走进文本的重要途径。如果将听什么、说什么、读什么、写什么作为内容，那么"五学五导"就是实现它的重要途径。（表1–2–2–1）

表1–2–2–1 "五学五导生长课堂"模式列表

学导主线	学生"学"的方式	教师"导"的方法	生长方式
先学后导	预学	诱导	自主生长
以学定导	对学	引导	自发生长
顺学而导	展学	疏导	自觉生长
以学论导	评学	指导	自然生长
多学少导	延学	辅导	自由生长

"五学五导生长课堂"模式是由"学导主线"、学生"学"的方式、教师"导"的方法和生长方式四条主线形成的基本框架结构，依次形成"先学后导：预学—诱导—自主生长；以学定导：对学—引导—自发生长；顺学而导：展学—疏导—自觉生长；以学论导：评学—指导—自然生长；多学少导：延学—辅导—自由生长"五种课堂生态，让学生实现从知识向素养转化的全过程，使学生带着更深层次的问题做深度思考，实现综合素养的全面提升。

二、"五学五导生长课堂"的课堂生态

课堂教学是发展学生学习有效性的主阵地，教师要在主体教育观念的指导下，重新认识和组织课堂教学，使课堂教学呈现以下特征。

（一）主动参与

教学是学生在教师指导下的学习过程，更是学生主体发展的过程。课堂教学不仅要关注学生对知识的掌握程度，更要关注学生所掌握的知识是通过教师传授的，还是自己主动探究获得的。这就要求教师不断激发和引导学生的学习兴趣，给学生提供更多的思考和创造的时间和空间。学生主动参与的学习活动要求必须正确、有层次、可操作，时间必须充分合理，形式也要多样，还应全程参与。

（二）合作学习

有效性教学把教学过程看作师生间、学生间信息传递的互动过程和情感交流的人际交往过程，将主体间的社会交往作为学生认识活动中的一个重要内容。其中"小组合作学习"的教学形式即为学生的主体发展提供了良好的氛围和条件，其内容包括相互讨论、评价、反馈、倾听、激励、互为师生等。

（三）深化思维

有效性教学重视对学生思维品质的培养，努力实现学生形象思维和抽象思维、集中思维和发散思维之间的形态转换。在课堂教学中，提倡采用扩散性提问，它追求的目标不是唯一正确的答案，而是学生独创的见解，同时注重学生主体思维过程的展开，以深化学生的思维。

（四）凸显激励性

充满"激励"，使课堂成为学生"自能"学习的新舞台，使学生敢想、敢做、敢说、能说、会说。传统教学注重对学生"揭短"，不少学生积累的是学习失败的经验，强化的是消极的自我意识。而有效性教学重视学生的个人感受，强调让学生获得成功的体验。

（五）尊重差异性

由教师"领唱"转变为学生"合唱"，充分尊重学生的差异性，使他们自主、合作、探究学习，坚决杜绝一刀切的统一教学。没有差生，只存在有差异的学生。教师要针对学生的差异进行"分层教学"，做到心中有"人"，因"人"施教，评价学生要以正面引导为主。

（六）强化批判性

"生长课堂"重点关注：学生有没有生成问题的情景，有没有表达精彩观念的机会，有没有思维碰撞的机遇，鼓励学生运用批判性、创造性、多元性思维进行质疑，善于提出问题，大胆假设，合理求证，使学生从常规思维转向反思性和批判性思维，让"问题—思维—对话"成为课堂的主要元素。

（七）评价多元性

"生长课堂"关注儿童视角，站在儿童立场，遵循儿童规律，对学生观察、倾听、思考、表达、合作五项基础学力予以多元评价，根据学生各自展现的不同维度分别为他们颁发学习徽章。

第三节 "五学五导生长课堂"的模式构建与应用

成都市新都区蚕丛路小学校 李继美

鸡蛋从外打破是毁灭，从内打破是重生。美国教育家杜威提出"教育即生长"，认为教育在于过程本身，强调教育的本质是使每个人的天性和与生俱来的能力得到自然生长，而不是强行灌输外面的东西。

"生长理念"以"师生生长"为核心，使学生获得终身发展和不断"生长"的源泉、动力。基于生长理念的课堂打破"教师讲，学生听；教师要求，学生照办；教师出题，学生考试"的单向的、被动的学习模式和"重结果，轻过程；重升学率，轻素养；重智育，轻德育"的教育怪相，强调"以生为本"，尊重学生的主体地位，将教学同学生兴趣和需求相结合，引导学生主动地吸收知识，培养能力；形成价值认同，并不断创造，实现学生自身持续不断地"生长"。那么，如何构建基于生长理念的小学阅读课堂，更好地助力学生成长呢？

"生长课堂"模式（图1-2-3-1）以思维为原点，以学生的"学"为横轴，突出学生"本位价值"，关注主体实践。尊重学生天性，激发其学习动力，顺应儿童思维，搭好"脚手架"——引导学生主动学，架起"展示台"——引领学生互动学；开设"评比栏"——引发学生灵动学，以教师的"导"为纵轴，导在困惑处、歧义处、易错处；以师生"生长"为主线，让深度学习真正发生，实现师生自主生长、自觉生长、自然生长。

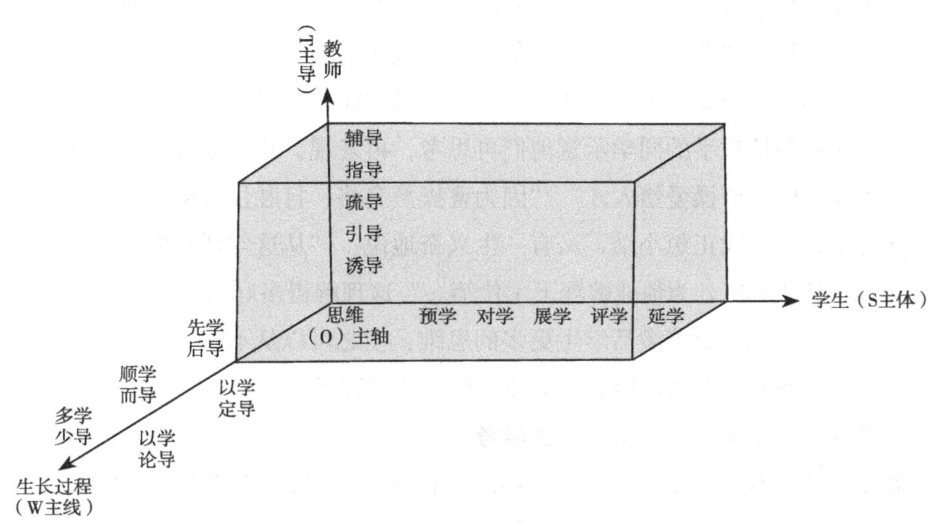

图1-2-3-1 "生长课堂"模式

一、"学"为横轴——还原学生主体地位

建构主义理论告诉我们，任何"有意义"知识的获得都是儿童自主建构的结果。要关注儿童身心特点，顺应儿童的心理需要，将学习主动权还给学生。

（一）珍视儿童"阅读初感"

德国教育家第斯多惠说："学生的发展水平是教学的出发点，教学必须符合受教学生的发展水平。"在语文学习中，我们要珍视儿童的"阅读初感"。儿童阅读初感是指儿童以独特的眼光，在未经他人干预的情况下，调动自身原有的知识、情感、生活经验以及阅读经验，在自主理解文本的过程中进行的一种以想象、思考为主的审美行为。

学生由于知识和经验背景的不同，对同一文本阅读的最初感受自然也会同中有异。这种差异是阅读教学的一种契机，"让学"最能使这一契机优化并显现出来。

1. 能让学生发现的，尽量让学生发现

波利亚曾说："学习任何知识的最佳途径即是由自己去发现，因为这种发现理解最深刻，也最容易掌握其中的内在规律、性质和联系。"凡是通过努力学生能发现的知识，尽量留有空间让学生去探索、去发现。这种策略可以激发学生的学习兴趣，激活他们的思维，培养学生勇于探索、勇于创新的精神和能力。在平时的教学中，我从两个方面要求学生在前一天做好预习工作：一是文中不解之处，二是文中精彩之处。每个同学至少要有一处发现，提前准备好课堂发言。在教学《火烧赤壁》时，学生提出"曹操接到黄盖的信为什么这么高兴呢"？这个问题看似简单，实际上内涵丰富，需要学生认真读书、联系背景才能有所发现。我没有急于让学生回答，对那些匆忙举手的同学示意他们再思考，再发现。片刻寂静后，大部分同学举起了手，"因为曹操爱惜人才""因为曹操是名将，打胜仗有望""黄盖是南方人，熟悉水仗"。我正想小结，又有一生兴奋地说："从这句话我看出曹操已经产生了麻痹轻敌的思想，为他战败埋下了伏笔。"这理解得多好啊！

让学生去发现，就能激活学生更多的思维，使之可以从不同的角度、不同的侧面去寻找解决问题的方法，形成有个性、有特色的答案。

2. 能让学生思考的，尽量让学生思考

教学过程不仅仅要让学生从"不会"到"会"，从"不能"到"能"，而且应该采用科学的教学方法，在"会"和"能"的基础上，拓展学生的思维广度和深度，让学生的心智得到发展。执教《惊弓之鸟》时，在学生理解了课题后，我让学生自己学，边读边在文中标序号，在重要的、值得研究的词句下画实线，在不理解的、有疑问的词句下画虚线，这是我惯用的让学生用"读书记号"来自学的方法。

大部分学生认为"射箭能手"是值得研究的词，那哪句话是对这个词语的解读呢？大家就一下子把注意力都集中到"大王，我不用箭，只要拉一下弓，就能把这只大雁射下来"这句话上来了。有的学生说应该用高兴的语气读，有的同学不以为然，认为用自豪的语气更确切，更有学生说应该读出更强的气魄，因为"艺高人胆大"，课堂气氛很活跃。在讨论中，如果学生有几种意见不能统一，教师不要武断做总结，要让学生在探讨互动中深入思考，让思维触角向纵深发展。

3. 能让学生谈感受的，尽量让学生谈感受

在课堂上，教师和学生对课文知识主观理解的差异会经常出现，作为教师不应回避，正确的做法是把各种理解都摆出来，让学生自己去分析比较，深入思考，或赞成，或反对，或有新的见解，从而将其转化成真正属于自己的看法，达到"螺旋上升"的境界。如教学《秋天到了》一课，课前我让学生开展寻找秋姑娘的活动，课堂上让学生展示，和同学们一起分享。有的学生是从"家庭里的秋天"角度来谈感受的，有的学生是从"自然界里找秋天"角度来谈的，还有的学生谈的是"课本里的秋天"。学生用自己的、带有个性色彩的语言谈感受，使学生思想在碰撞，情感在交流，"让学"的课堂一下子就丰盈起来。

此外，能让学生观察的，尽量让学生观察；能让学生表达的，尽量让学生表达；能让学生提问的，尽量让学生提问；能让学生做结论的，尽量让学生做结论……最大限度、恰到好处地给学生提供自我学习、自我调控的机会，在可接受性和可发展性之间找到新的平衡点，营造自主活泼的学习氛围，使学生产生探究创新的心理和习惯，为学生的学习助力。

（二）顺应儿童"诗意思维"

学生的"阅读初感"是宝贵的教学资源，但这仅仅是一个起点，并不是教学的目的，阅读教学的目的正是要引导学生超越自己的阅读初感。这就需要教师充分认清学生的阅读初感与文本之间存在的距离，并以此为起点来开展阅读教学，顺应儿童以形象思维为主的"诗意思维"，形成"以学定导，顺学而导"的路径。那么"顺学而导"的方法有哪些呢？

1. 对学生的发言进行整合

教师不仅要成为学习资源的激发者，还要善于捕捉、整合有价值的生成资源。譬如学生发言中的闪光点，语言的精妙，表现方式的合理，教师都要凭自己的教学智慧加以引导点拨，打开学生思维的视角，让他们梳理出学习方法，以便将方法运用到接下来的学习活动中。

2. 对学生的发言进行追问

"让学"理念引导下的互动中，学生的思维往往很活跃，他们在自己已有的知识经验的基础上畅所欲言，但也会有偏离价值取向的地方。当学生认识模糊时，当学生的理解肤浅时，当学生的思考路径无向时……教师伺机追问，让学生亲身经历发现、探究的学习过程，在这个过程中完成知识的自我建构。

3. 对学生的发言进行拔升

教师是学生的学习伙伴，更是"平等中的首席"，当学生的发言出现问题时，教师就要采取针对性措施，及时抓住这一资源开发利用，让学生在已有的知识技能的基础上，找到自己上升的空间，掌握探索、解决问题的能力。

4. 比较促成多维立体对话

教师要有"诱发"冲突的教学机制，及时调整预设的内容，促进学生的思维开放，引导他们去倾听、交流、探索。在冲突中，对于局部存在的问题再做进一步的交流，从学生学的角度进行系统的整理和提升，不要错过学生的创造性发现。

（三）融合儿童"生活方式"

1. 模拟表演——激发儿童情感

教材中有很多声情并茂的文章，我们可以用这些教材让学生进行情境表演，或者让他们演课本剧、给动画配音、当导演等，焕发学生学习的热情，使学生静心潜入书本，更主动、更投入地展开心灵的对话。让学生通过朗读、思考、体会，挖掘体悟课文中的语言，唤醒自己的生活经验和已有的知识储量进行自主建构，让课堂洋溢着生成、创新之美。

2. 角色体验——丰富儿童经验

《义务教育语文课程标准（2011年版）》指出："语文教学要注重语言的积累、感悟和运用。"这就要求我们在教学中加强学生的角色体验，促进其感悟。在教学《半截蜡烛》这一课时，为了让学生体会文章中伯诺德夫人、杰奎琳、杰克以及三个德国军官各自的反应，我就鼓励学生联系生活进行大胆想象，让学生更深刻地理解文章蕴含的智慧，与书中人物进行对话，然后进行小练笔。

二、"导"为纵轴——找到原有经验起点

（一）"请跟我来"—"我跟你去"的华丽转身

教师退身至后台，运用巧妙的方式引发、引导学生思考，让学生根据自己的兴趣体验、理解，保证学生处于积极的思维状态，能在教师有效的引导下以积极的状态进入"最近发展区"，在愤悱、顿悟、建构的心理体验中成为学习探究的主人，真正实现学生思维能力的提升，使学生完成自主建构和自觉迁移。

教师的作用在于有价值地引导。"生为本，学为上"，教师从"传授者"转移到"协助者"的位置，但不能弱化主导作用。我们既要看到学生自我建构的独特性和价值，又要看到学生是发展中的人，他们的建构也会出错，建构思路和方法也需要优化。

教学能否找到学生原有经验的起点，实际上是教学能否成功的关键，也是教师的引导是否有价值的关键。教师有价值的引导，还在于优化"学习共同体"，激发学生的思维，促成学生同伴间的"抱团"提升，让学生在独立思考的前提下，主动与他人交换意见，感受同伴解决问题的思路与方法，也使自己的策略和想法得到详细的检视、提炼和完善，在协商和碰撞中完成意义建构。

（二）课前搭好"脚手架"——引导儿童主动学

语文课堂学习中的"脚手架"，指教师为帮助学生达成学习目标而提供的支撑。合适的脚手架会带动学生积极建构知识，就如工地上用脚手架支撑建筑物，最终盖起高楼大厦一样。脚手架的搭建是为了促进学生实际发展水平向潜在发展水平转化。"让学"的课堂存在许多不确定性，并不是说学生的学习活动可以天马行

空，跟着学生感觉走。教师在课前要围绕"三个维度"的学习目标，锁定语文教学中的可确定因素，设计每课的"前置性作业"，先让学生独立思考。这里的"前置性作业"不同于传统的预习作业。预习的作业往往都是抄写本课生字词，查字典理解指定的字词，完成课后的练习题等。这些预习的作业，缺乏"我"之境，学生都是在教师操纵下机械地完成，这种"被学"状态不利于学生的发展。教学苏教版国标本五年级语文下册《七律长征》时，可以设计以下的前置性作业。

（1）多种渠道搜集整理与本课相关的资料。

（2）掌握文中的生字（字音、字形、词义）。

（3）课文探究：结合具体词句感受红军的豪迈气概。

（4）阅读描写红军二万五千里长征的名家名篇。

（5）我的疑问：为学生搭好知识的"脚手架"，给出了学习方向——自主学习生字词和解读文本。学生由读"他"之境的角色转换到读"我"之境，利于激发其兴趣。从前置性作业的完成情况，教师可以掌握学生课前探究中存在的问题，明确课堂学习重难点，从而有针对性地设置递进性问题。

（三）课上支起"展示台"——引领儿童互动学

"语文课程是学习语言文字运用的综合性、实践性课程。"《义务教育语文课程标准（2011年版）》对语文课程的性质做了界定，这就意味着在阅读教学课堂上，学生不仅要理解语言内容，更要学习表达方式，培养言语运用能力。当学习者能外化并表达自己正在形成的知识时，学习效果会更好。

但我们也发现，学习者从原有的知识和经验出发建构知识时，一般都不能在一次学习后就能清晰准确地进行表达。所以学习中的儿童需要一种互动的环境帮助，才能表达自己正在发展的理解，不断优化自己尚未成型的知识，这种学习一直贯穿于整个教学过程。

1. 师生互动，逐步引导和完善表达

师生互动必然离不开教师的点拨。点拨需要指向"最近发展区"，将学生置于"接近全知而又不能全知的境地"。点拨就是一个搭建"支架"的过程，通过支架（教师的点拨）的帮助，教师将学习管理的任务转移给学生自己（内化学习），最后拆去"支架"，从而帮学生实现"能"与"不能"距离的跨越。那如何把握点拨的最佳时机呢？

（1）教师点拨用在学生认识模糊时

《将相和》中"负荆请罪"教学片段：

教法一

师：从“负荆请罪”这个故事中，你知道了什么？

生1：我看出廉颇这个人能知错就改。

生2：（欲言又止状）我觉得他错了能及时改正。

教法二

师：孩子们，一个词就是一幅画，读书就要读出画面来。廉颇“负荆请罪”在你脑海里是一幅怎样的画面啊？

（同桌小声交流）

生：我仿佛看到了廉颇脱下战袍，背上重重的荆条，朝蔺相如家走去。一路上，他一步一跪，顾不上别人异样的眼光，也不在乎别人在路边议论他。他只是在想：我不该逞强，说出伤害朋友的话，真是后悔！他决心要用真情来说明自己的悔意。

生：……

不同的课堂，两位老师做出了不同的点拨。

前者学生处于“被学”的学习状态，而后者则是处在“让学”状态中，学生联系自己的生活体验，激发出自己内在的无限潜能。教法一的老师把课堂演绎得过于沉重，把富有情趣的语文学习变得枯燥、乏味，长此以往，会让学生产生厌恶语文的心理。教法二的老师让学生通过“负荆请罪”这个词读出一幅可感的画面，让“知错就改，勇于改过”这一思想内化为一幅画面，赋予词语以生命的内涵。在讨论中，学生既领悟到了词语的精神，又运用了语言，提升了语文素养。

（2）教师点拨用在发生意外时

“钓鱼怎么可能高歌？”探究古诗《题秋江独钓图》时，班上的李杰发话了。原来，作者在诗中写道：“一蓑一笠一扁舟，一丈丝纶一寸钩。一曲高歌一樽酒，一人独钓一江秋。”钓鱼不能出声是常理，难道作者不知道还是作者疏忽了？教学预设中可没有这个环节，教师是固守自己既定的“方针”，无视学生的思维趋向，还是及时点拨，来激发学生内在的主动性和能动性呢？于是，我抛出一个话题：大家猜一猜，扁舟上的渔翁为什么要“高歌”呢？

同学们有的说是渔者为了发泄自己内心的孤独；有的认为渔者来钓鱼的真正目的是消遣，理由是画中渔者旁边有一樽酒。好细心的孩子！我捕捉这稍纵即逝的智慧火花，发问：那他为什么要来这儿消遣呢？学生一个个兴奋得涨红了小脸，有的学生认为渔翁钓鱼不是其真正目的，而是寄情于山水，有的认为……

这是意外中生成的精彩！

我顺势将作者因告王五冤案以微罪罢官的史实告知大家，本诗正写于他被罢官期间。

（3）教师点拨用在偏离文本时

教学《装满昆虫的衣袋》时，师生围绕"从哪里可以看出法布尔对昆虫痴迷"进行交流。

生：作为父母，都是希望孩子有自己的爱好的。我觉得法布尔的父母责骂他，真有点冤。

生：法布尔的父母不支持法布尔的兴趣爱好，他的父母做得不对。

师：他的父母到底做的对不对呢？（教师随口一问）

生：他没有把鸭子放好，影响家庭收入，父母责骂他是可以理解的。（已脱离了最初的问题）

生：父母担心虫子会有毒，咬伤法布尔，父母也是爱他呀！

……

教师对待"课堂生成"这个问题，一定要有敏锐的识别力，要静下心问问自己：这个问题值得探讨吗？是否偏离了文本的价值取向？有助于达成文本的教学目标吗？如果不是，教师就要毫不犹豫地舍弃，千万不能跟着这个生成跑，跟着跑就等于放弃了教师的主导作用。在这个教学细节上，教师应该从另一个角度引导学生：关于"他的父母对他的责备"这部分内容，作者为什么要在文中这样安排呢？写父母的责备对于表现他痴迷昆虫有什么作用？

2. 生生互动，促进同伴间的"抱团"提升

学生作为学习的主体，所开展的活动是社会性的合作活动，是以学习为中心的学习共同体，往往更容易实现同伴间表达的"抱团"提升。合作学习，可以进行异质小组合作互学，也可以进行全班范围的交流。异质小组成员都是根据不同个性、能力的学生进行合理搭配的。组内成员有不同的分工，他们围绕共同的学习任务取长补短，抑或取长补长，抑或取短补短，每个人都能从"现有发展水平"上升到"潜在发展水平"。学生之间的互动，让课堂对话呈现出立体多维的状态，同时避免了错误建构的延续。

各小组代表汇报成果时，其他组员倾听、评述，教师引导、点评，可以很自然地将竞争机制引入课堂。大家在互相讨论中，不断审视自己的见解，不断补充，不断完善，从而让认识更加清晰，观点更加明确。

（四）课后开设"评比栏"——引发儿童创新学

思维空间不随课堂时间的封闭而结束。课后学习要有检测性的作业，更提倡要有拓展性、探究性延伸的反馈题。这些反馈题，不追求"量"，要看重"质"。对于优等生和待进生，可以布置梯度不一样的探索题，引发学生进行探索性学习，培养学生收集、分析和运用信息的能力，这也是交给学生主动发展、持续发展、终生发展的最佳路径。针对学生的差异，教师可以课后跟踪，进一步要求学生回顾、总结、反思。

"学而不思则罔"，只有掩卷反思才会有所发现和优化，才是课堂的"绕梁余音"。如学习了《艾滋病小斗士》后，教师引导学生去读一读意志坚强、不向命运低头的、有关人物的传记；学习了《黄山奇松》后，引导学生读一读描写祖国大好河山的文章；学习了《奶奶的剪纸》后，引导学生去探究东台的发绣艺术等。

"生长课堂"，尊重儿童天性，激发儿童动力，点燃学生智慧，彰显生命个性，珍视"阅读初感"，顺应"诗意思维"，融合"生活方式"，关注学生学习状态，找到学生学习起点，做好价值引导：课前搭好"脚手架"，引导儿童主动学；课上搭建"展示台"，引领儿童互动学；课后开设"评比栏"，引发儿童灵动学。只有这样，我们的课堂才会成为学生喜爱的课堂，成为优质高效的课堂！

阅读教学不是外在的有关语文知识的灌输及训练，而是对学生与生俱来所拥有的语言禀赋的唤醒、激活和保护，坚守儿童立场，秉承指向"不教"的价值取向，包孕、涵养生长与向上的力量。

第三章

“五学五导生长课堂”的评价研究

领衔教师：成都市新都区利济学校　包　俊

语文的“工具性与人文性的统一”决定了“语文课程应该致力于学生语文素养的形成与发展。语文素养是学生学好其他课程的基础，也是学生全面发展和终身发展的基础。语文课程的多重功能和奠基作用，决定了它在九年义务教育阶段的重要地位”。

语文学科的教学任务不是以传授知识为主，也不是培养本学科解题能力，它是以语文素养为立意的学科，它旨在培养学生为适应社会和自身发展的一些基本能力。它是培养和提升人的基本素养和品质的学科。

语文培养学生的“听、说、读、写、思”等能力、学习及思维的方法以及高尚的道德品质、积极的人生态度和正确的价值观。如果把“学习及思维的方法以及高尚的道德品质、积极的人生态度和正确的价值观”归入“思”里面去，那么，语文就培养学生的“听、说、读、写、思”五个方面的能力。

第一节　构建评价框架

成都市新都区竹友小学　黄红梅

什么样的语文课才是好课？我们评价一节语文课的出发点和落脚点就应该是五个字——“听、说、读、写、思”。“听、说、读、写”体现语文课的工具性，“思”体现语文课的人文性，“工具性与人文性的统一”实现语文课的功能和价值。新课改提倡的是“自主、合作、探究”，因此，一节好语文课的标准也就是“听的自主，听的合作，听的探究”“说的自主，说的合作，说的探究”“读的自主，读的合作，读的探究”“写的自主，写的合作，写的探究”“思的自主，思的合作，思的探究”。当然一节课不可能完成这么多任务，但是，语文教师的总目标应该是这样的。每一节课可以选择其中的某一项，甚至某一项中的一个点进行“自主、合作、探究”，即在“自主、合作、探究”的基础上提高学生“听、说、读、写、思”的能力，让学生“知有所得，情有所感，意有所悟，行有所获”就是一节语文好课。

一、评价框架的建立

基于核心素养的课堂评价，要求教师运用多元化的评价方式，包括评价主体、评价内容和评价方式的多元化。而在评价主体的多元化中，让学生充分参与学习评价是最重要的，也是最需要教师用心组织的。通过评价任务清单向学生提供评价支架是一种简单易行的评价手段。设计评价任务清单需要注意这样一些因素：

第一，要让评价活动、评价作业变得像生活中的任务一样，具有真实性。比如，“根据古诗内容，展开想象，改写成短文”就是作业，而“给学校公众号老师推荐文章”就是真实的任务。

第二，评价内容要具体，对象要明确，要求要实在。不要让学生回答空泛、笼统、抽象的问题。比如，"你最近学习的表现如何""你有怎样的阅读感受"就是空泛、抽象的问题，而"你读了多少页书？是否厘清了人物关系？"就比较具体。

第三，设计明确的步骤和评价要求，减少学生对评价意图、评价内容和评价要求猜想的时间，方便学生的评价操作。比如，记录手册可写完成的时间、记录的内容、记录格式，相当于为学生提供有用的评价支架，便于学生实施评价。

第四，将自我管理也纳入评价内容，培养学生的自我管理意识。让学生参与评价的主要目的不是判断一个问题的对错，更重要的是让学生学会对学习活动的自我评价和管理。为了达成这一目的，可从最简单、便捷的评价活动入手，向他们提供一定的路径，借此养成学生参与评价的习惯，使学生形成从另外的角度看待语文学习的思维方式和审视意识，并让学生学会自我规划和管理。

二、评价方式的确立

课堂评价，是指在具体的课堂教学过程中，教师根据学生的学习态度、学习效果、学习信心等总结出来的高超的评价艺术。课堂评价不仅仅是对前一个学习活动的总结，更重要的是能调动学生下一次的参与性，激起学生更强烈的参与欲望，让学生积极参与教学过程，激活学生的思维，从而促进学生的发展。

（一）学生自主评价的方式

教育家苏霍姆林斯基说过："真正的教育是自我教育。"《义务教育语文课程标准》中也明确指出：实施教学评价，需要学生的自我评价。自评就是让学生自己评价自己，学生想象丰富，有很大的创意性，教师应该要求学生对他们自己的行为或作业做出自我评价。让学生在独立思考、判断中，发现自己的成功之处和不足之处，鼓励他们客观地评价自己，并有针对性地做出自我改进，进一步完善自己，养成自我检查、自我调控的意识。因此，我们要调动学生自主参与评价的积极性，让他们在参与评价中学会发现自我，提升自我，从而完成自我激励与超越。

（二）同伴互助评价的内容

我们倡导教学以学生为主体，那么评价也必须以学生为主体。《义务教育语文课程标准》对此做出了明确规定："实施评价应该注意教师的评价、学生间互相评价与学生的自我评价相结合。"随着学生年龄的增长，其语文学习能力的提高，就逐步确立了学生在评价中的主体地位。课堂教学是师生之间的交往活动，应在师生平等对话的过程中进行。作为交往的一个渠道，作为对话的一种方式，评价是师生之间知识与情感的共振。

评价是在课堂这个特殊的空间，通过教师与学生平等对话的相互作用来达到学生自主和自由发展的教学方式。它不仅指教学过程中教师与学生、学生与学生之间的观点、主张的对话交流，还指学生与作者、学生与作品之间的心灵、情感的对话交流。它是人格对等基础上的交融，相互信赖氛围下的启迪，交流之后的认可，肯定之中的引导，浅层之下的深入。它能最大程度地实现对学生创新意识和创新能力的培养。

（三）教师多元评价的效果

自评与互评形成了学生内在的自我"生长力"，教师的多元评价运用更是推动课堂改变与学生成长的另一助力。不同于以往的单一评价方式，现有"生长课堂"通过多元、真实评价方式给学生带来了创造与成功的乐趣，真正实现了《义务教育语文课程标准》中一再强调的学生的主体地位，让学生在教师尊重、全面评价中，全面发展自己，一次次获得生命的价值体验，感受人格的自主和尊严，这既是"生长课堂"所建构的教师评价的积极效果，也是所谓的"教学相长"。

重过程，轻结果；重激励，轻批评；重即时，轻课后，评价方式的全面改变让学生能够在课堂上获得全新的体验，使学生内在的激发力一次次迸发，生长效果就显现出来了。

（四）家长积极评价的促进

家庭教育是塑造学生重要的一环，"生长课堂"的评价体系是全面的，是通过生活中的每一环节来激发学生内在的生长力的。家长的积极作用被发掘以及重视，更是有助于学生在学校获得多元评价的深化与激发。要让家长摈弃责备、贬低等评价方式，采取与生共情、和生换位，用更加热烈真切的方式积极营造充满尊重与和谐氛围的家庭氛围，为学生带来更为正向的引导与评价，改变学生的成长方式，使学生获得真实生命的精彩体验，变为本来应有的成长模样。

第二节　再现评价结果

都江堰市向峨小学　赵惠琳

生长课堂评价体系的建立为其他教学设计和师生成长添加了良好助力剂，这也正是"五学五导生长课堂"区别于以往旧有模式课堂的一点。本评价体系逐步在语文课堂的各种课型中得到修改，获得了再次生长，教师与学生在此评价体系的影响下也相互成就。

一、学生"进"了

"生长课堂"从根本上改变了学生"被学习"的状况。这种转变，来自教师对学生自我学习能力的信任，而这一份信任，直接影响着学生的学习心态。小老师、小记者、小辩手等一系列角色的改变，必然能改善学生的学习方式，使学生会自学，会倾听，会思考，会提问，会合作，会反驳，从而有效地促进学生的可持续发展。

（一）珍视学生的独特体验

学生的个性差异是一种客观存在，《义务教育语文课程标准（2022年版）》指出，要尊重学生的个性。每堂课所蕴含的思想内容，由于学生的性格气质、能力强弱、生活经验、兴趣爱好、知识积累以及关注的侧重点不同，他们解读的视角和审美所获得的体验也必然是不同的，不论学生的理解和体会是怎样的，这些都是他们努力认真思考后的最真实的想法，是属于他们的劳动成果。

"五学五导生长课堂"始终指导学生自主思考，自主学习，挖掘孩子最本真的潜能，珍视学生最独特的感受、体验。

（二）顺应学生的诗意思维

著名儿童文学家秦文君指出："教育应是一扇门，推开它，满是阳光和鲜花，它能给小孩子带来自信、快乐。"这是对"诗意化"最好的诠释。

在"五学五导生长课堂"中，教师常常创设一种诗意般的情境，给予孩子思考想象的时间和空间，尊重孩子的体验与表达，让孩子们在这些美好而又轻松愉悦的情境浸润下变得柔软，使师生之间相互信赖变得真实，从而激发孩子思考的欲望，触动儿童最本真的情趣、顺应学生的诗意思维，使课堂焕发出生命的活力。

（三）融合学生的生活方式

杜威认为最好的教育就是"从生活中学习、从经验中学习"，就是把生活带进课堂，让课堂融入学生的生活方式。

在"五学五导生长课堂"中教师要充分尊重学生，给予他们足够的发挥空间，让他们站在不同的立场，根据自己不同的生活体验去分享自己对同一问题的不同理解，完全融合了学生的生活方式，这样的思考、这样的表达才是历久弥新的，才是有价值的，才是适合自己的。

二、教师"退"了

"真正的教育是自我教育，真正的学习是自我学习。"教师适度"隐退"后台，为学生腾出学习空间，把学习的主动权还给学生，让他们根据自己的兴趣体验、理解，教师引导他们，给予他们方法的点拨和情感的支撑，这样的"退"，恰恰成就了学生的"进"，让学生有效进入"最近发展区"。

（一）搭好"脚手架"，引导学生主动学

课堂上，教师在精心备课的基础上会提前预设一些任务链和学生能独自完成的简单的任务。对于学生感到困难的任务，教师巧妙启发部分学生，让他们的学习思路外显，在全班做示范，给其他学生提供完成任务的思路以及引领方法，再让他们循着刚才的路径进行学习。这样一来，再完成类似的任务时，教师无须多讲，学生便会举一反三，主动学习的劲头更足。

（二）建好"运动场"，引领学生互动学

《义务教育语文课程标准》倡导让学生采用动手实践、自主探究、合作交流的学习方式。"五学五导生长课堂"上，教师充分发挥学生的群体活动功能，给学生创造足够的互动学习时间与空间，给予学生较多的讨论交流机会，学生在知识方面互相补充、交流、辨析，在学习方法上互相借鉴、集智取长、协作创新。学生的学习能力自然而然就得到了提高。

（三）开设"智慧苑"，引发学生灵动学

课堂活跃了，课堂上的各项活动有意思了，学生自然会爱上课堂。生长课堂教师合理安排课堂密度，教学节奏张弛有度，通过适当的教学策略、提问的艺术营造良好的课堂氛围，让学生在课堂上动起来，以达到个人学习有效率、有深度，小组学习有任务、有分工、有评价的效果。这样的课堂，学生始终处于一种主动积极的心态中，真正成为主动学习者、参与者、研究者，使"我要学"的愿望越来越强烈。

三、教学"美"了

"生长课堂"呈现的是删繁就简的教学风貌，简约而深刻。"生长课堂"虽不够精致，但从根本上解决了"教"的过度和"学"的失位问题，建构"以学为中心"的阅读课堂行为模式，真正实现了还学于生，让学生站在课堂的"正中央"，让学生学习从被动走向主动，从浅层学习走向深度学习，这不仅体现了精致、细腻、行云流水等传统的课堂审美，还表现为一种主体美、结构美、思维美。

（一）学习状态由"被动"变为"主动"

"生长课堂"中的学生，学习内驱力大幅提升，学习兴趣浓厚，学习参与欲望强烈，观察能力、合作能力、思考能力、表达能力增强。

（二）学业水平由"困境"走向"新生"

过去的两年，我校调考年级每年都要接收一个到两个转学班，学生语文、数学双科入学水平比区平均水平低10分至15分，一学期后基本能达到或接近区平均水平，各项等级排位也呈逐年上升趋势，学业水平从"困境"走向"新生"。

（三）课堂品质从"低端"步入"高端"

这群工作一两年的年轻教师，在"生长课堂"的锤炼中，彻底转变教学理念，急剧变革教学行为，迅速提升教学效率。2019年9月25日，我校获得数学校本教研成果展示一等奖；2019年11月27日，获得语文校本教研成果展示一等奖；2020年9月，获得数学校本教研成果展示一等奖。王敏、王燕云、张晓雪、宋明洲等单个教师参加赛课，获区级以上奖励达73次。

四、效果"好"了

"五学五导生长课堂"着眼于主动学，致力于学会学，成就于评价学，学生通过预学、对学、展学、评学、延学等实现自主生长、自然生长、自觉生长、自由生长。

（一）生生互动，促进同伴"抱团"提升

"五学五导生长课堂"，给予了学生与学生之间充分的学习时间与机会。通过

生生对学、评学、展学，让学生在一节40分钟的课堂上，尽可能最大化地实现自己主动思考，在与同伴交流、质疑的过程中发现问题，并通过自己与同伴之间的探究思考解决问题。做到每节课有所思，每节课有所说，每节课有所得。

同时，同伴与同伴之间的互助交流，很好地实现了"抱团"发展，可以通过个人带动整个小组，乃至整个班级。

（二）师生互动，引领师生"共生"发展

教育要促进师生共生共长，坚持"生命互动"的发展视角，以"五学五导生长课堂"改变课堂教学理念，重构课堂教学模式，让学习真正发生，追求更高的课堂效益，实现学生和教师的双向发展。基于学生的核心素养，促进教学相长，让学生亲身经历学习过程，达到"真学"，在教师与学生的协助、对话、反思中，达成教师与学生双方知识技能和情感态度价值观的相融相生。

（三）真正实现"教是为了不教"

叶圣陶提出的"教是为了不教"，其实就是要求教师教给学生学习的方法，培养学生自我探索未知的能力，也就是培养学生的自学能力。终身学习的能力已经成为一个人必须具备的基本能力。教师更应该站在学生终身发展的角度，敏锐地意识到培养学生的学习能力才是教学最重要的目的，而不仅仅是传授知识。"五学五导"生长课堂就是通过学生主动地进行积极思考和实践活动，激发学生在学习过程中的积极性、主动性。把课堂还给学生，把学习的主动权交给学生，让学生自主学习，给学生充分的学习时间，放手让学生自主学习，创设自学的氛围，让学生的学习主动性得到充分发挥。教师因材施教，学生自主学习，最终达到"教是为了不教"。

英国教育家维特根斯坦说"不要在云端舞蹈，而要贴地行走"。《义务教育语文课程标准》倡导学生主动参与，乐于探究，勤于动手，在生动和谐的课堂氛围中充分锻炼自己，展示自己，提高自己。站在"五学五导生长课堂"的制高点上追问：怎样将个别学习、小组学习、班级学习有机结合起来，使学生人人积极参与，个个能说会道，把"不待老师教，自己能学习"变成现实？笔者探索出"五学五导生长课堂"促进深度学习的实践路径。

鉴于前文所言，好的语文课堂应当关注学生的语文素养，做到"听、说、读、写、思"的全面提升，能够让学生不断深化"自主、合作、探究"的学习路径，生长评价体系即此目标的具体推进助力。方式变了，效果有了，学生能够知有所得，情有所感，意有所悟，行有所获，这便是一节符合"生长课堂"标准的语文好课。

第三节 "五学五导生长课堂"的评价量表

成都市新都区利济学校 包 俊

构建追求实效、讲究高效、放眼长效的课堂运行机制，主要由三部分组成：一是对学生在课堂中的学习行为及学习效果进行评价；二是对教师在课堂中的教育教学、风格行为及效果进行评价；三是对学生整体学业质量进行评价。

一、低位测评学生学习

佐藤学主张课堂观察要从"观教"走向"察学"，我们在实践中要从研究教师的"教"转向研究学生的"学"，精确细致地观察学生在课堂的学习状态，尤其是对学生深度学习的评价。（表1–3–3–1）

表1–3–3–1 观察课堂学生"学"的量表

类别	指标	记录亮点	问题显现	应对策略
情感动机状态	动机与目标			
	情感态度			
认知状态	思维认知			
	过程方法			
人际交往状态	与自我关系			
	与他人关系			
整体评价				

二、中位评估教师引导

陶行知先生说"教是为了不教"，这是"教"的最高境界，教师不再是知识的

传授者，而是课堂教学的组织者、引导者、促进者，要重点观察学生在课堂“学”的真实样态。（表1–3–3–2）

表1–3–3–2 观察课堂教师“导”的量表

一级指标	二级指标	评价指标	评价等级			
学生素养	学习目标	明确、合理、具体、可操作性	优	良	中	差
	学习内容	突出重点、突破难点、关注兴趣点				
	学习氛围	民主、开放、和谐				
	学习方式	主动、互动、合作				
	学习活动	参与态度：主动、热情、意识强				
		参与深度：提出自己的创新理解				
		参与广度：全面、全程、高效				
	学习效果	知识扎实、丰富、多元				
		能力形成、掌握方法				
		情感、态度、价值观得到相应发展				
教师素养	激发能力	课堂激发动机能力				
	组织能力	过程应变、调控、评价能力				
	个人魅力	学生亲和力				
	语言能力	语言生动准确表达能力				
	板书能力	板书条理整体性				

三、高位审视质量效度

质量是学校发展的生命线，提升质量的主阵地在课堂。要从高位审视课堂质量的达成度，收集重点数据进行分析，运用座谈等方式调研，把握课堂改革方向，不断优化课堂改革措施，进一步提升课堂品质。（表1–3–3–3）

表1–3–3–3“五学五导”实施前后数据对比情况

类别	前（调考区域排位）	后（调考区域排位）	优势分析	改进策略
学业质量	35—40	12—15		
成果展示	28—33	2—8		

续 表

类别	前（调考区域排位）	后（调考区域排位）	优势分析	改进策略
师生互动	38%	93%		
合作技巧	20%	88%		
优秀教师	28%	82%		
科研成果	3	23		

"教无定法，改无止境。""五学五导生长课堂"模式立足于课堂改革，致力于构建以"学"为中心的课堂生态，着眼于提升课堂品质，始终将学生置于课堂正中央，解放学生天性，提纯学生灵性，实现自由浪漫的课堂变革。

第四章

“五学五导生长课堂”的研究效果

领衔教师：成都市新都区石板滩小学校　兰向丽

“五学五导生长课堂”经过三年的科学实践，研究过程真实，研究资料翔实，研究成果丰实，达成了初期预定的研究效果，阶段成果多次获得成都市教育局一等奖，多篇研究论文、教学设计获得区级以上奖励，研究教师获得市级以上表彰达15人次，获得区级以上荣誉表彰达28人次，获得省级表彰达2人次，研究成果在陕西、重庆、宁夏等地推广，得到专家和与会教师的一致好评。

第一节　让学生深度学习变成现实

成都市新都区蚕丛路小学校　吕　焱

一、研究的实践焕发了小学生学习语文的主动精神

实践研究中，我们对学生学习语文的主动精神进行了跟踪观察和检测。检测是对学生学习动机、学习态度、学习情绪情感和学习行为等进行观察，观测的内容和要求有14项，平时的观察检测随着研究实践的推进，呈现了逐步上升的趋势，终结检测的统计结果见表1–4–1–1。

表1–4–1–1　小学生学习语文的主动精神状况检测统计（抽样受检160人）

评价指标	评价的期望值内容和要求	评价等级			
学习动机	正确领会了学习语文的重要性和必要性	29	25	6	0
	有学好语文的愿望、需要和浓厚的学习兴趣	42	12	5	1
	有自己学语文的明确目标和较强内驱力	31	24	3	2
学习态度	学习态度积极、向上、开放、认真、严谨	46	8	4	2
	自觉制订和推进自己学习语文的计划安排	27	25	7	1
	上课精力集中、观察细、参与广、思考深	30	19	6	5
	会自我调节学习状态，反思与评价学习	22	28	8	2
情绪情感	学习语文热情高、情绪饱满、自信心强	30	21	6	3
	情感投入，入景融情，染情于景、于文、于事	27	28	5	0
	在学习中获得了积极的情感体验	25	26	5	4

续表

评价指标	评价的期望值内容和要求	评价等级			
学习行为	主动自觉参与和融入各项语文学习活动	27	29	4	0
	大胆提出问题，独立分析、探究语文问题	26	24	7	3
	主动与师生交流互动，解决学习中的问题	23	28	4	5
	注重广泛阅读，积累语文知识和动手练笔	21	27	6	6

（一）"我要学好语文"成为发自学生心底的呼唤

从对学生学习语文动机的三项内容和要求的检测统计数据看，90%以上的学生能正确领会学习语文的重要性和必要性，都有了学好语文的强烈愿望和浓厚的兴趣，有了学语文的明确目标。不少学生在学习中逐步认识到：学好语文是学好其他学科的关键，语文没学好将大大影响其他学科的学习，从而影响自己整体学习质量；学好语文能很好地培养我们的分析理解能力、表达能力、归纳概括能力、收集信息能力等。这些能力的形成将对自己学好数学、学好自然、社会等学科起到积极作用。在语文学习中，他们对语文学习产生了浓厚的兴趣，都迫切希望把语文学好，自觉地为自己的语文学习制订了计划，制定了奋斗目标，比如，课前预习计划、课外阅读计划、自发组织的语文兴趣小组活动计划、写作训练计划（如天天写日记，除了课堂作文外，每月写一篇作文等）等，形成了学习语文的强大内驱力。

（二）学习中，态度积极，情感投入，尽情地体验

在实践研究中不仅引发了学生学习语文的内在动力，而且使他们有了学好语文的积极态度。从对学生学习态度的四项检测检查的统计看，81%以上的学生，学习语文的心态开放、严谨认真、积极向上、不断进取，能主动积极地推进自己学习语文计划的实施，上课精神集中，观察细致，参与面广，能深入地进行思考，自觉地调控自己的学习，使之达到最佳状态，提高自己的学习效率。根据对学生学习情绪情感的检测统计看，85%以上的学生能够自觉体验、分析总结自己的学习过程，并能给出正确评价。他们在学习语文时热情高涨，情绪饱满且稳定，而不是时冷时热，"三天打鱼，两天晒网"；他们在语文学习时表现出较强的自信心，情感投入，入景融情，染情于景、于文、于事，用心地体会学习语文的乐趣，享受语文学习过程中的快乐，获得了积极真实的情感体验。

比如，在教学实践中，我们设计了许多尝试探究的小组合作学习，开始，不少学生在小组活动中处于被动状态，思维不活跃，行动不积极，总是被动且机械地去参与活动，课堂死气沉沉，学生之间几乎没有交流，师生之间不能产生互动，学生语文学习情绪低落，主动性差。随着研究实践的深入，学生和教师都发生了深刻变化，死气沉沉的课堂逐渐变成一个个鲜活生命体涌动与雀跃的课堂。同学们不仅能积极主动参与，而且还积极思考，积极创新，踊跃发言；不仅能积极讨论老师给出的问题，而且还能创新地思考与提出相关的问题。在小组合作学习中，有的做记录，有的查看资料，有的发表自己的意见，有的聆听思考，有的归纳总结，收到了较好的效果。

（三）自主与协作探究学好语文变成学生自觉行为

从对小学生学习行为的四项内容和要求的检测统计数据看，研究的实践充分地调动了小学生自主参与和探究学习语文的自觉性。80%以上的学生在语文课中能专注倾听，细致观察，深入思考，并积极动手实践，主动自觉地融入各项语文学习活动，他们大胆提出问题，独立分析问题，尝试探究学习，主动与教师互动，与同伴互动，进行协作学习，思维相互碰撞、促进，共同解决语文学习中的问题；课后，同学们还积极广泛地开展课内外阅读，自觉收集语文素材（信息），如文章中优美的词、句，精彩的段落，还有名言警句、俗语等，并能将其归类，运用于学习实践中。同时，学生还自觉主动地对自己的学习进行总结，逐步改进自己的学习方法，调整学习路径，提高自己的学习效率。例如，学生在对作文素材的收集上，研究前大多数学生只会收集而不会整理、运用，收集的信息总是零星的、杂乱的，运用很不方便。研究后，他们学会了把材料进行分类收集，比如将语言素材分为词、句、段，或者分为写人、写事、写景、说理等类型，并对这些材料进行细致研读，主动做些批注，写出一些读后感想，使之变成自己的东西，运用于写作实践中。这样，学生学得主动，行为自觉，不断丰富了自身语文素养，积累学习经验，体验学习经历。

二、研究较好地培养了学生的探究学习能力

（一）学生学会了提出富有挑战性的探究问题

探究是针对问题的探究，这是探究学习的第一要素，提出的问题要有挑战性，没有挑战性和没有价值的问题，探究毫无意义。研究开始时探究问题常由老师提出，随着研究的深入，学生自己能逐步提出一个个值得探究的问题。如教学《草船借箭》一文时，学生就能从题目入手，提出如下问题：①为什么要借箭？（原因）②谁向谁借箭？（人物）③怎样借的箭？（经过）④借箭结果怎样？（结果）学生

很快就能解决①②两个问题。③④两个问题有一定的难度，学生带着问题，品读课文，观察感受相关情境和影像，从中自主寻找答案。又如教学《鸟的天堂》一文，学生提出：鸟的天堂应具备什么条件？此问题难度大，综合性强，富有挑战性。学生有兴趣地观看了野生动物园里鸟生活环境的影像，感悟了课文的内容，并在小组合作探究中得出答案：①树多，茂盛；②鸟多（种类多，数量多）；③人和动物和谐相处（不打鸟、伤害鸟）；④充足的食物；⑤丰富的水源。总之，研究为培养学生的问题意识提供了适宜的环境，创造了鼓励学生质疑问难的良好氛围，增强了学生的问题意识，使他们学会了提出富有挑战性的问题。

（二）学生搜集、处理语文信息资源的能力增强

语文信息浩如烟海，对信息的收集、提取、处理、利用，构成了学生进行知识创新和学会如何学习的基础。过去学生基本上都是从书籍、报刊上摘抄在自己的专用本子上，研究提高了学生的信息素养，拓宽了收集、提取语文学习信息的渠道，全校绝大部分同学都学会了利用网络查找语文学习资源，并能运用信息处理平台检查、下载、存储、编辑分类，处理与整合语文资源，不少同学还建立了自己的网页。如学习《清明上河图》时，由于小学教材都是黑白的，对这幅图的真实面貌看不太清楚，学生上网搜索，利用百度搜查网站，输入"清明上河图"几个字，网上马上就出现了有关的资料。学生看到了《清明上河图》的彩色版，兴奋不已。他们学会了利用网上资源，收集信息的能力也得到了进一步增强；利用网上资源的兴趣倍增，为以后解决问题提供了便捷的方法。教学《向往奥运》时，多数学生不知道2008奥运会的会徽是什么，有的略知一二，叫他们画也画不出来，下课后，他们想到了上网查询，等上第二节课时，他们找到并打印出来了。

（三）自主与合作探究语文问题的能力获得很好发展

我们对研究前学生比较缺乏的十种学习能力的发展情况进行了问卷调查检测，发出问卷300份，其中语文教师25份，校领导、中层干部、年级组长等12份，2—6年级各随机抽取了一个班的学生，发问卷263份。调查问卷的统计结果见表1-4-1-2。

表1-4-1-2　研究后学生自主与合作探究语文问题的能力提升情况调查统计

项目	提升显著（%）	提升较显著(%)	有所提升（%）
认识自己语文学习基础和发展潜能的能力	72.3	22.7	5
自我提出语文探究学习有价值问题的能力	65.4	31.1	3.5
自主观察、体验语文学习情境的能力	79.8	18.1	2.1

续表

项目	提升显著（%）	提升较显著(%)	有所提升（%）
自我调节语文学习状态与学习行为的能力	51.6	43.6	4.8
自主探究发现和解决语文学习问题的能力	64.9	37.4	6.7
自己思考、归纳、展示语文探究结果的能力	63.5	29	7.5
相互倾听、倾诉、表达交流观点的能力	71.4	21.3	7.3
相互质疑、协商解决语文学习问题的能力	61.2	30.7	8.1
在互动中相互汲取营养、丰富和发展自己的能力	57.5	36.3	6.2
自我反馈、评价和互评探究学习成果的能力	54.6	37.6	7.8

从表1-4-1-2校领导、教师、学生自己评判的统计结果的情况看，92%以上的师生认为学生认识自己语文学习基础和发展潜能的能力，自我提出语文探究学习有价值问题的能力，自主观察、体验语文学习情境的能力，自我调节语文学习状态与学习行为的能力，自主探究发现和解决语文学习问题的能力，自己思考、归纳、展示语文探究结果的能力，相互倾诉、倾诉、表达交流观点的能力，相互质疑、协商解决语文问题的能力，在互动中相互汲取营养、丰富和发展自己的能力，以及自我收集反馈信息、自评和互评探究学习成果的能力都获得了显著或较显著的提高，提高幅度较小的是极少数。这充分说明，研究使学生自主与合作探究学习语文的能力获得了很好的发展。

三、研究显著地提高了语文教学质量

（一）学生语文综合素养得到良好培养

一是探究阅读丰富了学生语文知识，提升了学生的多种能力。过去的阅读教学常常是教师范读，并结合课文的重点字、词、句、段进行讲解，学生实际默读与朗读的机会很少，影响了学生对课文的独特感悟。研究的探究阅读，把阅读机会和时间还给了学生。

媒体课件支持的探究阅读，让学生在特定的情境激发下，通过交谈或轻声朗读整体感知课文，提出探究问题；学生带着问题研读课文，利用课件进行阅读，并与阅读竞赛结合。学生阅读的时间、机会和阅读量增加了，阅读的方式多样化了。研究的观测和检测发现，学生学得主动，寓学于乐，丰富了语文知识，形成了独特的感悟，有效地提高了学生的阅读水平和阅读、表达等多种能力。

二是"情境探究感悟作文"提高了学生作文写作能力和水平。在低、中年级作文的检测中发现，我们采用"创设情境—指导观察—局部分说—整体总说—打字表达—评议批改"等学习环节，使学生能有兴趣地观察、分析，触发了学生有想象地讲述分说、总说，提高其写话与打字表达，并通过网络评改、发布展示，收到了良好效果。低、中年级学生"看图讲述""看景写话"（写一段话或一篇短文）的能力和水平提高很快；中、高年级的网络互动批改，大大增加了学生主动练习作文的机会。多方互动，集思广益，大大提高了学生的文字表达能力，每次作文展示出来的都是有一定质量的好文章。我校的"小记者"活动十分活跃，优秀作文不断推出，三年来学生在报刊发表（获奖）习作达156篇。

（二）全校语文教学水平不断得到提升

表1–4–1–3是研究五年中，调考年级语文全区统一检测成绩情况统计。（表1–4–1–3）

表1–4–1–3　2018—2022年度语文过关调研检测统计

统计年度	及格率	优生率	区内排位
2018年度	85.7%	30.7%	26位
2019年度	93.8%	45.3%	20位
2020年度	96.2%	46.8%	14位
2021年度	98.9%	47.3%	12位
2022年度	99.7%	50.7%	6位

从表1–4–1–3中学生年度过关成绩可以看出，全校语文教学水平逐年提高，研究初期2018年度及格率85.7%，优生率30.7%，总成绩居全区第26位。通过一年的实践，到2019年度测试，及格率大幅度上升到93.8%，优生率上升到45.3%，总成绩居全区第20位，取得这样的成绩确实不容易，随着研究的不断深入，学生语文学习的综合能力也不断增强，2022年度，及格率继续上升到99.7%，优生率上升到50.7%，总成绩居全区第6位。

第二节　形成观念冲击波，促进教师角色转变

成都市新都区蚕丛路小学校　黄尤林

一、教师的综合素养迅速提升

（一）教师教育教学理念转变明显

"靶向诊断"教学模式"自学把脉"环节促使教师形成"生本"的教育教学理念。大部分教师认为在模式体现的"先学后教，以学定教"的核心价值引领下，教师课前准备是能上好课的关键所在。教师在课堂上展示的是课前教学准备的浓缩，是课前劳动的精华。一堂课的教学工作，需要完成以下步骤：编制导学案→设计相应的教案→模拟学生学习，即"吃透学生，因材施教，立足班级学生学习实际进行教学"。

（二）教师专业发展自觉性明显增强

王长纯教授指出："教师在教育实践中的主体性参与，是教师发展的根本性动力。"课堂教学模式研究的初衷就是要激发教师主动发展的热情，以建模引领、实践推动的方式，自然而然地带动教师的专业发展。实践的改善是最能引发教师成就感的事情，而成功必然会带动新的成功，不断的成功势必增强教师专业幸福感，也势必促使教师产生专业发展的自觉性、主动性。

（三）教师专业发展的能力显著提高

（1）基于问题、任务驱动、实践改善的课堂建模，给教师的日常教育教学工作增加科研的元素，形成浓厚的研究氛围。教研、集体备课模式更加完善，教研组长专业能力及科研的引领作用日渐提高，大部分教师研究习惯逐渐养成，研究能力不断提高。

（2）教师课堂教学行为不断改善，教师的教学能力得到发展，从而提高了课堂

的教学效益。体现师生和谐关系的课堂越来越多，让学生感兴趣的课堂越来越多，使家长放心的课堂越来越多，受学生欢迎的课堂越来越多。

（3）教师的课程意识不断增强，帮助学生规划人生，帮助学生放大梦想，激发学生学习的内驱力。无论从教师的角度，还是从学生的角度，都体现了学校课程的价值，也体现了教师课程意识和课程能力的发展。

二、可持续发展的优质师资队伍形成

（一）教师参赛获奖人数不断增多，层级不断提升

通过课堂建模，以多种形式的研讨、充分的教学实践推动了教学质量的提升，并促进了教师教育观念的更新和教育教学能力的提高。积累和沉淀到一定程度，随之而来的必然是优质的、可持续发展的师资队伍的形成。

"我们就是依靠教师的成长撬动学校发展，通过高位引领，培养反思型、研究型教师，将学校打造成学生喜欢、家长满意的'新优学校'。"李继美校长如是说。教师有5人获得成都市教师技能大赛的参赛资格，参加新都区教师技能大赛获得特等奖6项，一等奖11人次，二等奖14人次，论文获奖16人，微课获奖6人，获奖率达70%以上，学校获得区级以上表彰9次。辅导学生参加成都市科技体育锦标大赛获二等奖，参加成都市武术比赛荣获三等奖。这些奖项，凝聚着全体蚕小教师的智慧。

（二）增强了教师科研意识和科研能力，培养了科研骨干队伍

学校行政更加重视统筹指挥，语文教师积极参与，其他科教师密切配合，使课题既经历了无奈和研究过程艰辛的体验，又充分品尝了问题解决后的满足和获得研究成果的欢乐，较好地增强了研究人员探索进取、锐意创新的勇气，使教师由活泼、感性的实践者，转变为灵性、理性的研究者。

由于坚持走课题化、规范化的路子，我们认真学习了《中小学教育科学研究》《中小学教师教育研究指导》，经过三年的实践教育教学，在全校基本普及了教育科研知识，大部分教师熟悉了教育科研及其运作规范，进一步加深了对教育科研思考方法和实验方法应用的理解，能较好地运用现代教育评价理论，改革、设计和实施教学评价，掌握了研究成果形成与提炼的基本方法，撰写论文和经验文章90余篇，其中获市级奖5篇，区级奖80篇（其具体成果见表1-4-2-1）。一支观念新，事业心强，教学、教改、教研和科研能力强的科研型骨干教师队伍已基本形成。

表1-4-2-1　教学、教改、教研成果统计（2018年9月—2022年10月）

项目	数量或人次	获奖情况					
		校级	区级	市级	市级论文刊发	省级	国家级
上课	25	25	6	2			
论文	93	93	80	5	6	1	2
教案	22	18	6				
课件	15	15	5	1			

三、推进了学科教学改革的深化和新课程的顺利实施

（一）课题实施研究推进学校语文教学改革和新课程实施

我校自实施课题研究以来，为了把课题研究工作抓到实处，打好课题研究这一仗，学校在组织研究教师外出听课、取经的同时，十分重视校本教研活动的开展。每周四为新课程教研活动日，研究教师轮流上课、说课、评课，集体攻关。学校围绕"主动—探究"这一课题核心，以课堂教学改革为突破口，实现师生行为方式的根本转变。把课堂还给学生，把精彩让给学生。鼓励学生运用各种方法，从不同的角度，进行多样化的探索，尊重和保护学生学习的自主性和积极性，使学生的个性得到健康和谐的发展，并有效地推进我校语文教学改革和新课程的实施。

（二）研究的经验成果推广，促进了其他学科教学改革

在研究的过程中，我校教师开展了"与课题研究同行"的活动，大大促进了其他学科的教学改革和新课程的实施。具体表现在教师的教学观念、教学常规、课堂教学，对学生的管理方式、学习方式、生活方式、学校对师生的要求等都发生了根本变化。每到周四都要对一周的公开课进行研讨，内容涉及语文、数学、思品、自然、社会、科学、计算机、音乐、美术、体育等学科，大家踊跃发言，积极畅谈对新课程的看法，研讨课改中的教法、学法，气氛热烈，情绪高涨。现在，全校各学科的教改既轰轰烈烈，又扎扎实实，新课程的实施进展顺利。

第三节 "五学五导生长课堂"的创新与反思

成都市新都区蚕丛路小学校 陈昱蓓

一、"五学五导生长课堂"的研究创新

(一)阅读教学的变革方向

阅读教学是语文教学的"重头戏",也是非常难唱的"戏":阅读教学正从三维目标走向核心素养,从单篇教学走向"1+X"联读,从浅层学习走向深度学习,从教为中心走向学为中心,从问题串走向任务链,要求我们必须对阅读课堂进行结构性改革,这成了本课题研究的动因。

(二)生长课堂的原点思考

"生长课堂"意在正本清源,立足学生的现实起点,呼唤回到原点,着眼于学生发展的丰富可能,以追求"生长"为核心价值,唤醒和激活学生与生俱来的语言禀赋。于疑难处指引,于迷惘处点拨,于困顿处帮扶,于关键处引领,这其中包孕、涵养着生长的力量。

(三)生长课堂的变革路径

孩子犹如一粒种子,自由与天性是土壤,熏陶与濡染是水分,对话与交流是空气,激励与欣赏是阳光。构建"生长课堂",让学习真正发生,尊重学生,立足学生。"学"是指学生自主、快乐、持续地学,有目标,有路径,有方法,有评价,有发展。"导"是指教师适切地指导、引导、疏导、辅导、诱导。"先学后导""以学定导""顺学而导""以学论导",让学生在课堂上自主生长,自由生长,自然生长,自觉生长。

"人人有课题,个个好研究",每位工作室成员将教育教学中遇到的问题提炼成小课题进行研究。课题组采取新老结合的方法,帮助新老师规范研究程序,传授

其研究方法，从选题、开题、论证、中途研究、期末结题、资料整理等方面对其进行小课题研究辅导，让新老师在课题研究中得到科研的快乐和成就感，同时在课题研究中迅速成长。

"一个人走得快，一群人走得远。"蚕小教师很年轻，很稚嫩，教学思想尚在形成，教学行为还需变革，我们将在实践中反思，在反思中达成，在达成中分享，在分享中成长，继续用工匠精神打磨课堂，让蚕小的每节课在精细中出彩，让蚕小教师的风采在每节课中闪耀，努力为蚕小的教育铸就一道亮丽的风景！

二、"五学五导生长课堂"的研究反思

（1）教师课程的梯级设计及考评量化实施如何进一步优化？

（2）培养成长的优秀教师面临跳槽的社会压力如何化解？

（3）如何将教师进行层级划分后为其量身定制发展计划及对应课程设置？

我们深知，蚕从路小学很年轻，它承载着一种新的教育理念，教师的教学思想、教学行为都发生了极大变化，教师在这样的特色教研氛围中，引发智慧和思维的碰撞，在碰撞中实践，在实践中反思，在反思中达成，在达成中分享，在分享中成长，研出了精彩的课堂，成就了教师，成就了学生，发展了学校。

播下理想、热情和汗水，收获阳光、鲜花和果实，困惑的目光明澈成冬日的泉水，停滞的脚步轻快成清爽的长风，蚕小人一定会破茧成蝶，幸福花开！

第二篇 头头是道："五学五导生长课堂"的阅读实践策略

课堂是课改的主阵地，从重视“双基训练”的落实，到关注“三维目标”的融合，再到聚焦“核心素养”，都着力于培养学生的必备品格和关键能力。然而，现实的课堂中，真正的主动学习没有完全发生。如何摆脱以教师讲问为主，学生被动接受的范式，创造足以保障学生自主学习的方式，本质上实现“请跟我来”到“我跟你去”的华丽转身？

唤起学生主体意识是深度学习的先决条件，以学定导，顺学而导，学生以主人翁的姿态进行个性化阅读和表达。从“学”的角度研究“导”，使学生的主体能力得到充分发展。

面向全体，尊重差异，使学生承认自我、发现自我，发挥自我意识和能力，逐步培养出独立、完满的主体人格。

“五学五导生长课堂”特别关注儿童，关注儿童生命成长，变革学习方式，让学生在课堂上进行深度思考，实现深度参与。以生为本、以学为重的理念不断深入人心，课改驶入快车道。

第一章

“精读课文”教学实践与研究

领衔教师：成都市新都区蚕丛路小学校　唐琬淋

“精读课文”是教材中的一类课文，处在教材中每个单元的前篇，占有极其重要的学法指导地位，指导学生进行阅读实践，逐步培养学生的阅读兴趣、阅读能力，使学生养成良好的阅读习惯，并丰富学生的语言积累。

张田若先生说：“阅读教学第一是读，第二是读，第三还是读。”精读课文的出发点和终极目标，就是使学生具有独立阅读能力，学会运用多种阅读方法。

“五学五导生长课堂”站在儿童立场，尊重学生差异，遵循儿童学习规律，努力践行“真学真教”，突破传统的作品分析模式瓶颈，大胆把课堂时间还给学生，引导学生在读中理解、体会文章内容，真正做到以人为本，以人的发展为本，以读为主要路径，聚焦真问题，运用真策略，发展真素养，实现真成长。

第一节"五学五导生长课堂"的基本范式

成都市新都区蚕丛路小学校　黄尤林

一、先学后导：预学—诱导—自主生长

这一环节主要是确定研究方向，遇到一篇新的课文，学生该如何读懂这篇文章呢？遇到问题该怎么办呢？我们主要通过以下三方面来完成。

（一）目标导读

为了培养学生的自主学习习惯，提高其创造学习能力，要引导学生自己提出学习目标和学习思路。尽力减少学生独立研究的盲目性，精心设计有针对性、启发性、趣味性且难易适度的自学卡片，让学生带着问题去阅读、思考，根据具体情况确定研究的内容和研究的重点。

让学生尝试对文本体裁做出判断后运用相应学法自学，尝试概括文本的主要内容，读懂文本大意；尝试厘清文本脉络，把握作者的写作思路；认真阅读文本，根据主要内容，领会作者写作意图；积累文本的好词、佳句、优美段，明确自己已经会用哪一点或哪几点，还有哪些不懂的问题。

（二）自读自悟

以学生独立思考、独立读书为主，尽可能将时间和机会还给学生，让他们潜心读书，边读书边思考，学习理解地读；创设情境、营造氛围，使他们有感悟地读。把"教"的过程变为"导"的过程，变为学生探索发现的过程。构建"五学五导生长课堂"教学结构，以发现问题为主线，让学生精读重点段落，品析重点词句。让学生先学先讲，教师后讲后帮，引导学生扎扎实实学好新课内容。

（三）主动质疑

在学生必备的"质疑、想象、表述、动手"四种能力中，我们把质疑能力放在

首位，因为学问从"问"开始，如果学生的批判性思维没有被激活，就不会有真正意义上的研究性学习。为了在课堂打破"思想的沉默"，我们组织了"金色问号"活动，印发"学生质疑报告表"，评选"最佳质疑个人"，形成了主动质疑的学风。在课堂上，频频出现学生向课本、教师"发难"的精彩镜头。在此基础上，要不失时机地鼓励学生从"有疑必问"到"自疑自解"，使学生提出一些有创意的、高质量的问题，为其合作研究打好基础。

二、以学定导：对学—引导—自发生长

"思维在碰撞中闪光"，一切研究都是从问题开始的，学生在自学过程中已经提出了自己不懂的问题，而这些问题中，有的是同学们完全可以自行解决的，解决这些问题的最佳途径就是放手让学生去讨论，进行合作探究。

合作探究是培养自学能力的关键，要将学生"自读"能力的培养落到实处，必须确保学生的主体地位，让学生成为合作学习的主动参与者：让他们读书、思考、质疑，在阅读中掌握读书方法，让学生把自己在独立研究中所得的知识进行交流，将自己提出的有创意的高质量的问题提供给全班同学讨论。主要分两步来完成：

（一）展示所得

让学生展示自学成果，即"说学"。学生拿出自己的预学成果开展组内群学，讨论、汇报自己的收获，也可以提出自己的疑惑，实现多向性、多元化交流，培养学生的倾听、表达、合作能力。学生报告的应是自学的心得，心得可以是读懂了哪一词、哪一句，也可以是读懂了哪几句、哪一段，还可以是哪一处写得好，好在哪里。总之，理解内容方面的、运用语言文字方面的心得都可以讲。此外，还要鼓励学生说出哪些地方还读不懂，大胆质疑问难，向同学、老师请教。

（二）聚焦难点

教师对同学们普遍存在的模糊认识与"学得"环节中所提出的问题进行聚焦，共同梳理体现教材重点、难点以及多数学生认为是疑点的且有讨论价值的核心问题。

合作中鼓励学生畅所欲言，使讨论有实效、有质量。在小组合作学习的基础上，全班交流展开讨论甚至辩论。在应得出一致意见的问题上力求得出一致意见，在允许有不同意见的问题上一定不要强求一致。要鼓励学生说出带有个人情感的理解，要鼓励创见。在学生讨论过程中，教师犹如讨论会的主席，起指导、订正的作用：学生提出的问题，哪个及时启发本人或让其他同学回答，哪个纳入小组或全班讨论的问题之中；学生分组讨论时及时了解情况，并予以辅导、沟通。

三、顺学而导：展学—疏导—自觉生长

（一）因学设导——有目标地学

著名特级教师薛法根说："学生已经会的不教，自己能学会的不教，教了也不会的不教。"遵循这个原则，老师将学生的疑惑处、困难处等设计成学习方案。

针对大部分教师就阅读教阅读、忽视读写结合或者深度融合的现状，要重点引导学生在自学过程中自觉关注文本指向写作的语言特质，在小组合作学习中聚焦这些培养高阶思维的、学生自己努力仍解决不了的关键问题，形成本堂课重点探究的核心问题，构成课堂教学核心目标，为"真学真教"奠定基础。

（二）先学后导——有方法地学

课题组注重顶层设计，关注"学"的起点，"导"以方法。讨论交流之后，对那些学生"想领悟而领悟不到，虽研究而研究不透的问题"，教师要进行补充讲解，讲在关键处，以一当十。讨论告一段落，教师要引导学生进行小结归纳。

课题组更重视落地实施，聚焦"学"的难点，"导"以策略。让学生思考：自己学会了什么？是怎样学会的？还有哪些新的问题？应该如何灵活运用所学的知识或已形成的能力解决新的问题？学完本文之后有哪些新的体会？

托勒密曾说"未来的文盲将不再是不识字的人，而是没有学会学习的人"。要用教材"教"（学习方法），而不是"教"教材（上的知识）。教学不是简单的复制与借用，而是充满个性的创生与建构，把课堂还给学生，让他们自主合作，小组互学；师生对话，全班共学；迁移运用，全体成学。

（三）以导促学——有深度地学

为确保"真学真教"课堂落地，主要在三个方面着力。

找准起点。遵循"以始为终"的理念，明确要将学生引向哪里（本堂课学生要达成的学习目标），首先要知道学生现在在哪里，了解学生的现实起点，顺学而导，让教学更加有效。

聚焦疑点。学生的疑难困惑处往往就是重点、难点处，教师要激发学生兴趣，引导学生在合作探究中解决问题，有效突破难点，提升学生学习力。

突破难点。在学生自学过程中，难免遇到容易产生歧义的地方，要发挥学生潜能，让他们进行深度思考，为课堂学习展示奠定基础。

四、以学论导：评学—指导—自然生长

厘清"教什么""怎么教""为谁教"的辩证关系，把"为谁教"置于首位，

作为整个研究的出发点和归宿。

"生本课堂"以学生产生需研究的问题为始，以学生发现新的问题为终。它实现了以下转变：学生从被动学习转变为主动参与，从以听为主转变为主动思维，由注重结果转变为注重过程；师生单向交流转变为师生之间、生生之间的多向交流；老师从"目中无人"转变为以学生为主体，学生主体和教师主导得到和谐统一。

时而书声琅琅，时而开怀大笑，时而凝神沉思，时而语惊四座，时而思绪飞扬……于润物细无声中彰显着师生的生命成长，引领学生走进文本，走出文本，走向生活，完成文本与生活的对接，形成师生之间、生生之间心灵的共振！

让学生用心灵通过文本去感受生命的律动，从而拓宽了学生的视野，引发了他们更深层次的思考。诗意语文以价值引领为灵魂，以文化传承为血脉，以精神诉求为旋律，以生命唤醒为光华，以个性张扬为风采，以智慧观照为神韵，以心灵对话为境域。"将生命融于语文教育，将语文教育融于生活，让语文教育成为生命的诗意存在。"这样的课堂教学犹如读一首美轮美奂、精彩纷呈的诗，而诗意就是一种浪漫主义的情怀，是一种精神的追求，是一种悠然见南山的境界，是一种吾将上下而求索的信念。学生在他的课堂中，忘却了自我，醉心于惬意地交流、欢快地思索，同作者一起惊喜，一起感动，一起悲欢，让孩子真正体验到感悟的情真意切与表达的酣畅淋漓。

五、多学少导：延学—辅导—自由生长

陶行知先生说："教是为了不教。"从"教"转向"学"的课堂学得简单、自然、快乐，实现了儿童实践基础的回归。以"学"定导，因"学"而导，使"导"更好地为"学"服务，以"学"量身定制"导"。

在新课的教学中，学生逐步掌握读懂一篇课文的基本步骤：初读——读准、读通语言文字，了解课文梗概；细读——抓住课文的语言特点，学习课文的语言，体会思想内容是怎样通过语言文字表达出来的；精读——抓住课文的精妙之处，学习用词的准确、句式的优美、篇章的严谨等，提高阅读和鉴赏能力，在精读过程中，精彩的章节要熟读成诵；品读——以课文的精要语段为例子，进行仿写练习，提高运用语言的能力。

（本文发表于陶行知研究会《学科关键能力的理论探索与实践研究》）

第二节 "五学五导生长课堂"的教学设计

教师搭台 学生切磋

——《慈母情深》第二课时教学设计

成都市新都区蚕丛路小学校 唐琬淋

【教材分析】

《慈母情深》选自梁晓声的小说《母亲》。课文写了"我"的母亲在极其艰难的工作环境中，省吃俭用，支持、鼓励"我"读课外书的故事，表现了慈母对孩子的深情，以及孩子对母亲的敬爱。本文是第六单元的第一篇精读课文。本单元的人文要素是：舐犊之情，流淌在血液里的爱和温暖。语文要素是：注意体会场景和细节描写中蕴含的感情，用恰当的语言表达自己的看法和感受。本课内容浅显易懂，情感线明显，可引导学生关注能体现作者情感的场面、细节描写，关注对话和词语的反复应用对情感表达的效果。让学生通过关注重点词句的描写，感受语言的表达，并联系生活进行模仿、迁移。

【教学目标】

1. 让学生正确、流利、有感情地朗读课文，通过人物外貌、语言、动作等描写来体会人物形象和情感。

2. 让学生有感情地朗读课文，体会细节描写中蕴含的深沉的母爱，唤起热爱母亲的情感。

3. 让学生结合课文联系生活实际，写一写自己曾经"鼻子一酸"的经历。

【教学重难点】

教学重点：让学生通过人物外貌、语言、动作等描写来体会人物的形象和情感。

教学难点：让学生体会细节描写中蕴含的深沉的母爱，唤起其热爱母亲的情感。

【教学过程】

（一）以学定导，展学（5分钟）

1. 学生活动

（1）展示所得

学生展示预学过程中完成得较为满意的一项任务，并向全班同学提出自己的疑问。（教师相机对有探究价值的问题进行加星）

（2）讨论交流

学生对同学提出的疑问，进行互帮互助解答，简单问题当即解决，较难的问题留下来，在后面的学习活动中再解答。

（展学要求：分享可以是任务一自己发现的学习本课的学习方法，也可以是任务二第一项说对感触最深的一处的体会，也可以是第二项，总之挑选自己最有把握的学习成果进行分享。对于同学们提出的问题，简单问题同学互助能当即解决，难一点的问题后面深入学习后解决）

2. 教师活动

PPT展示本轮学生活动的要求，为学生搭建预学分享展示台。

设计意图：本环节学生是自由的，在分享和答疑中积累自信，学习的起点是愉快的，教师在本环节不对学生的学习成果进行答案式固化，通过鼓励引导学生自由分享，把握学习起点。

（二）顺学而导，还学（30分钟）

1. 学生活动

（1）同桌互读活动

读课文中感触最深的地方，思考为什么感触最深，从哪里体会到的。勾画出关键词，同桌交流后全班分享。学生分享后带着体会到的情感展示地读句子，并在主板书两个人物相应位置写上关键词。（教师在学生分享过程中相机引导追问"你是怎么体会到的"，引导归纳方法并板书：体会场景描写、人物的语言、动作、神态、心理描写）

（2）小组合作读

学生勾画文中运用反复手法的句子，小组四人合作读句子，读出反复的情感递增变化，在小组内部谈感受，小组展示朗读并做全班交流。学生在主板书两个人物相应位置写上关键词。（在小组分享中教师进一步引导学生归纳方法，体会场景描写、人物的语言、动作、神态、心理描写，在小组学生朗读展示活动中范读反复手法的情感递增朗读，板书表达效果）

（3）男女生角色扮演读

读第20—31自然段对话描写，一轮朗读男生扮演"我"，女生扮演母亲，教师扮演工友，各角色谈一谈角色的内心感情。二轮朗读女生扮演"我"，男生扮演母亲，教师扮演工友，各角色谈心理体会，也可谈工友的内心想法，谈"我"和母亲的情感。（教师相机回归课题，引导学生深情地朗读课题"慈母情深"，并根据副板书梳理体会场景和细节描写的方法）

（4）小组分享读小练笔

学生小组内部分享自己的小练笔，运用今天学到的场景描写、人物细节描写、反复等方法尝试小组合作修改一篇小练笔，修改后展示分享。（教师相机加星）

2. 教师活动

组织开展还学活动，四个"读"活动。相机引导，板书本节课重点，帮助学生归纳学习方法。

设计意图：本环节针对学生遗留下来的疑难问题开展还学活动。学生遗留问题从展学中来，集中在体会文中"我"和母亲两个关键人物的情感上，根据本文的文本特点，学生要在不同形式的朗读中去抓关键词体会人物情感。

三个读活动根据学习的难度各有层次，互动，小组合作读、扮演读，让学生在朗读中体会情感，在体会中归纳学法，习得学法，在小练笔中进一步进行实践运用，集众人智慧，打磨小练笔，学方法用方法，展示学习成果。

（三）以学论导，评学（5分钟）

1. 学生活动

（1）根据板书，回顾学法。

（2）统计导学得星和课堂中额外获得的表扬星、加星，做简单的分享。

（3）给老师提一个宝贵意见。

2. 教师活动

组织开展评学活动。

设计意图：评学环节旨在反思，引导学生对本节课学习流程、学习方法的回顾总结，在思考中总结，在思考中精进，在对自己学习情况的认识中，同学为老师提出宝贵建议。

（四）多学少导，延学（课后）

1. 学生活动

（1）自读散文《背影》，将感触深刻的地方勾画下来读一读，午读活动分享自己的阅读感受。

（2）为爸爸、妈妈画一幅肖像画。

（3）为家中亲人做一件力所能及的事。

（4）讲一件发生在爸妈和自己身上最感人的故事，午读做分享。

2. 教师活动

组织开展延学活动，发布延学任务。

设计意图：延学活动根据具体的课堂容量进行灵活安排，可安排课上延读活动也可安排课后实践活动。学生得法于课内，实践于生活。

品味傲慢　感悟写法

——"五学五导生长课堂"《白鹅》教学设计

都江堰市向峨小学　赵惠琳

【教学目标】

1. 学生能学习作者抓住事物的特点进行写作的方法，体会作者用词的准确生动与幽默风趣。

2. 让学生体会作家是如何表达对动物感情的，感受语言的趣味。

3. 通过让学生品味白鹅的高傲，体会作者对白鹅的喜爱之情，培养学生热爱生活的情趣，激发学生观察动物的兴趣。

【教学重难点】

教学重点：让学生学习作者抓住特点来写作的方法，体会作者用词的准确生动和幽默风趣，在朗读中品味语言的趣味性。

教学难点：让学生品味白鹅的高傲，体会作者对白鹅的喜爱之情。

【教学过程】

（一）先学后导：预学—诱导—自主生长

1. 读一读

（1）请你正确流利有感情地朗读课文，并给课文标上自然段。

（2）边读边圈画出课文中不认识的字词。

2. 查一查

查阅作者及文章创作的相关背景资料。

3. 自学生字

（1）给多音字注音并组词。

（2）认真学习下面生字的笔顺，再认真写一写"脾"和"颇"。

（3）给生字组词。

（4）通过查阅资料，理解词语意思。

4. 课文了解

（1）课文描写了白鹅__________的特点。具体是从三个方面展开描写的，分别是__________、__________、__________。

（2）课文里有许多表现白鹅高傲的词语，如"引吭大叫""傲然""架子十足"。找一找，分类抄下来，再体会作者是如何把"高傲"写清楚的。

叫声：____

步态：____

吃相：____

5. 自主质疑

教师根据学生预学单完成情况，初步确定学生对课文的掌握程度。通过对全体同学预学单的完成情况，可以知道学生对课文的生字词掌握情况较好，但是在书写"脾"字的时候部分学生出现错误，需要进一步指导。另外，学生能够初步了解课文的内容，大部分同学都能在课文中准确地找出能体现白鹅高傲的词语。

（二）以学定导：对学—引导—自发生长

研读课文，重点探究。

4人小组合作完成任务单。

要求：

（1）认真读课文第3、4自然段。

（2）小组合作完成任务单，组长分配一名同学写任务单，一名同学做汇报，其余同学协作完成。

1."叫声"的傲慢

任务单：

（1）找出第3自然段中描写白鹅叫声高傲的四字词语。

严肃郑重、厉声呵斥、厉声叫嚣、引吭大叫。

（2）根据第3自然段的课文内容，完成下面的填空。

用鹅的________与狗的________做对比，表现鹅叫声________和厉声呵斥的特点。

学生汇报交流叫声傲慢的部分：

厉声叫嚣——非常严厉的大声吵闹，嚣张不可一世的样子

引吭大叫——扯开嗓子使劲喊

厉声呵斥——用严厉的声音训斥

严肃郑重——形容一个人对待事物严肃郑重的样子

请学生连线。这些词语，我们怎么读好它们呢？你有什么好建议？

过渡：不仅这些词语能读出白鹅的高傲，作者还运用了对比的修辞手法来表现它的高傲。我们一起来看看这一小组完成的任务单。

用鹅的引吭大叫与狗的狂吠做对比，表现鹅叫声严肃郑重和厉声呵斥的特点。

（3）白鹅这样的凶恶，是为了替主人看守门户。现在你喜欢它吗？那让我们读出对它的喜爱之情吧！大家一起齐读课文第3自然段。

2."步态"的傲慢

过渡：我们感受了白鹅叫声的高傲，那高傲的白鹅走路又是怎样的呢？现在请同学们自读课文第4自然段，用横线勾画出描写鸭子步态的句子，用波浪线勾画出描写白鹅步态的句子。

任务单：

（1）请写出第4自然段中描写鸭子步态的句子。

（2）请写出第4自然段中描写白鹅步态的句子。

请学生分享。鸭子步调特点是什么？急速、局促不安。什么是局促不安呢？朗读表现鸭子的步调特点的句子。

白鹅走路的步调和鸭子完全不一样，它的步态特点是：从容、大模大样。作者把鹅的步调比喻成了京剧里的净角。

你知道净角吗？净角就是京剧表演中主要行当之一，俗称花脸。"瞧，净角出场了。"这一句我们可以怎么读？（速度慢，从容一点）男女生对比读，你看，我们这样一对比读，鸭子和白鹅步态的不一样立刻就表现出来了。作者把鹅和鸭子的步调进行比较，这样写有什么好处呢？

预设：用鸭的步调的局促反衬鹅的步调的从容，更形象地突出了鹅步态的傲慢。

小结：作者通过细致的观察，把白鹅步态那傲慢得不可一世的样子描写得这样精彩。

3. 体会："吃饭"的有趣

过渡：这白鹅走起路来真是傲气十足，特别有派头，可是它吃起饭来却常常让我们发笑。下面请同学们自由地朗读第5—7自然段，边读边把你觉得有趣的句子画下来，体会它的趣味性。

（1）学生自由读第5—7自然段。

（2）汇报交流。

① 这段中，你觉得哪个句子写得很有趣？（根据学生汇报展示课件）谁再来读读，告诉大家鹅是怎么吃饭的？（小组学生接读）

A. 谁再来读读这个句子，让大家听出鹅吃饭的顺序？

B. 鹅吃的东西能少吗？这种吃饭的顺序能打乱吗？这种吃饭方法就是——（师板书三眼一板）

C."三眼一板"也叫"一板三眼"，原指京剧里的一种板式，在这里是指鹅的吃法刻板，从不改变。其中，"一板"指吃一口饭，"三眼"指喝一口水，吃一口泥，再吃一口草。我们再来读读这句话。鹅吃饭的东西能少吗？（不能）吃饭的顺序能改吗？（不能）是呀，鹅吃饭时就是这样三眼一板。如果吃了一口饭，倘若水盆放在远处（学生接读：它一定从容不迫地大踏步走上前去，饮一口水，再大踏步走去吃泥、吃草。吃过泥和草再回来吃饭）。

② 展示句子：这样从容不迫地吃饭，必须有一个人在旁侍候，像饭馆里的堂倌一样。因为附近的狗，都知道我们这位鹅老爷的脾气。

A."堂倌"是什么意思？（古时饭馆里的"店小二"，现在叫服务员）"老爷"就是很多事情指挥别人去做，需要别人侍候的人。此时，主人都变成堂倌了，白鹅却成了鹅老爷了，通过这身份的互换，可见这鹅老爷真是个高傲的动物呀。

B. 这里把鹅称作"鹅老爷"，你从中体会到了什么？

C. 我们的鹅老爷这样三眼一板的吃法连附近的狗都摸透了它的脾性，于是谁来了？来做什么？成功了吗？

请同桌二人演一演狗偷吃鹅饭这个有趣的故事，想象调皮狗和鹅的不同表情和动作、对话。请生表演，点评。你觉得这只狗的形象怎么样？预设：小偷，猥琐。白鹅的形象是那么的傲慢，通过狗与白鹅的形象一对比，你感受到了什么？预设：白鹅的不可一世的派头。

4. 写法探究，学有所获

过渡：就是这样一只高傲的白鹅，丰子恺先生却不厌其烦地给这位鹅老爷当起了堂倌，天天侍候它吃饭，你觉得丰老先生喜欢这只鹅吗？（喜欢）那他为什么用"高傲、架子十足"等含有贬义的词语来形容这只鹅？（明贬实褒）

有些词语或是句子表面是在写白鹅不好，实际上表达了作者对它的喜爱之情。你的爸爸妈妈有没有用过这样的方式说你？小馋虫、小淘气、小坏蛋，当你听到这样的称呼的时候，你的心里是什么感受呢？（生答）

（三）顺学而导：展学—疏导—自觉生长

课堂小练笔

丰子恺先生为了把这只白鹅刻画得惟妙惟肖，首先抓住了动物主要的特点，并采用明贬实褒的表达方式和对比的修辞手法来描写，让我们不禁也喜欢上了这只白鹅，这些都值得我们学习借鉴。

请你用今天所学的方法，把小动物某一方面的特点写得更具体。（任选其中一个展开描写）

小狗十分调皮……

小猫特别爱干净……

……

（四）多学少导：延学—辅导—自由生长

过渡：作者采用这种明贬实褒的写法，说明他真的喜爱这只白鹅，把它当成了自己家里的一员。这样有个性的白鹅不仅作者喜欢，俄国有位作家也很喜欢，我们一起去看看阅读链接中的《白公鹅》。

1. 结构

总分结构。

2. 描写方法

（1）运用了拟人、比喻的修辞手法。

（2）运用了明贬实褒写法，表达对鹅的喜爱之情。

阅读《白公鹅》，和课文《白鹅》比一比，说说两位作家笔下的鹅有什么共同点，再体会两篇文章表达上的相似之处，在四人小组里一起说一说。

魂牵梦绕故乡情

——《梅花魂》教学设计

通川区罗江八一希望学校　张雨千

传统的语文课堂教师讲，学生听；教师提问，学生回答。课堂上，少部分学生是"主演"，积极参与课堂互动，堂堂课"出镜"；一部分学生是群演，偶尔举手"露露脸"；还有部分学生是"场景"，几乎不发声。大部分学生学习的内驱力不强，课堂效率不高。"鸡蛋，从外打破是食物，从内打破是生命。""生长课堂"注重教育过程本身，追求"生命活力"，重在激发学生学习内驱力，引导学生从内突破成长。而"五学五导生长课堂"教学模式，为课堂开展提供了具体思路。下面以部编版五年级下册的课文《梅花魂》的教学设计为例，探究"五学五导生长课堂"教学模式。

【教材分析】

《梅花魂》是部编版五年级下册第一单元第4课，本单元以印在记忆中的童年往事为主题。《梅花魂》是本单元的一篇略读课文，整篇文章通过赞美梅花来颂扬像梅花一样有气节的中国人，寄托了老人对祖国深深的眷恋之情。文章通过阐述老人对一幅墨梅的珍爱，透析出梅花那坚贞不屈的气节。梅花，是我们中华民族精神的象征，通过贯穿全文的老人的三次流泪，让读者感受到一个侨居老人一份对祖国的深切热爱和对家乡的眷恋之情。

本单元的语文要素是：①体会课文表达的思想感情；②把一件事的重点部分写具体。这是一篇略读课文，课前的阅读提示"默读课文。想一想：课文写了外祖父的哪几件事？表达了外祖父怎样的思想感情？再说说你对题目的理解"明确了本课的主要学习目标。在教学设计上，我应用"五学五导"教学模式，以学生为主体和主线，关注学生学习过程，让学生在参与课堂的过程中获得生长。

【学情分析】

五年级学生，具备了一定的阅读能力，初步学会了联系上下文和运用、积累、理解词句的能力，但其阅读分析能力、思维能力还有待提升。特别是由于年代的差异，其对情感的把握还需教师引导。因此，在教学设计上，我将"对学、展学、评学"环节作为重点，让学生在思维的碰撞和交流中，在"师生之间、生生之间"的对话中加深对课文的理解，让学生在学习过程中体会知识的魅力，体验语文阅读的快乐，让课堂成为多元对话的过程，让课堂真正成为学生感悟、思考的阵地。

【教学目标】

根据《义务教育语文课程标准（2022年版）》要求，本阶段学生应具备较强的独立识字能力、初步学会联系上下文和自己积累理解词句的能力，能够在阅读中抓住主要内容，体会文章的思想情感，在阅读中揣摩文章的表达意图。结合本单元教学特点和五年级学生的身心发展规律，我确定了以下教学目标。

（1）学生自主学习字词，会认、会写"葬、腮"等13个生字，理解字义，识记字形。能正确读写"梅花魂、缕缕幽香、腮边、白杭绸、甚至、华侨、衰老、手绢"等词语。

（2）让学生默读课文，理解课文内容，了解课文写了外祖父的哪几件事，感受外祖父对祖国无限眷恋的思想感情。

（3）让学生通过对学、展学、评学，领悟梅花那种不畏"风欺雪压"的品格，并让学生说说自己对题目的理解。

【教学重难点】

教学重点：让学生通过文中描写的祖父的几件事，体会祖父的情感。

教学难点：让学生说说其对课题"梅花魂"的理解。

【教学过程】

（一）先学后导：预学—诱导—自主生长（梳理事件，厘清文章脉络）

1. 视频导入，了解梅花意象

播放视频，介绍"四君子"，让学生初步感知在中国文学、艺术作品中梅花具有"傲"的品质。

师：古往今来，梅花因其特有的意象，受到了众多文人墨客的喜爱，人们通过画梅、唱梅、写梅来赞美梅花。今天我们要走近一位华侨老人，听听他和梅花的故事。板书课题：梅花魂。

2. 交流解题，理解题意

师：通过课前预学，同学们是怎样理解课题的？

生1：我通过查字典，知道"魂"有三个意思：①灵魂。②精神；情绪。③崇高的精神表现。通过读课文我想"魂"在这里是崇高的精神表现的意思。

生2："梅花魂"就是指的梅花崇高的精神。

生3：课题是把梅花当作人来写。

师：你还能提出哪些有价值的问题呢？

生4：梅花具有怎样的崇高精神呢？

生5：作者回忆的是有关祖父的往事，而课题是"梅花魂"，作者到底是写祖父还是写梅花呢？

生6：作者写了哪些有关梅花、有关祖父的事？

3. 默读课文，厘清脉络

（1）学生默读课文，完成预学单。

（2）教师随机让学生展示自己的预学单，并领读自己会读的词语。

（3）学生汇报自己不理解的词语，由会的同学解答或老师随机指导。

（4）课文主要讲了祖父的哪几件事情？找到对应的段落，用自己的话说一说。我们还可以用列小标题概括主要事件内容的方法，给这几件事加上短小精悍的小标题。

生1：课文的第2自然段讲了外祖父教"我"读唐诗宋词，读到思乡的句子时总是会落泪。我的小标题是：读诗词落泪。

师：同学们觉得他概括得准确吗？

生：准确。

师：老师把你的小标题写在黑板上。

生2：课文第3自然段讲了"我"不小心弄脏了墨梅图，一向慈爱的外祖父大发脾气。我的小标题是：外祖父发脾气。

师：作者写这件事，目的是想让我们知道外祖父发脾气吗？再想想，外祖父为什么发脾气，作者写这一段是为了让我们感受到祖父的什么？

生2：外祖父是因为“我”弄脏了他很珍爱的墨梅图才发脾气的，作者是想让我们知道外祖父对墨梅图格外珍惜。

师：所以这部分的小标题应该概括出外祖父对墨梅图的珍爱，所以我们可以概括为什么？

生：珍爱墨梅图。（师板书）

生3：课文第4—11自然段讲了外祖父因为年纪大了不能回国，难过地哭了。我的小标题是：无法回国而哭。（师板书）

生4：课文第12—13自然段讲了在“我”们回国的前一天，外祖父把珍爱的墨梅图送给了“我”，并告诉“我”应该要有梅花的秉性。我的小标题是：赠予墨梅图。（师板书）

生5：课文第14—15自然段讲了临行前，外祖父送给“我”梅花手绢。我的小标题是：送梅花手绢。（师板书）

过渡语：同学们不仅读得仔细，而且概括得很准确。作者写下了有关外祖父的五件事，你能体会到其中要表达的情感吗？

设计意图：在预学环节，我用“四君子”视频导入，让学生对托物言志的写法及梅花在文学中的意象有了初步认知，以便在后面的学习中，学生能更好地领悟梅花的精神。通过预学单的反馈，学生基本能运用以往的学习方法习得生字词。通过归纳有关外祖父的几件事，学生基本厘清了课文的脉络。在用小标题概括事件主要内容时，一部分学生把“珍爱墨梅图”这件事归纳为“外祖父生气”，说明还不能准确地体会作者想表达的情感，在对题目的理解上，学生还停留在字面意义的理解。“五学五导生长课堂”教师的导是以学生已有的思考基础来确定教的内容和教的形式，能更好地服务学生的起点。为了更有针对性地解决学习中的疑惑，在后面的教学中，我以学生的基础为起点，想要学生更好地体会人物的情感，就要把学生带入情境，让他们置身于事件中，把体会人物情感及外祖父为何爱梅花作为重点讲解。

（二）以学定导：对学—引导—自发生长（品读词句，感悟人物情感）

1. 自主学习——再读课文，祖父的哪件事最触动你，圈出相关的词句，说说你感受到了什么。

2. 小组合作学习——小组交流，补充评议，交流自己圈画的内容，说说自己的感受，并完成学习卡，为集体交流做准备。

3. 每人在小组中，分享在自学环节中，自己勾画的重点词句以及感受，然后在小组长的组织下，选择本小组要分享的内容，并对小组成员进行分工、记录、板书、主讲、补充，每个小组成员都有自己的任务，为展学环节做准备。

设计意图：学生思维差异客观存在，在小组交流前引导每个学生思考，说出自己的感受。自主学习环节，让学生圈出重点词，简单记录感受，就避免小组学习只听不说或者只记不思考，依赖小组成员，让学生"自发生长"。经过全体成员讨论后，小组选取一件事完成学习单，为下一环节"展学"做准备。

（三）顺学而导：展学—疏导—自觉生长（品读词句，感悟人物情感）

教师随机选取小组，开展小组领学活动。

小组代表1：

小组长：经过讨论，我们小组认为最打动我们的是（无法回国而哭）这件事。请同学们看课文第11自然段，我们从（外祖父竟像小孩子一样，"呜呜呜"地哭了起来……）这句话感受到外祖父当时一定很难过。

成员1：像个小孩子一样哭，说明外祖父控制不了自己想哭的情绪，大人只有在很伤心的时候才会控制不住哭出声来。

成员2：外祖父当时心里一定在想：他们终于能回国了，我应该为他们感到高兴，可是我却回不去。那可是我一生都想回的家乡，一生都想回的祖国呀！要是我能再年轻一点多好啊！

成员3：外祖父当时心里一定在想：那是我最爱的祖国，我多想回到祖国的怀抱，可是我老了，也许永远都回不去了。我就是一个失去了"母亲"的孤儿，我该怎么办？

组长：我们小组发言完毕，谢谢大家！

师：这是文中第2次描写外祖父落泪，这组同学的分享让老师仿佛也看到一位头发花白的老人，因无法实现自己心中存在已久的归国梦，无助地哭泣。

小组代表2：

组长：我们这一组经过讨论，认为最打动我们的是（读诗词落泪）这件事，我能感受到他（思念家乡、思念祖国）的心情，请同学们看课文第2自然段。

成员1：我从（一遍又一遍）这个词感受到祖父心里一定在想：我一定要把这些诗词都教给莺儿，我们虽然没在祖国，但是祖国的诗词我要传下去，不能让莺儿忘了祖国。

成员2：我从（常会有一颗两颗冰凉的泪珠落在我的腮边、手背）这句话中感受到祖父一定在想：这些诗句让我更加思念我的家乡，我多想回到我的家乡，回到我的祖国。

成员3：我把这段中的诗句读给大家听一听，大家一起听听诗中的乡愁。

师：这是文中第1次描写外祖父落泪。这组同学不仅通过重点词分享了祖父的情感，还通过朗读分享了这份浓浓的乡愁，让我们感受到外祖父虽身在异国他乡，却忘不了民族的文化和精神。

小组代表3：

组长：我们这一组经过讨论，认为最打动我们的是（珍爱墨梅图）这件事，请同学们看课文第3自然段。这段虽然写了外祖父发脾气，但我们却从中感受到外祖父的爱国之心容不得一点玷污。

成员1：我从（分外爱惜、家人碰也碰不得）这些词中感受到外祖父心里一定在想：梅花是中国最有名的花，它有高尚的品格，我们做人也要像梅花一样，所以我一定要好好爱惜它。

成员2：我从（训斥、拉下脸、轻轻刮去、慢慢抹净）这些词中感受到外祖父当时心里一定在想：这家里你们损坏了什么都没关系，可是这梅花一身傲气，不畏风雪，不肯低头折节，怎么能玷污呢?

成员3补充：外祖父当时一定很生气，他希望"我"也能像他一样爱梅花，爱梅花的品性。

小组代表4：

组长：我们这一组经过讨论，认为最打动我们的是（赠予墨梅图）这件事，请同学们看课文第12、13自然段。外祖父赠予"我"墨梅图时告诉"我"的话，让我们很感动，很受鼓舞。

成员1：我从（早早地、郑重地）感受到外祖父的心情是（渴望归国，希望我们成为品格高尚的人），他当时一定在想：今天他们要回国了，虽然我不能回去，但我要让他们带着这幅画回国，这样他们才不会忘记，无论在怎样的境遇里，都要有梅花的秉性。

成员2补充：墨梅图是外祖父最喜欢的，墨梅图被带回祖国，他仿佛也跟着墨梅图一起回到了祖国，实现了回国的愿望。

成员3：我把外祖父告诉"我"的话读给大家听，请同学们看课文第13自然段。

小组代表5：

组长：我们这一组经过讨论，认为最打动我们的是（送梅花手绢）这件事。我从（衰老）这个词感受到（外祖父因为不能回国失落）的心情。他当时心里一定在想：我的祖国，我是多么的想念你啊！

成员：我从（泪眼蒙眬）这个词中，感受到祖父不能回国的伤心与无助，他心里一定在想：我只能看着他们回国吗？我真的回不去了吗？

师：这是文中第3次写外祖父流泪，当外祖父知道自己无法回国了，于是将绣有梅花的手绢送给了我。他只能把自己对祖国满腔的思念之情寄托在哪里？

生：寄托在梅花身上。

师：是啊，这份对祖国的思念只能寄托在他最钟爱的梅花身上。所以在外祖父心中，梅花仅仅是花吗？

设计意图：在"展学"环节，不同小组展示了自己小组的对学成果，通过"外祖父心里一定在想"设定，让学生带入角色，共景共情。在交流中，同学们就把这种情绪自然地带入了课堂，带领其他组的同学与之产生共鸣，加深了其他同学在这件事上的情感共鸣。不同组的交流，用不同的思路、不同的角度理解课文，让学生对祖父的思想感情有了更深刻的理解体悟。

（四）以学论导：评学—指导—自然生长（共议梅花"魂"，交流题意）

过渡语：在外祖父的心中，梅花早已不仅仅是花。我们回到刚开始一个同学的问题：作者回忆的是有关祖父的往事，而课题是"梅花魂"，作者到底是写祖父还是写梅花呢？跟同桌说一说，你是怎么理解课题"梅花魂"的呢？

（1）同桌互讲，说清楚梅花的"魂"指的是什么，你是怎么理解课文题目的？

（2）集体交流，生生互评、补充，教师相机指导。

生1：通过学习，我觉得梅花魂就是指的梅花的精神，不畏风雪，越是风雪欺压，越精神，越秀气。外祖父就是具有梅花精神的人，他虽在国外，但心中时时刻刻眷恋着祖国。

生评：我觉得这位同学说得很对，我想补充的是，外祖父希望作者做一个有梅花秉性的人，作者至今还记得，说明作者受外祖父的影响，也喜欢梅花的精神，看到梅花就会想起外祖父的教导。

师评：也就是说，在外祖父的教导下，梅花不畏风雪欺压的精神一代代传承了下来，它具有了不断延续的生命力。

生2：通过学习，我觉得梅花魂还是一种精神，就是不管历经多少磨难，不管受到怎样的欺凌，从来都是顶天立地，不肯低头折节。

生评：我同意他的说法。一个有气节的中国人都应该有这样的精神，外祖父希望作者不管在哪里都不要忘记自己是一个中国人，赠送她墨梅图和梅花手绢，就是希望她像梅花一样。

师评：所以梅花魂是梅花的精神，更是中华民族的精神。外祖父漂泊海外，但他的中国心没有变，对祖国的爱没变。他就像他钟爱的梅花一样，有品性、有灵魂、有骨气。

设计意图："生长课堂"的重心要放在如何引导学生"学"的问题上，可以小到字音词义的明确，大至文章核心问题的探讨。在辨析评论过程中，同向的碰撞可以使答案更充实，逆向的碰撞可以使答案明晰。我把"说说你对题目的理解"这个重点放在这个环节，是希望同学们在这个过程中，能深层次地理解"梅花魂"的三层含义：梅花精神，民族精神，做像梅花一样的人。在课堂开头，已经有学生通过查字典的方式理解了表层的意思："梅花魂"就是梅花的精神。但作者为何用"梅花魂"做题目，还需要同学们继续挖掘。评学环节，就是同学、老师在辨析评论中，不断探究问题本质的过程，从而造就一种"百家争鸣"的学习格局。

（五）多学少导：延学—辅导—自由生长（再悟"梅花魂"，弘扬民族精神）

过渡语：在中华民族发展的漫漫长河里，从古到今有许许多多拥有梅花魂的人，我们的民族才在一次次磨难中能更加坚强地挺立，让我们一起听一听这首《梅花赞》。

教师播放《梅花赞》，讲述江姐的故事。

师："三九严寒何所惧，一片丹心向阳开"，听完了江姐的故事，你是否被她的精神打动？你还知道哪些拥有梅花魂的人？是"留取丹心照汗青"的文天祥，是"不为三斗米折腰"的陶渊明？是驻边的战士，是逆行的消防员，还是抗疫一线的白衣天使？他们可能是家喻户晓的名人，也可能是默默奉献的无名英雄。请你收集他们的故事，把故事和你的感受讲给同学、父母听。

设计意图："延学"环节，可以让学生带着更深层次的问题在课后继续思考。经过前面的学习，学生对课文内容、外祖父的思想感情及对课题都有了较好的认知和理解。梅花的秉性、民族的精神不应该有时间的局限。因此在这一环节，我延伸到古今具体梅花魂的名人，也启发学生在普普通通的中国人血液里一样流淌着这样的精神。让孩子们去收集、讲述故事，从而使他们更深地感受民族精神、民族文化。

第二章

“略读课文”教学实践与研究

领衔教师：成都市新都区蜀龙学校　郭　昊

叶圣陶先生说：“就教学而言，精读是主体，略读只是补充；但就效果而言，精读是准备，略读才是应用。”叶老十分精辟地阐述了精读与略读的关系，精读是略读的基础，前面的精读是为了以后的略读做准备。经验型老师在单元教学中，精读课文教学生方法，略读课文时运用起来，互为补充。略读课文教学并不是单元教学的结束，而是海量阅读的开始。在略读课文时，学生要将学到的方法带入群文阅读、整本书阅读中去巩固，去丰富。略读课文是从课内走向课外的弹跳器，是新起点。

生长课堂教学模式下，略读课文学习不仅是学法能力上的迁移、运用、巩固、总结，同时还是文本内容的迁移延伸。略读教学是让学生学会把精读课文中学到的读书方法迁移到阅读实践中，以提升学生阅读能力的过程。略读课文是精读课文和课外阅读的桥梁，学生带着好方法阅读会受益终身。

基于其略读课文的定位，生长课堂中，教师对略读课文文本处理，不宜精读化地品词析句。精读课文教方法，略读课文练方法，群文链接用方法，略读课文更应有所取舍，使学生一课一得，紧紧围绕单元语文要素落地开展语文教学活动。

第一节 还学·引思·延学："五学五导生长课堂"略读课文教学模式简述

成都市新都蚕丛路小学校 黄尤林

基于儿童视角的略读课文"333"学习模式（图2-2-1-1），提倡"让学引思"的学习理念，关键词是"让"，教师的让，成就了学生的学，"让学"是为了突出学生"以学为核心"的基本教学思想。"引"旨在教师的有效引导，激发学生的有效思考，"以导为方向"组织课堂的学习环节，达成学生学习的完整与深度。

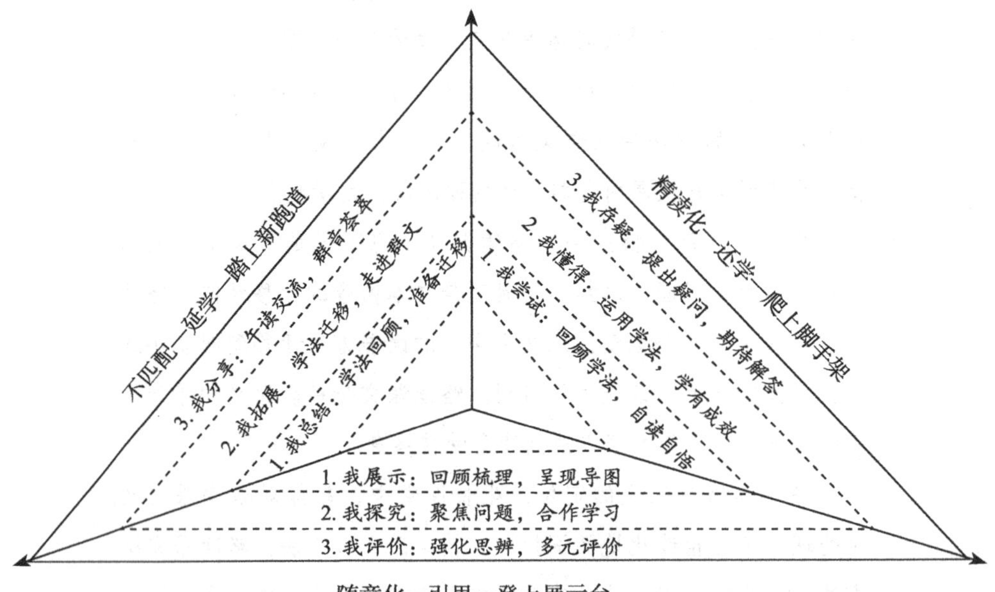

图2-2-1-1 基于儿童视角的略读课文"333"学习模式

"333"学习模式是在"五学五导生长课堂"理念下针对略读课文存在的"精读化""随意化"和"不匹配"的问题提出的有效对应的教学方式，主要有以下环节。

一、还学——爬上脚手架

（一）我尝试：回顾学法，自读自悟

课前让学生回顾本单元要求习得的学习方法，学生自读自悟后明确略读课文的自学要求。

（二）我懂得：运用学法，学有成效

指导学生运用学法，根据课文内容梳理要点，并通过思维导图等形式检验效果。

（三）我存疑：提出疑问，期待解答

鼓励学生紧扣文本，从不同角度提出疑问，教师在学生质疑过程中可做适当指导，调动学生质疑、解疑的欲望。

二、引思一登上展示台

（一）我展示：回顾梳理，呈现导图

学生小组合作回顾梳理文本内容，展示课前预习时独学环节的学习成果，可用思维导图等形式呈现。

（二）我探究：聚焦问题，合作学习

通过联合学习的形式，学生们带着各自自学时提出的问题进行自学讨论，将所有问题分为三类（浅层、深层、创新）。问题分类后，各小组根据问题层次重新分组。浅层次问题组，由一名提出深层次问题的同学进行引导，共同讨论学习。深层次问题组，由一名基础较好的同学进行引导，共同讨论问题，解决问题。前两类问题均可由学生自主解决，教师引导学生聚焦问题，生成创新性问题，再将创新性问题分解为任务链。

学生围绕任务链自由选择其中一两个问题小组内部合作探究学习，在汇报交流中与其他问题小组形成思维碰撞，从而解决问题，完成学习任务。

（三）我评价：强化思辨，多元评价

学后有课堂评价环节，分为学生自评、生生互评、师生互评几种模式，评价内容可以从收获、质疑、建议等方面提出。通过多元评价，学生在自评、互评的基础上强化思辨，提升思维。

三、延学——踏上新跑道

课后学生进行学法回顾，带着收获的方法，活学活用。学生通过课后群文阅读或整本书阅读等方式延学，在课外拓展阅读中发现问题，自主解决问题。教师通过读书分享交流会等形式，扮演课外阅读活动的组织倾听者，为孩子们搭建更大的舞台，激活学生海量阅读的欲望，让他们踏上学习"新跑道"。

第二节　略读课文"生长课堂"教学模式应用举隅

儿童视角的略读课文"333"模式教学设计

变"问题串"为"任务链"

——以《小岛》为例

成都市新都区蚕丛路小学校　吕　品

【教材解读】

《小岛》是五年级上册第四单元的一篇略读课文，讲述了一群远离故土的海防战士，在艰苦的条件下守卫着祖国的海疆。本课的学习目标是让学生结合资料了解我国边防守岛部队的生活，感受海防战士的爱国情怀。

【导学流程】

（一）还学——爬上"脚手架"

我们采用"还学策略"充分培养学生素养，帮助学生实现个性化学习，教师在这一环节扮演的角色是幕后支持者、点评激励者，给学生搭建"脚手架"，帮助学生课前预学。课前教师把学习主动权还给学生，让学生爬上"脚手架"。

这一环节主要分四步走：复习单元要素，复习精读课文学习的方法，阅读《小岛》的导读提示，我尝试—我懂得—我存疑。首先，观察语文书，略读课文学习方法从学生观察和已有学习经验中得来。翻到语文书第49页，学生找到了本单元的语文要素"结合资料，体会课文表达的思想感情"，小组内回顾了这个单元前面三篇精读课文，总结出可以运用借助关键词、题目和相关资料，了解写作背景等方法体会课文的思想感情。然后，学生又翻到了语文书第58页，仔细阅读了《小岛》的导读提示，明确了两个目标："用将军的口吻，讲述故事"和"结合资料，了解我国守岛部队的生活"。最后，按老师提出的三个自学要求进行自读自悟。（图2–2–2–1）

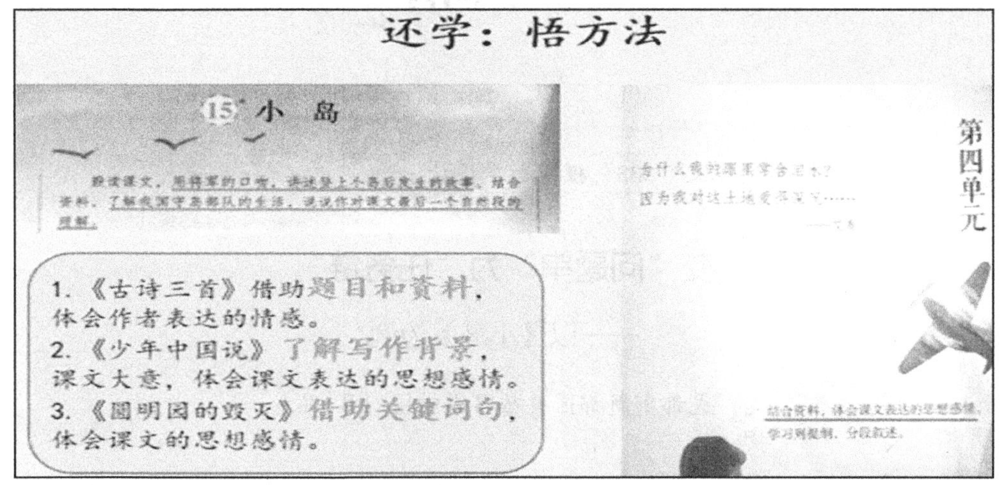

图2–2–2–1 《小岛》课件

PPT展示：

（1）标出段落序号，用符号圈画出让你感动的句段。

（2）抓关键信息，梳理时间、地点、人物和情节，概括文章主要内容。

（3）查阅作者及写作背景、小岛所处位置及环境等。

老师们怎么检验学生的自学效果呢？可以让学生画思维导图，一节课时间有限，整个还学过程包括思维导图可以在课前学生预学时完成。学生通过精读课文学到过的方法趣味预学，比如，学习《小岛》的时候，用到以前学过的列小标题的方法厘清思路，整理了将军登上小岛以后的行踪，再配上学生的绘图，就形成了思维导图（图2–2–2–2）。老师们随堂检验自学效果时，只需要学生展示思维导图和做相关发言汇报。

图2-2-2-2　学生绘制的思维导图

还学中，学生不懂的问题怎么办？鼓励学生大胆质疑，让学生在小组内部梳理自己的问题，能解决的浅层次问题小组内部解决，不能解决的问题组长收集汇报。

例如，学习《小岛》的时候学生就紧紧围绕文本提出很多自学遗留问题，这些问题由学生提出，后面也会由学生自己解决。

（二）引思——登上展示台

本环节学生展示了在独学环节设计的思维导图，收获了肯定和成就感。对于遗留问题，组内进行梳理，浅层次问题互学解疑，深层次问题和创新性问题即有研究价值的问题，组内探究合作学习。学生在小组长的带领下会将问题分类，小组合作，自主解决。本环节学生各自充分发挥自身优势，进行深度探究学习，而老师则扮演点石成金者，激荡学生思维，点石成金。

1. 问题分类，自主解决

日常教学中我们遵循学生的差异化发展规律，将学生按照学力从低到高分为1—4号，努力做到让所有学生在自己的能力范围内得到最大的提升。学生们带着各自自学时提出的问题进行自学讨论，将所有问题分为三类：浅层次、深层次、创新性问题。所有1号同学带着他们组内的浅层次问题汇集组成1号专家小组，2号带着深层次问题汇集组成2号专家小组，3号带着创新性问题汇集组成3号专家小组。把4号同学默认分为三个组，让他们以轮换的方式参与到不同层次的问题组里，引领各组讨论问题，解决问题，这种方式被我们称为联合学习。

《小岛》一文我们就根据自学环节提出的那些问题串儿，在合作时将问题进行了这样的分类：感知类浅层次问题、理解类深层次问题、运用类创新性问题。

感知类问题	理解类问题	运用类问题
●小岛上的环境如何？ ●小岛上发生了怎样的故事？ ●略读课文从哪里入手？有什么好方法？ ●将军留在岛上吃完饭的时候发生了什么？最后是怎么处理的？	◆将军离岛时有什么表现？ ◆为什么以"小岛"为题目？ ◆作者开篇介绍岛上的环境有什么作用？ ◆你怎样理解最后一个自然段？ ◆战士们为什么要在岛上种菜？他们克服了哪些困难？ ◆将军违反规定留在岛上的真实目是什么？你从中感受到什么？	■将军留在岛上吃完饭的时候发生了什么？最后是怎么处理的？ ■最让你感动的地方在哪里？你可以用哪些方法来体验这些情感？

图2-2-2-3　问题分类

2. 角色体验挑战任务

本环节，将充分挖掘学生在学习中的潜能，利用学生对疑难问题的探索欲，激发其主动学习力，通过联合学习，在多方合作中解决疑难问题，而老师则扮演记录引导者，激活学生潜能。

3号同学不能解决的问题，我们会交给4号同学，所有4号同学将这些疑难问题分解成任务链，我们在课堂上会以做任务的方式来解决疑难问题。《小岛》一文，学生提出的疑难问题集中在理解类和运用类问题中，4号专家组将其分解成了任务链。

学生围绕任务链自由选择其中一两个问题在小组内部合作探究学习，在汇报交流中与其他问题小组形成思维碰撞。值得一提的是，学后有课堂评价环节，自评、互评、评老师，自评过程中学生对照课堂评价表给自己打分，例如勤记学习笔记、积极踊跃表达、安静沉思倾听、会思考记录疑惑等。最有趣的是评价老师环节，学生在与老师的互动中，表达自己的课堂体验，老师也能及时调整和改进。

（三）延学——踏上"新跑道"

本环节，略读课文的学习并未结束，而是又回到了最初的"起点"——自主学习。学生将带着收获的方法，活学活用，在群文中发现问题，自主解决问题，学习重新起航。而教师则扮演分享活动的组织倾听者，为孩子们搭建更大的舞台，激活学生海量阅读的欲望。

学生继续进行课后延学，踏上"新跑道"。学生会进行学法回顾，充分利用教师为其提供的略读课文成果集，回家和爸爸妈妈一起读。比如学完《小岛》这篇课文后，略读课文资源库向学生推荐了《彼岸》《归航》《通道》《彩色的翅膀》《丰碑》。

学生回家以后从中选择最喜欢的文章和爸爸妈妈一起共读。第二天午读时间，和同学们一起在"群音荟萃"活动中分享这些课文。

（该项成果2020年1月获得新都区中小学教研培训中心一等奖）

儿童视角的略读课文"333"模式教学设计

《蝴蝶的家》教学设计

成都市新都区蜀龙学校　郭　昊

【教材分析】

本单元是四年级上册围绕"提问"编排的阅读策略单元。本单元旨在教给学生提问方法，培养学生问题意识，提高学生阅读能力。本课是本单元的一篇略读课文，讲述"我"为雨中的蝴蝶深感担忧，不断找寻蝴蝶的家而最终无果。本文旨在放手让学生综合运用提问策略进行阅读。

【教学目标】

1. 读课文，让学生提出自己的问题，再试着把这些问题进行分类，选出自己认为最值得思考的几个问题，并尝试解决。

2. 让学生学习联系上下文、查找资料解决问题的方法。（教学重点）

3. 让学生感受作者关心蝴蝶、关爱生命的情感。（教学难点）

【导学流程】

（一）还学——爬上"脚手架"

1. 我尝试：回顾学法，自读自悟（课前预习）

（1）回顾本单元阅读策略"提问"，通过第5课和第6课的学习，我们知道了提问可以针对"部分内容或全文"来提问，还可以从"内容、写法、启示"三个角度提问。

（2）学生带着任务自主阅读课文后提问。

2. 我懂得：运用学法，学有成效

（1）学生观察题目，发现略读课文题目下面的"阅读提示"，读阅读提示，明确阅读要求。

预设：提出问题、分类问题、筛选问题、解决问题。

（2）交流预习成果：预习时我们运用前几课学到的提问方法提了很多的问题，现在请同学们大胆分享自己提出的问题。

预设：文章前面写下雨有什么作用？

文中排比句的使用有什么作用？

作者写这篇文章想要表达什么？

作者为什么要反复写"我"为蝴蝶着急？

蝴蝶的家在哪里？

作者为什么想要找到蝴蝶的家？

……

（"我存疑"环节根据单元教学要求和本课教学重点做适当调整）

（二）引思——登上展示台

1. 我展示：回顾梳理出有价值的问题

（1）回忆学法：前面学习了第7课《呼风唤雨的世纪》我们知道提出的问题还可以分为三类。

（2）学生自学：对所提问题进行分类。

自学提示：

① 按照第7课问题分类的方法，对自己所提的问题进行分类。

② 在问题后面画相应符号。

"不影响我们对课文内容理解"的问题画△。

"帮助理解课文内容"的问题画☆。

"引发深入思考"的问题画○。

（3）全班交流：请同学分享自己的自学成果。

（4）小组共学：从各自组员提出的众多问题里筛选出"对理解课文有帮助的两三个问题"写在问题卡上。

（5）小组交流展示，阐明筛选理由。

2. 我探究：聚焦问题，合作学习

（1）各小组根据筛选出的问题，在文中勾画批注，合作解答。

（2）各小组根据标点符号、反复读、关注重点词等方面朗读句子。全班交流自己的问题及解问过程，分享过程中教师相机指导学生在朗读句子时要反复读，关注标点符号、重点词。

3. 我评价：强化思辨，多元评价

（1）从遇见狂风暴雨作者开始为蝴蝶着急，到想到蝴蝶弱小的身体禁不起雨的洗礼，再到寻遍各处都找不到蝴蝶的家，作者为什么一直为蝴蝶着急、担心？教师引导学生思考作者为蝴蝶着急的原因。

预设：因为作者关心蝴蝶、关爱生命。

（2）学生谈本节课的收获：这节课你学会了什么？你的学习方法是什么？你的学习过程是怎样的？教师根据学生的小结进行引导总结。

预设：学生学会了提问、筛选能帮助我们理解课文内容的问题，并能用联系上下文、结合生活实际、查资料等方法解决问题。

（三）延学——踏上新跑道

1. 我拓展：学法迁移，走进群文

展示类文《宇宙生命之谜》《螳螂》《海的女儿》。

提出要求：请同学们运用本单元习得的"提问"策略，自主阅读文章，提出问题，并用本课学到的解问方法，自主尝试解答问题。

2. 我分享：汇报交流，群音荟萃

师：明天的午读课，我们邀请同学分享自己的阅读成果。

（该项成果2020年12月获得新都区中小学教室培训中心特等奖）

儿童视角的略读课文"333"模式教学设计

《一块奶酪》教学设计

成都市新都区蚕丛路小学　吕　焱

【教材分析】

本课是三年级上册第三单元的第4篇课文，本篇为略读课文，是情节生动、富有悬念的童话故事。蚂蚁队长召集小蚂蚁们搬运奶酪时，不小心拽掉了奶酪的一角。最终蚂蚁队长战胜了自己想偷嘴的心理，命令年龄最小的蚂蚁吃掉了奶酪渣。

课文配有一幅插图，站在奶酪右边发号施令的是蚂蚁队长，他正命令奶酪左边的小蚂蚁执行命令，吃掉奶酪渣。而那只接到命令的小蚂蚁仰着头，瞪大眼睛看着面前的奶酪渣，不敢置信。图文对照，有助于学生理解故事的内容。

【教学目标】

1. 让学生默读课文，梳理故事大意。
2. 让学生找出关键信息，说一说自己喜不喜欢蚂蚁队长，并阐述理由。

【学情分析】

三年级的学生对于童话故事的内容兴趣较浓，通过前两篇精读课文的方法学习和略读课文的方法使用，学生已初步掌握本单元的学习方法，即抓关键词，提取信息，感受想象，发表看法，复述故事。

【教法】

教学本课，我将基于儿童的视角，先还学于学生，充分引导学生回顾学法，让学生课前进行自主学习，并提出自己的疑问。接着将以任务链的形式贯穿整节课，并借助核心问题引导学生思考。最后，再次总结学法，鼓励学生将此方法迁移到链接的相关的群文当中，开展延学。

【教学过程】

（一）还学（课前自主学习）

1. 我尝试：回顾学法，自读自悟

（1）回顾学法，学生先回顾本单元语文要素，感受童话丰富的想象；再总结本单元精读课文学到的方法，抓关键词，提取信息，感受想象，发表看法，复述故事；最后明确本课任务，梳理故事大意，交流对蚂蚁队长的看法。

（2）学生带着任务进行自读。

2. 我懂得：运用学法，学有成效

学生自主学习时提取关键词，厘清文章脉络，绘制个性化的线索图。

3. 我存疑：提出疑问，期待解答

学生自读自悟时根据课文内容提出创新性问题。

（二）引思

1. 我展示：回顾梳理，呈现导图（梳理故事大意）

（1）孩子们，请看课题，你发现了什么？（略读课文）前面两个单元咱们已经初步接触了略读课文，也大概明确了略读课文的要求。请翻开语文书第38页，今天我们也要来学习一篇有趣的略读课文。首先请大家看看学习提示，谁能来说说第一个任务是什么？（课文围绕一块奶酪讲了一件什么事）（PPT展示学习提示）相机贴奶酪。

（2）课前你们已经对课文进行了自主学习，现在请大家先默读课文，再根据自己的闯关大练兵，回顾梳理课文的主要内容。（指2生借助思维导图分享对课文内容的理解）教师根据学生的回答贴内容梗概词条。

2. 我探究：聚焦问题，合作学习（交流对蚂蚁队长的看法）

（1）完成了第一个任务，（PPT展示学习提示）现在请大家看一看学习提示，第二个任务是（PPT展示：你喜不喜欢蚂蚁队长？请说说你的理由）请大家在文中找到依据证明自己的观点。

预设：我从第12自然段蚂蚁队长命令年龄最小的蚂蚁吃掉奶酪渣，感受到蚂蚁队长爱护幼小的美好品质。

我从第1自然段和第2自然段蚂蚁队长说的话"今天搬运粮食……谁偷嘴就要处罚谁"，感受到蚂蚁队长对自己说的话很负责，说到做到。

我从第5自然段"奶酪多么诱人啊！抬着它，不要说吃，单是闻闻，都要淌口水"和第11自然段"它低下头，嗅嗅那点儿奶酪渣，味道真香！"感受到蚂蚁队长能抵制诱惑。

我从第6自然段"蚂蚁队长想：……禁令"感受到蚂蚁队长内心很挣扎，这么犹豫的情况下它都能克制，说明它很遵守纪律。

相机勾画相关句子，并批注关键词。

刚才孩子们紧紧抓住描写蚂蚁队长的语言、动作、心理的句子，表达了自己的观点，也在朗读和想象中还原了故事当时的情境。

（2）了解了课文的内容，大家在自主学习时提出了自己的创新性问题。现在请大家在小组内分享自己的创新性问题，每个小组选一个写在神秘任务单上，装进信封，待会交给吕老师。（学生小组合作选择创新性问题，装在信封里）

过渡口令：有理走遍天下，无理寸步难行。

（3）各组组长请上来抽取你们的神秘任务。（组长抽取任务后）现在请大家在组长的带领下，讨论神秘任务，记录关键词，并派代表发言，时长4分钟。

过渡口令：一时强弱在于力，万古胜负在于理。

（4）全班交流。

3. 我评价：强化思辨，多元评价

现在请大家回顾这节课的学习，你学会了什么呢？你的学习方法是什么？你的学习过程是怎样的？教师根据学生的小结进行引导总结。

（三）延学

1. 我拓展：学法迁移，走进群文

展示类文《香喷喷的味儿》《元帅和士兵》《谁是森林小天使》和《花花》，提出要求：吕老师要送给大家几个特别有趣的故事，请大家课后根据刚才咱们一起总结的学法进行自主学习。

2. 我分享：午读交流，群音荟萃

明天的午读课，我们将对这些故事进行分享，你可以选择自己最喜欢的文章精心准备哦！

（该项成果2020年12月获得新都区中小学教室培训中心一等奖）

儿童视角的略读课文"333"模式教学设计

《青山不老》教学设计

成都市新都区蚕丛路小学　唐琬淋

【教材分析】

本课是一篇略读课文，在单元教材编排中处于第三篇，前两篇分别是《古诗三首》《只有一个地球》，其后是《三黑和土地》。单元导语是"我们是大地的一部分，大地也是我们的一部分"，不难看出本单元"人类与环境"是学生感悟的重要主题，单元语文要素是"抓住关键句，把握文章主要观点"。

《青山不老》是一篇感人的散文，要让学生基于其略读课文的定位，体会老人创造奇迹的条件和不朽精神，不宜精读化地品词析句。精读课文教方法，略读课文练方法，群文链接用方法，本课应有所取舍，一课一得，将练方法贯穿始终，让学生感悟"人与环境"。学生在学习本文老人的事迹和更多造林治沙人物故事中得到内心情感的层层递进和升华。

【教学目标】

1. 让学生运用学法抓住关键句，把握文章主要观点，说说文中老人创造了怎样的奇迹，是在什么样的条件下创造的。感悟课文以"青山不老"为题的原因。

2. 学法迁移，学习群文，用关键句，表达自己的主要观点。

【教学过程】

（一）还学（课前自主学习）

1. 我尝试：回顾学法，自读自悟

（1）回顾学法，先回顾单元导读中的语文要素，抓住关键句，把握文章的主要观点；再回想本单元精读课文对语文要素的运用，抓住关键句、关键词提炼文章的主要观点；最后结合略读课文导读提示，明确本课任务。让学生说说文中的老人创造了怎样的奇迹，是在什么样的条件下创造的，再想想课文为什么以"青山不老"为题。

（2）学生带着任务进行自读自学。

2. 我懂得：运用学法，学有成效

学生借助预学单的帮助，自主学习时抓住关键句完成学习任务一，运用学法抓住关键句，把握文章主要观点，初步完成学习任务二。

[原"333"模式中的"（三）我存疑"环节，考虑到班级学情，略做调整改动]

（二）引思（课上）

1. 我展示：汇报自学成果（5—8分钟）

（学习任务一和二自学情况诊断）

同学们，我们今天学习略读课文《青山不老》，昨天同学们已经运用精读课文中学到的学法"抓住关键句，把握文章主要观点"结合本文导读提示进行了自主学习，下面就请同学们来展示一下自主学习成果吧！学习任务一，哪位同学来分享一下？

2. 我探究：聚焦问题，合作学习（14分钟）

任务链：深入交流课文为什么以"青山不老"为题。

同学们通过自主学习完成了任务一，对任务二也有了自己的初步的观点和想法，文中这位晋西北老人，一生投身造林治沙行动，还有许许多多这样的人。我们来看一个视频，或许同学们对感悟任务二会有更深的启发。待会儿我们来说说看了视频之后的感受。

预设：

师：看了视频你有什么样的感受？

生1：我感受到了造林治沙真不容易，他们一生都在做一件事情，还从来没想过放弃，我觉得很感动。

生2：（略）

师：那同学们带着自己观看视频的感受再次跟随梁衡记者探访这位晋西北老人。小组合作交流为什么梁衡记者要以"青山不老"为题来写这位老人，先自己思考再小组讨论。PPT展示小组合作学习要求。

小组合作：课文为什么以"青山不老"为题?

抓住关键句，把握文章的主要观点，边读边做批注，回到文中找依据，在组内交流自己的理由。

各小组交流汇报，教师在学生汇报过程中相机评价，帮助学生提炼观点，学生书写关键词完善板书。

（板书预设：坚持种树、默默奉献、造福后代、精神不老）

师总结：是啊孩子们，你们说得真好啊，正是有千千万万的像文中这位老人一样的人，奉献自己的青春，在广阔的晋西北挥洒自己的汗水，为造福后代，筑起绿色堡垒，他们的这种信念和精神像连绵不断的青山一样"不老"！正如梁衡所说，青山是不会老的!

（相机完善板书主标题"青山不老"）

3. 我评价：强化思辨，多元评价（1分钟）

大家回顾这节课的学习，你领悟了什么呢？你的学习方法是什么？教师根据学生的小结进行引导总结。学法：抓住关键句，把握文章主要观点。

（三）延学（联合学习）

联合学习：群文阅读后，按共同兴趣点重新组合小组。

1. 我拓展：学法迁移，走进群文

展示类文：《青山不老人物原型——代喜增》《从伐木劳模到植树英雄——马永顺》《野人——张侯拉》。

提出要求：像晋西北这位老人一样的人还有很多，我给大家带来了几个关于他们的感人故事。（10分钟）

情境创设：央视感动中国人物评选活动正在火热开展，选择一位最让你感动的造林治沙老人，观点相同的同学自由组合，联合学习用关键句表达自己的主要观点，为他们写推荐语，帮助他们入选，让更多人知道他们青山不老的可贵品质。

2. 我分享：汇报交流，群音荟萃

学生交流自己的推荐语，教师相机评价，询问学生同意哪位老人入选，利用开

放式结尾。教师最后总结发言，结束本堂课。（10分钟）

（该项成果2020年12月获得新都区中小学教室培训中心一等奖）

儿童视角的略读课文"333"模式教学设计

《三月桃花水》教学设计

成都市新都区蚕丛路小学　柳　黎

【教材分析】

（一）解题

三月，正是春暖花开之月，暖风和煦，刘湛秋《三月桃花水》中细腻的文风就像春水那样，缓缓流动，让人沉醉其中。

这样的一篇美文，从北师大版到统编版教材，它有它存在的道理，在这样的文本面前，教师也可以是学生。教师在课堂上搭好情感的阶梯，顺着这梯子，同学生一起向上爬。

（二）解作者

刘湛秋，1935年生，安徽芜湖人，当代著名诗人、翻译家、评论家，被誉为"抒情诗之王"。

（三）解读课文

1. 课文结构及内容

（1）课文结构

课文共7个自然段，可分为三个部分。第1—2自然段为第一部分，描绘了阳春三月，大地回暖、河流苏醒、桃花盛开的美丽画卷。第3—6自然段为第二部分，写三月春水的声音和水中倒映的春景。第7自然段是第三部分，抒发作者对桃花水的喜爱和赞美之情。

（2）课文内容

课文描绘了春回大地、万物复苏的生动画面，展现了乡村生机盎然的景象。本文有问有答，句式或重复或押韵，读起来朗朗上口。三月桃花水是春天的乡村使者，全篇用了优美淡雅的语句，巧妙结合比喻、拟人、排比等手法，把对自然浓浓的热爱之情渲染得淋漓尽致。

2. 编者意图

统编版小学语文四年级下册第一单元安排了一组以"乡村田园"为主题的课文。以语文科目的工具性和人文性来说，我们要读懂编者在人文层面的意图，也就是让学生沉浸在文章中，感受到乡间生活的宁静、淳朴、美好。工具性层面的意图就是用多种方法激发学生的多样化表达方式，积累优美的语言。

【教学方法】

以读促讲，以读代讲，采用范读、指名读、配乐读、竞赛读、引读、男女生对读、师生接龙读等方式，让学生体味文字的美。给予学生充分的自主学习空间，鼓励学生迁移运用学过的方法，在交流中实现教学目标。

这篇课文的语言很有特色，充满着浓浓的抒情味，特别是有些句子，值得我们细细品味。本文主要是让学生用前面精读课文学到的方法自学，检测学生学得怎样，所以教学设计的过程中要避免花费过多的时间品味词语和句子。

【教学目标】

1. 学生能认识"绮、谈"2个生字，读准多音字"和"，理解"桃花水、绮丽、应和、纤细、谈心"5个词语的意思，能运用已学的方法，根据位置或特点找出课文的关键语句。

2. 学生能正确、流利、有感情地朗读课文，体会语言的优美。

3. 让学生体会作者对桃花水的喜爱和赞美之情。

【教学重难点】

让学生发现关键语句，体会作者的思想感情。

【教学过程】（片段展示）

（一）还学（尝试——课前自己学习）

同桌交流学习单1—3题。

此环节对应的教学目标是：认识"绮、谈"2个生字，读准多音字"和"，理解"桃花水、绮丽、应和、纤细、谈心"5个词语的意思，运用已学的方法，根据位置或特点找出课文的关键语句。

（二）引思（存疑——质疑揭题）

这是一篇略读课文，请同学们读一读导读，说说你获得了哪些信息？可以怎样学习这篇文章？

预设：我知道了桃花水就是春水，这篇课文需要我们有感情地朗读，以读为主。

（1）学法引路，自读自悟

师：回顾这单元的语文要素，抓住关键语句，初步体会课文表达的思想感情。课文中哪些关键语句让你感受到作者对桃花水的喜爱和赞美呢？

师：同桌分享，分享结束后整理自己的成果，分享给大家。

预设：课文最后一个自然段的"沉醉"就是"陶醉"，可以看出作者对春水的着迷。

"红莲"其实指的是姑娘们脸蛋的倒影，当捧起水的时候，脸蛋的倒影就散开了，碎了，就像红莲抖落了一片片花瓣。这是一个特别有画面感的词，把水中的倒影写得出神入化。

"三月的桃花水，是春天的竖琴"这一句让读者感受到春水声音的美，"三月的桃花水，是春天的明镜"这一句让读者体会到春水的洁净，表达了作者的喜爱和赞美之情。

……

（2）小组合作，交流情感

师：选择自己喜欢的段落多读几遍（范读、指名读、配乐读、竞赛读、引读、男女生对读、师生接龙读等方式），小组分享自己喜欢的句子，采用不同的方法朗读。

学生在小组分享自己最喜欢的句子并说明理由，小组交流后选出代表进行合作展示。

（3）还原景象，体味田园之美

师：那忽大忽小的水声，还应和着什么鸣响？

那从雪地里传来的纤细低语，还来自何处？

那碰着岸边石块的叮当声，还是谁发出来的？

用它看见……它看见……它看见……说一说你想象中的景象。

预设：乡村田野溪水叮咚的声音，油菜花遍地的景象，农民在田间忙碌播种，桃花水就在这景物之间流淌，看到春江水暖鸭先知，看见春雨贵如油，看见流连戏蝶时时舞，自在娇莺恰恰啼……

（三）延学

迁移方法，拓展课外阅读，学习同作家的作品《雨的四季》。

请同学们自主学习刘湛秋的《雨的四季》。教师展示学习要求，学生完成学习要求。

（该教学设计2021年12月获得成都市教科院一等奖）

感悟神话的神奇魅力

——《盘古开天地》阅读课教学设计

新都区山河小学　赖孝萍　黄凤菊

【教材分析】

《盘古开天地》出自统编教材四年级上册第四单元。本单元的两个阅读语文要素分别是：了解故事的起因、经过、结果，学习把握文章的主要内容；感受神话中神奇的想象和鲜明的人物形象。《盘古开天地》作为第一篇精读课文，有它的重要意义：一方面它是中国创世神话的代表作品，另一方面它神奇的想象和鲜明的人物形象也特别突出，还有一方面它对单元语文要素的落地能起到一个很好的范例作用，所以非常适合作为神话单元的开篇教学。

课程标准研判：

《义务教育语文课程标准（2022年版）》指出："语文课程要围绕核心素养，体现课程性质，反映课程理念，确立课程目标……"本节课的教学设计，注重培养学生的核心素养，促进学生文化自信、语言运用、思维能力、审美创造的同步发展。

《义务教育语文课程标准（2022年版）》还指出："落实义务教育语文课程要求的核心素养，从学科取向走向育人取向，在学习观上需要实现四个方面的转变。"本节课的教学设计基于这样的学习观，从学生预学入手，通过合作学习、成果展示、互相点评、课后延学等环节，辅以思维导图梳理策略、对比探究策略、多元评价策略，让学生沉浸式学习，真正地进入文本，拥抱文本。

【学情分析】

统编教材在二年级下册编排了《羿射九日》，在学习《羿射九日》时，要求学生说说哪些内容很神奇，所以学生在学《盘古开天地》之前，对神话有了一定的感性认识，但是认识不够深入。四年级上册第四单元以"神话文体"组织编排，就是要让学生在初步感知的基础上进行系统、深化的学习，实现从点到面，从单篇到文体的跨越。

单元语文要素的落地：引导学生概括课文的主要内容，这对四年级上学期的学生来说仍然是难点，特别是说清楚盘古开天地的过程，难在课文的描写过程使学生容易混杂信息，提炼不出关键内容。而要感受神奇的想象和鲜明的人物形象自然不能脱离具体的语言文字，要引导学生聚焦到盘古开天地过程的具体语句中去深入感受。

【教学目标】

通过"先学后导、以学定导、顺学而导、以学论导、多学少导"这五个教学环节，在不同教学时段、不同教育时机、不同学情下适度恰当地"诱导、引导、疏导、指导、辅导"学生，让"导"充满整个教学过程，"导"得有法，"导"得有度。

力求通过本节课的学习，深化学生对神话的了解，让学生积累更多与神话相关的知识，并使学生能运用"起因、经过、结果"的方式来概括课文主要内容，深刻感受神话想象的奇妙、人物形象的鲜明，并发挥想象，仿写出"盘古的（ ）变成了（ ）样的（ ）"这样的句子，完成由被动吸收到主动运用的华丽转身。

【教学流程】

（一）先学后导

课前学生填写自学卡片（表2-2-2-1）、"金色问号表"（表2-2-2-2），绘制思维导图（图2-2-2-5）。

表2-2-2-1　盘古开天地自学卡

文学体裁	
主要内容（起因、经过、结果）	
盘古的样子	
奇妙的想象	
喜欢的词句	
收集的神话故事	

表2-2-2-2　金色问号（学生质疑报告表）

问题1	
问题2	
问题3	
问题4	
……	

思维导图（图2-2-2-4为例图，具体样式和内容由学生自由发挥）：

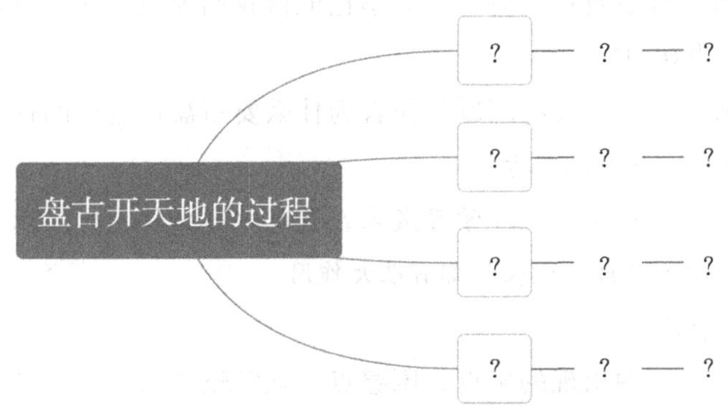

图2-2-2-4　盘古开天地的过程的思维导图

设计意图：这一环节的目的是"诱导"学生明确学习的方向，思考方向，让学生主动呈现已有学习水平，使教师了解学生对课文理解了多少、掌握了些什么、还有哪些问题，为后面的"以学定导"作铺垫。

（二）以学定导

四人小组合作探究，小组长组织成员有序发言，完成以下四步。

（1）交流自学卡片，分享"我理解了什么""我学会了什么"。

（2）评选最美思维导图。（评选标准：内容准确、书写工整、图片美观）

（3）交流"金色问号"，评选"最佳质疑个人"。（评选标准：提的问题最具讨论价值）

（4）教师巡视教室，参与小组合作，适时引导学生。

设计意图：通过这一教学环节，锻炼学生的语言表达能力、团队合作能力，坚定学生的文化自信。这个环节，也促使学生去讨论、整理、发现有价值的问题。

（三）顺学而导

随机邀请三个小组的同学上台分享"对学"成果。

预设：3小组展示。（成员：陈文、杜娟、刘刚、王俊）

陈文（组长）：我们3小组采用的汇报方式为我主持，组员分工详述各要点。首先，请大家欣赏我们组的最美思维导图，有请杜娟《盘古开天地》思维导图闪耀登场！

杜娟：（投影思维导图）我以人像为底图，蓝天、大地为背景，想要展现天地的辽阔，天人合一的感觉……

陈文：这真是一张独具匠心的思维导图啊！不仅有对知识的梳理，还藏着如此的情怀，大家为她点赞！还有一位同学也值得我们为他鼓掌，有请最佳质疑个人——刘刚！掌声欢迎！

刘刚：（板书完毕）我的问题是作者为什么要写盘古这样的神人来开天辟地呢？我想听听在座同学们的思考。

设计意图：小组展示，展现学习成果，展现学习自信，对学生学习信心的培养，对教师帮助学生"自觉生长"都有很大作用。

（四）以学论导

教师对小组展示中出现的疑点、困惑点、理解歧义点进行指导点拨。这时的"导"就是四两拨千斤，要拨得妙，拨得巧，让学生在"导"中"自然生长"。

预设：学生的问题是神话的奇妙想象体现在哪里？

（1）字里行间藏智慧。课件展示：找一找你认为想象奇妙的句子，用横线勾画出来。

（2）学生汇报，教师投影相关句子。

"天和地还没有分开，宇宙混沌一片。"

"有个叫盘古的巨人，在这个混沌的宇宙之中，他睡了一万八千年。"

"天和地分开以后，盘古怕它们还会合在一起，头顶着天，脚蹬着地。天每天升高一丈，盘古也随着天越长越高。"

"他呼出的气息，变成了四季的风和云；他发出的声音，化作了隆隆的雷声；他的双眼变成了太阳和月亮……"

……

（3）教师引导学生说说有哪些奇妙的想象。学生很快发现宇宙混沌、天地需要盘古支撑、盘古身体各部分化为世间万物等都是现实生活中不可能出现的事情。这就是想象的力量，想象的奇妙。

教师继续由此及彼，推动学生放飞想象的翅膀，让学生学习仿写句子："盘古的（　）变成了（　）样的（　）"，帮助学生实现活学活用。

设计意图：教师立足学情，适时指导，促进学生"自然生长"。

（五）多学少导

根据前四个环节的教学情况，做了以下预设：

师：这是一篇神话故事，你们能推测出神话故事有哪些特点吗？

学生猜测：有奇妙的想象、鲜活生动的人物形象……

师：神话故事是极富魅力的，在它身上我们可以看到古人的想象、智慧，感受到中华文明的博大精深。课后请同学们阅读神话故事，把自己最喜欢的一个神话故事绘制成连环画。

设计意图：课后的"导"，让学生有继续神话之旅的兴趣和方向。"导"得少，但要"导"得精。

【教学效果】

"先学后导、以学定导、顺学而导、以学论导、多学少导"这五个教学环节，教师在不同教学时段、不同教育时机、不同学情下适度恰当地"诱导、引导、疏导、指导、辅导"，让学生真正实现了"自主生长—自发生长—自觉生长—自然生长—自由生长"，这是符合学生心智、适合学生成长的"生长课堂"。

【教学反思】

本节课教师是领路人，学生是学习主体，让学生真正体会"我的课堂，我做主"。学生在自学中存疑，在小组讨论中探疑，在展示汇报、教师点拨中解疑，在课后延学中延续学习热情，拓展知识面。这样的学习方法、学习状态，是积极主动的、富有成效的。可以这样说，本节课不仅助力了学生成长，也极大增长了我们探究"生长课堂"的信心。

【同行点评】

年级组张老师点评：这样的生本，是我们喜欢看到的生本。它是那么原生态，又是那么富有"可塑性"。这堂课为我们打开了一扇门，让我们走进了"五学五导生长课堂"，走近了学生。

年级组周老师点评：教师的"五导"导得有水平！我们的课堂需要这样的指导，它时而是如同讲故事般娓娓道来，时而是蜻蜓点水、浅尝辄止，时而是深挖细嚼……学情的不同，时机的多变，造就了"导"的多样。在教师的花式"导"中，我们感受到的是老师浓厚的教育热情、深厚的教学功底、淳厚的文化情怀。

第三章

文言文教学实践与探究

领衔教师：成都市新都区蚕丛路小学　袁丽芳

《义务教育语文课程标准》在第三学段的具体目标中指出，要“诵读优秀诗文，注意通过语调、韵律、节奏等体味作品的内容和情感”。通过“诵读、语调、韵律、节奏”等几个关键词，不难发现，学习文言文，读是极为有效的方法。三年级统编教材的每篇文言文课后题的第一题都是“正确、流利地朗读课文”。

文言文的读应该有层次，第一，要读正确，让学生借助拼音、注释，将文言文读正确，同时注意读好停顿。第二，要读通顺，读得文从字顺，断句合理，通畅自然，力争做到声断气连。第三，要读出韵味，让学生通过想象画面理解文章内容，把自己体会到的情感带入朗读之中。

更重要的是教师要站在儿童立场，培养学生阅读文言文的兴趣，让学生体悟文言文的魅力，培养学生对文言文的喜爱之情，增强学生的文化自信。

第一节　文言文课堂教学视角与解读

成都市新都区蚕丛路小学校　袁丽芳

梳理教材和新课标后我们不难发现：统编版语文教材中古诗文的篇目相较于之前版本有明显的增加。小学语文教材共选文言文15篇，其中，三年级上下册各一篇，四年级上下册各两篇，五年级上册《古人谈读书》里有三则，五年级下册和六年级上下册各有两篇。（表2-3-1-1）

表2-3-1-1　统编版语文教材古诗文的篇目

年级	单元	文言文篇目	单元语文要素（阅读）
三上	八	《司马光》	学习带着问题默读，理解课文的意思
三下	二	《守株待兔》	读寓言故事，明白其中的道理
四上	四	《精卫填海》	了解故事的起因、经过、结果，学习把握文章的主要内容。 感受神话中神奇的想象和鲜明的人物形象
	八	《王戎不取道旁李》	了解故事情节，感受人物形象。简要复述课文，注意顺序和详略
四下	七	《囊萤夜读》 《铁杵成针》	从人物的语言、动作等描写中感受人物的品质
五上	八	《古人谈读书》 《论语》节选 《朱熹》节选 《曾国藩》节选	阅读时注意梳理信息，把握内容要点
五下	六	《自相矛盾》	了解人物的思维过程，加深对课文内容的理解
	八	《杨氏之子》	感受课文风趣的语言

续 表

年级	单元	文言文篇目	单元语文要素（阅读）
六上	七	《伯牙鼓琴》 《书戴嵩画牛》	借助语言文字展开想象，体会艺术之美
六下	五	《学弈》 《两小儿辩日》	体会用具体事例说明观点的方法

新课程标准对文言文教学提出的要求是"阅读浅易文言文，能借助注释和工具书理解基本内容"。小学学习文言文的目标在于"激发学生学习文言文的兴趣"，结合文言文本身短小精悍、寓意丰富的特点，在符合儿童认知规律和心理发展的基础上，创新研究出"读—说—演—评""读—说—评—创""读—说—品—拓"三位一体的文言文教学模式（图2–3–1–1）。

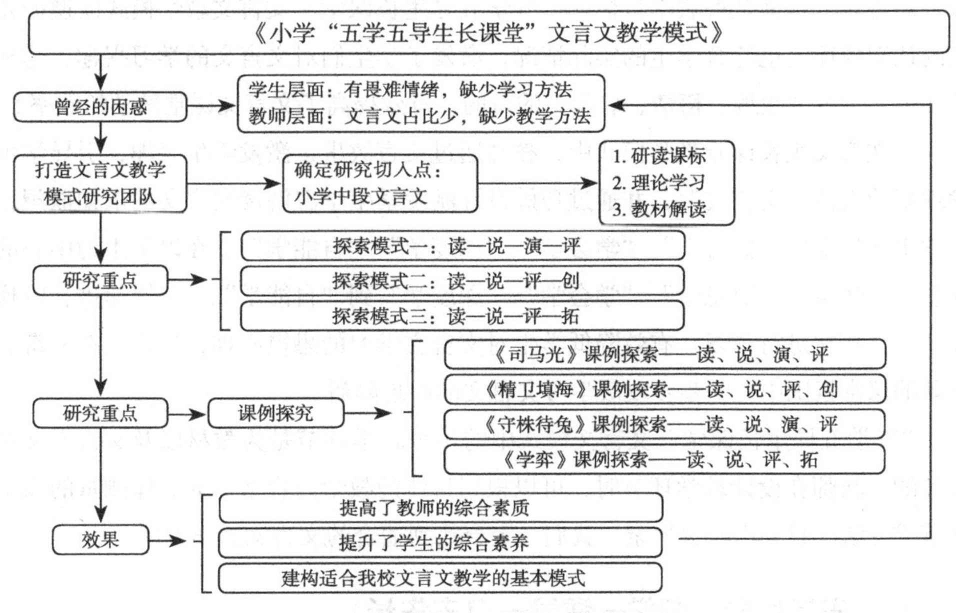

图2–3–1–1　文言文教学模式

文言文教学模式旨在通过探究教师"激"的策略和学生"发"的方法，提高教师的课堂教学能力和发展学生对古文的学习兴趣，提升学生理解古文的能力。针对小学中段学生的基本学情，以及结合课标、教材的要求，旨在激发学生产生对文言文的学习兴趣，并让其在读准字音、读好文言、疏通句意、品味语言的基础上，感受古文的韵律美。

第二节　文言文教学策略建构与提升

成都市新都区蚕丛路小学校　倪 婷　袁丽芳

教师在教学时应紧扣课文内容和课后习题，结合文言文的特点和年级学生的心理发展特点，精准把握教学目标。"五学五导生长课堂"文言文教学模式既遵循儿童的认知规律，也适合学生的实际情况，激发了学生们对文言文的学习兴趣，达到了文言文学习"激趣、悟情、启美"的目的，有效提高了文言文课堂教学的效率。

在文言文生长课堂教学模式中，教师通过文言故事，激发学生兴趣，引导学生发现新的文体"文言文"，并通过巧妙设计激发学生学习解读文言文的求知欲望，让学生逐步变成"愿意学""学会学""深度学""自能学"。在以学生为中心的理念下，学生从"愿意学""学会学""深度学"到"自能学"，层层递进，阶梯性地对文言文进行学习。有效降低学生对文言文学习的恐惧心理，让学生在好奇、新颖的课堂氛围中，一步步攻破学习文言文的心理障碍。

"五学五导生长课堂"文言文模式中的每个教学环节是为教材以及文言文文本服务的，教师在设计教学环节时，可以根据具体的教学内容来选取具体侧重的教学环节或方法。只要用心去探索，我们一定会找到适合的文言文教学方法。

一、先学后导：预学—诱导—自主生长

预学是学生与文本直接对话的主要形式，是学生积极参与阅读实践的个性化行为，是学生个体与文本的对话与碰撞，要让学生大胆质疑，梳理出自己不明白的问题。"生长课堂"必须"先学后导"，要求每个孩子带着有准备的头脑进入课堂、进行学习。

在文言文教学中，预习应聚焦学生，研究学生的疑难点以及兴趣点，确定所在学段文言文教学学情。根据课前所做的预学单，了解学生的疑难点，把握学生的兴

趣点。如部编版三年级下册第二单元的文言文《守株待兔》，授课教师就设计了如下的预学单。

《守株待兔》预学单

1. 你将课文读了一遍，读的过程中注意了以下字的读音。

2. 你在预学当中遇到了什么难词？用什么方法解决。

① 我的疑难点：

② 我的解决办法：

③ 它的意思是：

3. 借助注释、插图、联系上下文等方法，疏通文章大意。

4. 爱思考的你，可以尝试解决以下几个问题。

①"折颈而死"后农夫会想什么？

②"释其耒而守株"的结果是什么？

5. 联系生活实际，用自己的话说说这则寓言的寓意（道理）。

通过课前的预学单，知晓学生的疑难点在于：读的环节中"耕、触、耒、冀"较难；厘清大意的环节中"兔走触株""因释其耒而守株""而身为宋国笑"较难；领悟寓言道理的环节中"农夫的侥幸心理"比较难以理解。通过预学单知晓，学生对"兔'折颈而死'后农夫心里想什么"的问题比较感兴趣，能理解人物的内心，学生对农夫心里的想法表达非常丰富多样，比较期待"演一演"环节。

结合预学单呈现的学情，教师就可以及时调整教学设计，更好地激发学生学习新知的兴趣。同时，教师还可巧妙设计文言文新课导入环节，充分展示新知富于趣味性的一面，激发学生的学习期待，消减学生的学习畏惧感，激发学生学习的积极性。如用欣赏短视频、探秘历史人物和事件、观看有趣的图片或者文字资料等方式方法，激发学生的求知欲望，来充分调动学生的学习积极性，从而达到引导学生主动学习的目的，还课堂给学生，让学生真正成为课堂学习的主人。

这样学生的课堂参与度有了很大的提高，能积极参与到课堂学习中来，最大程度地满足了不同学生的学情和学生的个性化学习需求，让学生充分发挥独立思考能力和自我约束能力。

二、以学定导：对学—引导—自发生长

联系上下文、结合注释、借助插图等理解文言文的方法，都是学生已知的学习内容。那么，教师如何引导学生从其最近发展区逐步到达新的发展区，灵活运用这

些方法，来读懂文言文大意呢?

教师以阅读任务"读一读课文，在学习小组中用自己的话讲一讲课文的主要内容"，引导学生进入内容理解板块，穿插着理解字词，合作学习，梳理课文内容，在同一学习小组中，学习能力强的同学发挥自己的优势，给学习能力相对薄弱的同学讲解示范。短短的几分钟讨论分享，孩子们就能攻克难理解的字词，尝试练习讲解课文内容。自信大胆、喜欢讲故事的同学还能成为小组代表，代表他们整个组在班级中分享故事。

如在教授部编版六年级上册第七单元《书戴嵩画牛》一课时，解决字词问题后，教师出示了小组学习任务：

1. 结合注释内容，理解文章的意思。

2. 四人小组合作，说一说本文的意思，每个人都说一说，尽量尝试用自己的话说。

3. 小组推选一名代表进行全班分享。

此处，学生可以逐句梳理故事大意，也可以加上自己的阅读积累，适当扩充文本内容，只要能帮助大家理解课文的内容，就是成功的文本表达。

三、顺学而导：展学—疏导—自觉生长

课堂展学根据不同的内容可以采用板书、朗读、背诵、讲解等形式。文言文的课堂，老师可以放手让学生通过演绎人物，体会人物心理。立足于学生"读出文言故事画面""说出文言故事画面"的基础上，让学生通过演一演的方式，更好地理解当时人物的心理，增强文言文学习的趣味性。《书戴嵩画牛》一课中教师安排了这样的教学环节：

1. 文中说"常以自随"，想象杜处士可能在什么时候带着《斗牛图》。

2. 牧童见到《斗牛图》时有怎样的反应呢?

3. 牧童为什么会有这样的反应呢?

学习要求：请以四人小组为单位，在小组内以自己喜欢的方式讲一讲故事，可以用表演的方式读一读，边读边演。

学生通过演一演的方式加深了对文本的理解，也让整节课趣味横生，有滋有味。在文言文教学中，我们还可以立足于让学生轻松、有趣达成"读"的目标的基础之上，引导学生借助插图、借助注释、联系上下文等方式方法说通文意。通过小组合作讨论、展示，让学生呈现出不同形式的说故事环节，如写文字、画思维导

图，做到将故事说清楚。

四、以学论导：评学—指导—自然生长

我们把文言文课堂的重心放在如何引导学生"学"的问题上，可以小到字音词义的明确，大至文章核心问题的探讨。在辨析评论过程中，思维同向碰撞可以使答案更充实，逆向的碰撞可以使答案明晰。

在文言文教学中我们可以通过品析人物，让学生谈谈感受；通过情景的再现，让学生能够更加真切地体会人物特征；通过对故事内容的关键提问，让学生从不同的角度思考人物的差异性，谈一谈自己对故事里人物的看法，以及从文中能学习到的精神，升华学生的情感。

例如，在教学《守株待兔》一文时，教师让学生借助人物的语言、动作、神态等复述故事情节，并思考"农夫会成为宋国人的笑话，那他究竟错在哪？你能联系生活实际说一说吗"。

对人物形象的评价是在梳理故事的行文脉络时自然而然生成的。在教授部编版四年级上册第四单元《精卫填海》一课，感受精卫"常衔西山之木石"时，教师引导孩子们想象，"在衔石填海"的过程中，精卫会遇到哪些困难。孩子们的回答十分精彩，有的说会有毒蛇猛兽的袭击，有的说会遇到狂风巨浪，有的说会有各种妖魔鬼怪的阻拦……带着这些感受，学生再次朗读"常衔西山之木石"，读出了精卫填海的艰难，在读中感受精卫填海的坚持不懈。基于充分的想象和朗读，在解决课后练习"精卫给你留下了怎样的印象"时，学生们能轻松地说出她身上那坚持不懈、不怕困难、坚强不屈的精神。

五、多学少导：延学—辅导—自由生长

文言文教学中我们不难发现大部分教师只注重对教科书上文本的教学，而忽视课外拓展的阅读和学习。教师应根据学生的年龄段和学习能力来筛选出适合相应年级的拓展阅读，适度地进行文言文拓展阅读，不但可以拓宽学生的文言文学习思维，提升学生的文言文知识量的储备，还可以帮助学生建构起文言文的知识框架，让学生自主掌握学习文言文的方法，提升学生学习文言文的能力，使他们汲取传统文化的精髓，提升自身的语文学科素养。

在《精卫填海》教学中，教师由《精卫填海》的学习，拓展到《夸父逐日》的阅读，再延伸到《山海经》中其他的神话故事的阅读，从而打通由学一篇到一类文

的通道，让学生对我国古代神话有了进一步认识，让他们在面对其他的神话故事阅读和学习中，有了学法可依，方法可循。

在文言文的教学中，我们应该根据课程标准，立足学情研读教材，针对学生的实际情况梳理相应的教学策略，让学生通过学习能够理解和感受文言文的内容，在学习中积累语言，拓宽视野，培养真性情，让文言文的魅力尽情绽放在学生心中！

第三节　文言文教学案例运用与迁移

换个角度想问题

——《司马光》教学设计

成都市新都区蚕丛路小学校　倪　婷

【教材分析】

《司马光》是部编版三年级上册第八单元中的一篇文言文，它具有一定的故事性，而且大部分学生都比较熟悉课文的内容。本单元的学习主题是"美好的品质"，"学习带着问题默读，理解课文的意思"为本单元语文学习的要素。全文内容只有30字，短小精悍，通过文本能让学生体会到司马光机智勇敢、沉着冷静的品质。

【教学目标】

1. 通过演绎情境，让学生感受到司马光的聪颖机智、沉着冷静。

2. 通过锦囊的四个妙计"读、说、演、评"，让学生探索学习文言文的四步。

3. 使学生能正确书写"司"字，读准"庭、瓮、迸"字，能流利、有节奏、有韵味地朗读《司马光》并背诵《司马光》。

【教学重难点】

让学生借助注释了解课文大意，并结合图片讲故事，抓关键词体会司马光的聪颖机智、沉着冷静。

【教学准备】

预学单、多媒体课件等。

【教学过程】

教师通过口述文言故事《司马光》，让学生感受文言文和白话文的不同之处。让学生能够初步感受到文言文的“简短”，品析难懂语意。由此引起学生思考“学习文言文真的很难吗”，教师顺势提出文言文只需要四条锦囊妙计，就能轻松解决。

（一）读：“我是小小朗读家——读好节奏、读出韵味”（激发欲望——愿意学）

让学生打开第一个锦囊，获得妙计一“读”。由此引发学生思考“读什么？如何读”，并在后面的环节中通过“个人试读、全班初读”做到读准字音，通过“小组比赛读”做到读好节奏，通过“男女分组读、全班起立读”做到读出韵味。

（二）说：“我是小小故事家——疏通句意、说清故事”（激活潜能——主动学）

此环节立足于学生悟透“读”，在轻松、有趣达成目标的基础之上，顺势引入学习的第二步。让学生打开第二个锦囊，获得妙计二“说”。学生独立思考知晓，这是要说文言文的意思。通过三年级上册第二单元学习的语文要素“通过多种方法解决字词意思”，学生能够通过看插图、看注释、联系上下文等方式方法疏通文义。此环节通过小组合作讨论、展示，学生呈现出不同形式的说故事环节，如写文字、画思维导图，做到将故事说清楚。

（三）演：“我是小小表演家——说清台词、演好人物”（激荡思维——深度学）

立足于学生“读出文言故事画面”“说出文言故事画面”的基础上，让学生拆开第三个锦囊，获得妙计三“演”。通过让学生演一演的方式，使学生更好地理解当时人物的心境，同时做到让学生深入情境。在当时那样危急的情况下，众人的决定是“皆弃去”，司马光的决定是“持石击瓮破之”，引发学生思考：他们不同决定之下的内心究竟是怎样的？司马光救人的方式和常人又有何不同？

（四）评："我是小小评论家——品析人物、谈谈感受"（拓展运用——创新学）

通过情景的再现，学生能够真切地体会人物特征，让他们再打开最后一个锦囊，获得妙计四"评"。

通过提问"你想对故事里的他们说些什么"，让学生从不同的角度思考人物的差异性，结合实际让学生谈谈对故事里人物的看法，或者感受到的精神，有利于升华学生的情感。

结课：通过回忆文言文学习的四步骤，消除了学生对文言文的恐惧心理，并引导学生将"读、说、演、评"运用到其他文言文学习当中。

一心不可二用

——《学弈》教学设计

成都市新都区蚕丛路小学校　杨　荻

【教材解析】

《学弈》是部编版六年级下册第五单元的《文言文二则》中的一篇文言文，它具有一定的故事性，而且大部分学生都比较熟悉课文的内容。第五单元的知识架构主要以"科学精神"为内容，"体会文章是如何运用具体事例说明观点的"为本单元语文学习的要素。而本课旨在通过对文言文的学习去激发学生阅读和学习文言文的兴趣。

【教学目标】

1. 让学生掌握本课的生字新词，能联系上下文理解"善""之"等字的意思。

2. 使学生可以正确、流利地朗读课文，说出故事的内容，并能在理解的基础上背诵课文。

3. 联系生活实际，让学生感悟学习必须专心致志、不能三心二意的道理。

【教学重难点】

在文本教学中通过细读文中重点句子，引导学生借助注释、工具书、图片等渠道理解课文内容，并帮助学生明白故事中蕴含的道理。在学生理解大意的基础上，教师对学生进行朗读指导，最后完成背诵。

【教学过程】

（一）故事分享创情境

（1）在中国的历史长河中有许多动人的故事，我们已经学过、读过不少了，老师提前让大家了解了《孟母三迁》的故事，谁来和同学们分享一下故事的内容呢？

（2）《孟母三迁》和我们今天学习的内容有什么关联呢？谁来说一说？今天我们就来学习一篇选自《孟子·告子上》的文言文《学弈》。

（3）这是一篇文言文的寓言故事，特点就是短小精悍。下面我们一起来走进课文，教师板书课题：学弈。

（4）大家齐读课题，谁知道"弈"字是什么意思呢？题目又是什么意思呢？

（二）疏通文义抓细节

（1）这篇文言文只有五句话，七十个字，但却蕴含了深刻的道理，引人深思。下面请同学们先自主完成课文疏通，在有问题和不懂的地方做上标记。

（2）谁来读一读这篇文言文？要注意在诵读过程中的停顿。

① 全班齐读，按要求读出课文的停顿。

② 完成课文疏通的同学进行小组合作探究。

任务要求：请大家结合注释理解文中的字词句，了解文章大意，交流问题，小组解决不了的待会儿汇报全班交流。

（3）小组汇报交流内容。

（三）感知内容引思考

（1）答疑解惑品句段：通过前面的学习我们知道了《学弈》这篇文言文的主要内容，下面我们就来进行知识抢答，看看哪位同学答得既快又准确。

预设如下：

① 是谁学弈？跟谁学？你是从文中哪句话知道的？

② 请说说这句话的意思？

③ 你还在哪里见过"诲"，它是什么意思？

（2）品读"弈秋，通国之/善弈者也"，请大家说一说它的意思，并试着改写一下，如王琰，全班之擅包粽子者也。

（3）"弈秋，通国之/善弈者也"中的"之"是什么意思？在文中找一找还有哪些地方有"之"字。

① 小组合作讨论：说说每一个"之"字的意思，看看哪些是相同的，哪些不同。讨论完成后，小组推选代表进行全班汇报交流。

② 教师小结，再次梳理课文内容，强化学生对课文的理解。

（4）请同学用自己的话说一说全文内容。

（四）感悟主旨谈感悟

（1）在这样一个下棋高手的教导下，两个人是否都学到了老师的本领呢？两个人学习的结果是怎样的？请用文中的话回答。

（2）一个成功，一个失败，那为什么会有这样的结果呢？请同学们在课文中进行自主勾画。

要求：用"____"勾画第一个人学习时的句子，用"_____"勾画第二个人学习时的句子，完成后请举手汇报。

① 请结合课文图片看看两个人都在做什么。

② 想象画面：专心致志的人在干什么？而三心二意的又会想些什么呢？

③ 看到这样的画面你有什么收获？请2—3名同学说说收获。你在今后的学习中要怎么做？

如果让你给第二个人说一句话，你会说什么？

如果让你用古诗文来劝诫第二个人，你会用哪一句？

（五）拓展延伸促成长

（1）通过今天的学习，同学们回顾了学习文言文的方法，谁来总结一下学习文言文都有哪些方法呢？教师请同学回答并及时评价。

（2）同学们回答的都很棒，看来大家已经很好地掌握了学习文言文的方法，老师给你们带来了一则文言文，请小组用所学的方法说说它的大意。（PPT展示文言文）

宋濂嗜学

余幼时即嗜学。家贫，无从致书以观，每假借于藏书之家，手自笔录，计日以还。天大寒，砚冰坚，手指不可屈伸，弗之怠。录毕，走送之，不敢稍逾约。以是人多以书假余。余因得遍观群书。

练习：①先自主完成文本的通读，再进行小组讨论，疏通文章大意。②选代表进行汇报。

（3）教师总结本节课内容。

第四章

“五学五导生长课堂”的群文阅读实践与研究

领衔教师：成都市新都区旃檀小学　孙熙忠

群文阅读教学是实现学生语文阅读综合化、高效化的有效途径。学生在“五学五导”的模式下，通过对多篇围绕同一议题下的文本展开学习，求同存异，实现从目标走向素养，实现意义整合与文化通融。通过“预学、对学、展学、评学、延学”，变“要学生学”为“学生要学”，真正实现学生主体地位，实现学习过程的活动化，同时体现“教学评”一致性。通过“先学后导、以学定导、顺学而导、以学论导、多学少导”，实现教师的主导作用。在群文阅读教学实践中，运用“五学五导”的教学模式，一定可以激励师生在阅读教学的课堂上，走得更深，更远。

第一节 "五学五导生长课堂"群文阅读的认识

成都市新都区旃檀小学 孙熙忠

如果说"五学五导"是带领学生从目标走向素养的重要路径，那么在群文阅读教学中，带着建构的设想，通过这个路径来学方法，用方法，一定可以带着孩子们走向阅读的更深处。

一、五学五导运用在群文阅读教学课堂中的认识

随着《义务教育语文课程标准（2022年版）》的发布，小学语文阅读课堂的教学也开始呈现多元化的面貌，这给小学语文教师带来了不小的挑战。与传统课堂一样，让学生明确学习目标及学习重点、难点是一节新课的首要任务。以群文阅读为特色的课堂是实现学生语文阅读综合化、高效化的有效途径，是适应于当前学生素质培养整合的教学道路。小学语文教师要深入教材文本内部，不断探索和挖掘群文阅读教学的连贯脉络，探索出更为高效的群文阅读课堂教学方式。如果将文本作为内容，那么听、说、读、写就是走进文本的重要途径。如果将听什么、说什么、读什么、写什么作为内容，那么"五学五导"就是实现它的重要途径。

（一）何为"五学五导生长课堂"模式

"五学五导"模式简单来说就是以学生为主体、为中心的一种新型课堂模式，主要包含预学、对学、展学、评学、延学五部分，环环相扣，能更好地服务于课堂。

预学、对学板块主要是通过独学让学生掌握课本最基本、最基础的知识，主要是通过教师抽查、组长检查完成这一环节的，不必进行展示。对学生的评价主要根据学生完成情况给予加分鼓励，组长表现突出能带领全组都过关的给予加分肯定，提高组长及组员的积极性。不同的科目、不同的章节，使用是有差异的，如果该内

容要两课时的话，可以将学生预习的板块作一节课，展示、反馈作一节课。

展示板块主要是让学生通过探究、合作、展示，让兵教兵，使学生达到学习本课重点、难点、考点知识的目的，在展示中锻炼学生的各种能力。学生不会的或理解不透的知识，教师予以点拨提升。在整个探究、展示过程中教师适时给予学生评价，提高学生学习的积极性。如果一节课就可以完成的内容，展示题目可以根据知识点的多少进行灵活设置，不一定让每一个组都参与展示，两个组都能完成的问题，就不用三个组展示了，这样可以节约时间，加快教学进度。

比如教师可以根据新授内容有针对性地设计练习题或当堂检测题，让学生独立限时完成。教师公布正确答案，小组内交换批阅，在组内进行评价。举手统计集中出错的题目，学生自纠后将集中出错的题目分配到各小组，从读题、审题、解题方法、解题思路、错因分析等方面集体研讨后进行展示。

评学、延学板块，教师需要根据学生的表现给予真实有效并且具有针对性的评价，让学生能够从教师的评价中找到知识的生长点。此外教师在课堂上可以通过学生的表现，如竞争、提问、补充等的情况进行加分鼓励，提高学生学习的兴趣，提高他们的积极性。反馈既是当堂达标，又是教师对知识的提炼、拓展和升华。此时对学生的评价可以以学生做题的正确率来给分，让学生得到鼓励。

遇到一些课堂上没时间解决或不是课堂重点内容的部分，可以鼓励学生课下进行积极探索，在下一堂课伊始可以让学生对课下的探索进行展示讲解，让学生感受到被需要，从而满足学生的成就感。

（二）"五学五导生长课堂"模式在群文教学的运用

1. 先学后导：预学—诱导—自主生长

在小学语文教学中，教师应当和学生一起依托教材文本，整合相关课程资源、素材等共建群文阅读主题。确定了文本之后可以先发给学生，让学生通过预学解决字词、读通文本，可以为课堂教学节省时间，除此之外还可以设计一些主问题引导学生在预学时进行思考。比如五年级上册第一单元，围绕"一花一鸟总关情"这个主题教师编排了《白鹭》《落花生》《珍珠鸟》《桂花雨》等相关文章，这一组文章就是围绕教材单元主题展开群文阅读的好内容。通过这一组群文，学生一方面可以体会"花鸟"的内涵，另一方面还可以依托文本培育自身思维力和观察力。在预学时，教师可以引导学生关注相关的人文话题、写作手法、文体特征等方面的知识内容。

2. 以学定导：对学—引导—自发生长

在小学语文阅读教学中，教师不仅仅要引导学生积极、主动地参与群文阅读，更要为学生的群文阅读建设一个"阅读群"。过去，我们在群文阅读教学中忽略了学生的阅读主体地位，没有对其进行相关建设，其结果是群文阅读成了教师的个人行为。为了丰富学生的群文阅读，教师必须有意识地扩大学生的阅读群。学生可以将预学中遇到的问题或收获在小组间进行展示，在生生对话、生本对话的过程中，学生掌握的知识点自然而然就能得到生长。

3. 顺学而导：展学—疏导—自觉生长

在群文共读后，学生根据主问题以小组合作方式完成板书或梳理任务单，再在小组内分享后进行班级展示，真正做到在展示中提升，在提升中自觉生长。

例如，三年级下册《青蛙卖泥塘》，通过群文方式让学生了解了讲故事的几种方法，通过预学、对学后学生对讲故事的方法有了一定的了解，那小组就可以自行采取不同的方式来讲述《青蛙卖泥塘》的故事。在展示中，不同小组就可以通过对比从别的小组中学习到不同的、更好的讲故事的方法，从而优化自己小组的故事。

4. 以学论导：评学—指导—自然生长

在群文阅读教学中，教师要引导学生根据阅读对象的特点以及具体学情，选择合适的群文阅读方式。教师要引导学生准确选点，多线联通，借助阅读主题、问题等线索，全面融合相关篇章，让群文阅读形成一个立体结构。具体来说，教师要引导学生关注文本的内在意蕴。以"比较性的群文阅读"教学为例，四年级下册第四单元的人文话题是"可爱的动物，我们的好朋友"，其语文要素是"写出动物的特点"。教学中，教师可以采用"互文式"群文阅读方式。如在教学老舍的《猫》时，其一，可以引入周而复、夏丏尊的《猫》作为参照，让学生了解不同作者笔下的猫，体会作者对猫的喜爱之情及其使用的不同的表现方式，这是同一题材的比较；其二，教师可以将《猫》与单元内的《母鸡》《白鹅》等文章进行比较，让学生分析这些文章在写作手法上的异同；其三，可以将丰子恺撰写的《白鹅》与俄国著名作家叶·诺索夫的《白公鹅》进行比较，让学生领略中外作家的写作风格差异。在这个过程中，教师还可以为做比较的双方各自增加一些相似的文章，从而强化学生的判断能力。这样的多维度群文比较阅读，能让学生同中求异，异中求同。为此，教师应始终激发学生的阅读兴趣，调动学生的阅读积极性，让学生积极参与到群文阅读之中，从而提升其语文学习实效。

5. 多学少导：延学—辅导—自由生长

如果有时因为课内可供群文阅读教学的文章数目不够，或者说没有涵盖教师教学时所需的文章，教师则应通过课外拓展等途径，帮助学生从课外阅读中找到能够用来群文教学的文本。例如，在教学以昆虫为主题的多篇课文《昆虫备忘录》《爬山虎的脚》《蟋蟀的住宅》时，小学生本有的好奇心被大大激发了，他们急切地想了解更多有关昆虫世界的知识。这时候教师可以为学生们推荐法布尔的《昆虫记》等优秀作品，让学生跟随作者的笔触，从微观的角度更深层地认识自己尚不知晓的世界。语文教学不只是简简单单地帮学生认识字词，学习句段，还要帮助学生通过阅读打开对世界的认识，拓宽自己的视野，形成正确的价值观。在课外拓展中，教师要根据群文阅读的教学内容和学生们的需求，为学生推荐阅读难度适中的作品，让小学语文群文阅读的教学更显质量和厚度。课外拓展类的教学还体现在关于作者的群文阅读上，例如在四年级下册学生们学习了老舍的《猫》之后对作者的文笔十分钦佩，但在小学教材中学生们很少见到老舍的其他作品。老舍是中国现代文学史上的大作家，小学语文教师应当向学生介绍这位著名作家，并带领学生们阅读他所写的主要作品，让学生领略一代作家的大师风采。小学生学习语文虽然和文学有一定的区别，但群文阅读教学就是以作家作品为基础的。如果学生的阅读视野不够开阔，总是停留在教材的几篇课文上，那么他们的阅读素养无法得到很好的沉淀。课外拓展在群文阅读教学中的引入途径也是多种多样的，教师可以通过课件展示，为学生们介绍一篇新文章，然后让学生们通过当堂即时阅读，并结合其他已经学过的文章进行阅读理解。

二、结语

群文阅读作为一种创新性阅读教学形式，能够在有限的时间内呈现较多的文本，增加学生的阅读量，引发学生的阅读思考从而达成知识的建构，较好地满足现代学生的阅读需求，还能够有效地解决单篇阅读教学存在的一些问题，提高语文课堂教学效率。目前，关于小学语文群文阅读的教学仍有待完善，在理论和实践上还可以进一步探究，本文只是对小学语文群文阅读的教学策略做了初步探索，"五学五导"课堂模式只是为了更好地服务于课堂，希望这能够为后续研究提供参考。

第二节 "五学五导生长课堂"群文阅读的实践举隅

《老板的故事我来讲》教学设计

成都市新都区旃檀小学 李欣乐

【教学目标】

1. 学生能够正确提取、整合关键信息。
2. 学生能够借助多种提示，把故事讲清楚，讲生动。（重难点）
3. 激发学生读故事、讲故事的积极性。

【教学过程】

（一）激趣导入

师：孩子们，每个开店的老板，背后都有精彩的故事。

师：今天，有三位动物老板也来到了我们的课堂上，（播放打招呼录音）

我们也来和他们打打招呼吧。（蜘蛛、青蛙）

师：诶，老板们，你们今天来干什么呀？

（播放录音）我们想来听大家讲一讲我们开店的故事呀。神秘老板：不过，想要见到我，可不容易，你们得先把前面两位老板的故事讲好了，才能见到我哟。

师：老板的故事谁来讲？一起读？（板书请两位学生回答）

生：我来讲！

师：今天，我们一起来学习——《老板的故事我来讲》。（齐读课题）

（二）以学定导：对学—引导—自发生长

师：趁老板们去隔壁休息的时间，我们先来练习一下。

（展示示意图）这种讲故事的方法你们熟悉吗？

生：借助示意图。

师：蜘蛛开店的故事可长了，很不容易被记住，用这个示意图就可以帮助我们记住故事的关键信息。观察这个示意图，我们只能了解部分故事内容，但是蜘蛛三次开店，最后怎么样了呢？

师：那就请你快速默读课文，读完用横线勾画出来。

师：完成的同学请你们用漂亮的坐姿告诉老师。谁愿意来跟大家分享一下？

师：蜘蛛卖口罩，最后怎么样了？（只需要回答结果就可以）

生：最后织了一天。

师：你的回答给其他同学做了一个优秀的示范，这就是蜘蛛卖口罩的结果，你找得很准确。其他两次开店的结果又怎么样呢？请你来说一说。

生：第二次，蜘蛛织了一个星期；第三次，蜘蛛吓得跑回了网上。

师：你也有一双会发现的眼睛。

师：刚刚我们是竖着来观察示意图的，现在我们横着来看一看，你发现了什么？

生：第一排是老板的名字（开店的是？），第二排是老板开店卖的东西，第三排是蜘蛛开店迎来的顾客的名字，最后一排是蜘蛛开店的结果。（贴板书）

师：哇，这可真是一个重大的发现呢。这个发现能不能帮我们把这个故事讲清楚呢？

生：能！

师：那你能借助示意图把故事简单地讲出来吗？（提醒句式：第几次？蜘蛛卖什么？卖给谁？）

生：能。

师：那我们把蜘蛛老板请出来，让他听一听。

生：第一次，蜘蛛卖口罩给河马，结果织了一天。第二次，蜘蛛卖围巾给长颈鹿，结果织了一周。第三次，蜘蛛卖袜子给蜈蚣，结果织了一个月。（清楚说出每一个环节）

师：（播放录音）小朋友，你借助示意图把我的故事按顺序讲得很清楚。可是，我觉得好像还不够有趣呢，不是很满意，我再给你们一次机会。

师：那我们可得抓住这次机会，争取把蜘蛛老板的故事讲得更有趣。

师：看，我们的小帮手图片来了，你能模仿一下图片上的蜘蛛老板吗？（请学生表演）

师：哇，你有当演员的潜质。这个同学演得这么好，是因为他模仿了蜘蛛老板的什么？

生：表情和动作。

师：没错，比起示意图，图片能让我们看到人物的动作和表情。能帮我们把故事讲得更加生动有趣。那有没有孩子想要借助图片，把故事讲得更生动呢？比如加上一些人物的表情和动作，像刚才那个小演员一样。

师：在讲故事之前，老师有个小锦囊要送给你们。（展示讲故事的要求）

PPT展示：

讲的要求：

1. 声音洪亮。

2. 把故事讲清楚，讲完整。

3. 试着加上一些人物的表情和动作。

师：听故事的同学老师也有要求，我请一个同学来读一读。（展示听故事的要求）

听的要求：

1. 认真倾听。

2. 当当小评委：根据讲故事的要求进行点评。

师：都清楚要求了吗？那就开始吧。

生：组内根据图片讲故事，一人讲，其余同学边听边做好记录，评价学生讲故事的基本要素：①声音洪亮吗？②做到讲清楚，讲完整了吗？③有没有加动作表情？

师：你能不能根据黑板上讲故事的要求来说一说他讲得好不好？为什么？

生1：他讲的好，因为他声音很洪亮，把图片里的内容都说完整了。

生2：他讲得又清楚又生动有趣。

师：你不仅会听，还会评，真是我们学习的榜样。

师：（播放录音）听你们讲故事真是一种享受，你加上了表情和动作，把我的故事讲得很生动、有趣，我很满意。

师：为刚才把故事讲有趣的同学点赞！刚才，我们借助了示意图把蜘蛛老板的故事按顺序讲清楚，讲完整了（补充板书示意图：按顺序、清楚完整）。我们还借助了图片，把故事讲得更生动有趣了（补充板书图片：生动有趣）。

师：青蛙老板已经迫不及待地想让我们讲他开店的故事了。

（三）顺学而导：展学—疏导—自觉生长

师：老师刚刚发现青蛙老板正在向蜘蛛老板打听你们讲故事的情况。趁这会儿我们赶紧把青蛙老板的故事理一理。青蛙老板的顾客可比蜘蛛老板的顾客多多了，我们怎么才能把这么多的顾客记住呢？我们可以借助之前学过的哪种方法，帮助我们把青蛙老板的故事按顺序讲清楚讲完整呢？

生：示意图。

师：示意图上我们需要补充哪些信息呢？联系蜘蛛开店我们观察示意图时大家的重大发现。

生：谁？卖什么？顾客？结果？

师：目标明确了，请大家先默读青蛙卖泥塘，读完后圈画出这些信息，完成后请你举手示意老师。

生：圈画信息。

师：看大部分同学都迅速地完成了，我们一起来填一填。

（PPT展示示意图）学生按顺序开火车回答。

师：老板是——

生：青蛙。

师：卖什么呢？

生：泥塘。

师：快速数一数顾客有几位？下面，老师请七位同学来帮我们把7个顾客和泥塘变化（青蛙做得怎么样）的结果填写完整。

生1：老牛，种草。（你的结果非常准确，希望后面的同学向你学习）

生2：狐狸……

师：善于观察是善于学习，善于倾听也是善于学习，你们都做得很棒。我们已经把示意图填写完整了，示意图这个好伙伴不仅能帮我们了解故事的主要内容，还能帮我们把故事按顺序讲清楚。（引导同学说）

师：青蛙老板给老师透露了他的要求，他要求我们不仅要借助示意图讲好故事，还要加上一定的表情、动作和小动物们的语气，一边讲一边演好故事。把他的故事演得更精彩。

师：在上课前老师已经为大家分好了8人小组，并确定了一位组长，请组长把这些角色分配给你的组员。给大家一分钟的时间来分配角色。

师：下面就请各个小组按青蛙老板的要求练习一下，在练习的时候小组长要注意组织组员们按角色顺序排好队。待会我们把青蛙老板请出来让他听一听吧！

生：练习讲故事。

师：青蛙老板已经做好准备了，同学们准备好了吗？（播放录音）哈喽，小朋友们，快来讲一讲我开店的故事吧！

师：哪个小组想先来跟青蛙老板讲故事？

生：讲故事。

师：孩子们，你们觉得这个小组讲的怎么样？孩子们最喜欢他们演的哪个角色？

（满意）小演员们的表演让我们对故事的情节印象更加深刻了，青蛙老板很满意。为你们的精彩展示点赞。

（失败）敢站上台表演，你们的勇气值得称赞，如果再加上一些表情和动作就更好了。

师：同学们，刚刚我们讲两个老板的故事时，都讲到了——老板卖什么、顾客是谁、结果怎么样，这些信息就能帮我们把老板开店的故事按顺序讲清楚，讲完整；刚才讲蜘蛛老板开店的故事时我们用了示意图、图片相结合表达的方法，讲青蛙老板开店的故事时又运用了演一演的方法，同一个故事可以用几种方法？蜘蛛开店用了几种方法？两种就是多种。（建构，引导学生说"用多种方法"）

（四）以学论导：评学—指导—自然生长

师：神秘老板刚刚听蜘蛛老板和青蛙老板说大家把他们的故事讲得很有趣，也想听你们讲他开店的故事。

师：想要讲好神秘老板的故事我们首先要找出故事的关键信息，请大家自由默读课文，圈画关键信息，完成示意图。

生：默读课文，完成示意图。

师：完成的同学请用端正的坐姿告诉老师。

生：（完成示意图）

师：服装店的神秘老板是——

生：小猴。

师：小猴老板卖什么？

生：卖衣服。

师：小猴服装店迎来了哪些顾客？

生：小鸟、小刺猬。

师：他们最后都买衣服了吗？

生：没有。

师：为什么没有买小猴服装店的衣服呢？

生：因为衣服不合适。

师：具体哪些地方不合适？

生：小鸟衣服太大，小刺猬衣服被戳破。

师：看来大家已经学会怎么去抓住重要信息了。

师：刚刚我们借助示意图，把关键信息梳理清楚了，这有助于我们把小猴老板开店的故事按顺序讲清楚，讲完整。现在，给大家一点时间。你尝试一下借助图片，一个人生动有趣地讲一讲这个故事，也可以找同学合作，采用演一演的方式把故事讲精彩。

师：老师对听故事的同学也有要求，我请一个同学来读一读。（展示听故事的要求）

PPT展示讲的要求：

听的要求：

1. 认真倾听。

2. 当当小评委：根据讲故事的要求进行点评。

师：都清楚要求了吗？

生：用自己喜欢的方式讲故事。（图片演一演）

（肯定）看来大家都很认可你们的表演。

（不满意）没关系，你们已经勇敢地迈出了第一步，今天时间有限，下去后可以再思考一下怎么加上动作、表情把故事演得更生动、有意思。

生：（示意图：把小猴老板的故事讲得又清楚又完整）

师：（录音）小猴老板对大家讲的故事很满意，忍不住想要伸出手夸夸你们。

今天虽然有一些小小的遗憾，但是小猴老板相信大家课后通过练习一定能把他的故事讲好。

师：今天，我们讲了三位老板开店的故事。蜘蛛老板最后怎么样了？

生：吓得跑回了网上。

师：青蛙老板最后怎么样了？

生：最后不再卖泥塘了。

师：小猴老板最后怎么样了？

生：小猴老板最后不再卖衣服了。

师：这些老板最后没有卖出东西的原因一样吗？

生：不一样。

师：蜘蛛老板是因为——

生：总是选择卖简单的商品，一直不做出改变。

师：青蛙老板是因为——

生：听取其他动物好的建议后卖的泥塘不断变化，最后想自己拥有不想卖了。

师：小猴老板是因为——

生：一直按照自己的身形制作衣服，顾客都觉得不合适，但他却一直没有做出改变。

师：那当我们遇到困境的时候应该要——

生：改变。

师：别人提的意见我们都要听吗？看来大家都有不同的看法。（先请刚刚说不听取的学生举手让他谈谈自己的看法）

生：当别人提好的意见时我们要听取，当别人说出不好的意见时我们不要听取。

（五）总结

今天我们借助了图片、示意图、演一演的方法来讲老板的故事，课后我们还可以用这些方法帮助我们讲好神话的故事、动物的故事……除此之外，我们还有意外的收获：当别人提出好的意见的时候，我们要试着去采纳；当别人提出不恰当的意见的时候，我们要坚持自己的做法。今天的课就到这里结束了，下课！

《"景"然有序》教学设计

成都市新都区旃檀小学　蒋冬梅

【教学分析】

本议题源自部编版小学语文教材四年级上册第五单元"学生了解按照一定的顺序写景物的方法，学习按照游览的顺序写景物"。这组群文主要是通过阅读文章，让学生学习如何按照游览的顺序写景，在对比梳理中，建构起移步换景和移目换景的联系。同时，让学生在字里行间感受景物的美，激发学生对自然美景的热爱之情。

【教学重难点】

1. 让学生通过阅读文本，提取关键信息，发现写景中的顺序，习得移步换景的方法。（重点）

2. 通过抓住关键语句，让学生学习移步换景中的“移”法。（难点）

【教学过程】

师：同学们，今天我们先来玩个看图猜词语游戏。观察这两幅图的共同点，你能猜到什么词语？（展示：有序排队上车、有序列队行走的图片）

小结：孩子们真会思考，像这样有序不乱，我们可以用一个成语来形容——井然有序（板书）。

师：像图上这样做到井然有序有什么作用？

小结：原来有这么多好处，那今天我们一起去看看，写景文章中是怎样做到“景”然有序的。

（一）先学后导：预学—诱导—自主生长

（1）在第五单元，我们跟随作者的脚步，游览了双龙洞。今天，让我来当当导游，带着大家再去走一走，看一看。我们的旅游大巴要准备出发了，你们坐好了吗？

展示游览表：见表2–4–2–1。

表2–4–2–1 《记金华的双龙洞》游览表

课题	类别	游览地点
《记金华的双龙洞》	地点	（路上）—（洞口）—（外洞）—（空隙）—（内洞）—（出洞）
	景物	映山红、油桐、洞口、外洞、空隙 双龙、石钟乳、沙土、溪流、石笋

（2）回想刚刚我们再次游览的双龙洞，看看走过的地方，你能发现作者是按照什么顺序写的吗？

预设：游览顺序。

小结：在游览的过程中，我们移动自己的脚步，去到不同的地方，这就叫作移步。我们还发现，地点在变，看的景物也发生了变化，在游览时，随着人脚步的移动，景物也不断变换，走一处，写一处的景，这叫作移步换景。

（二）以学定导：对学—引导—自发生长

（1）接下来，我们请班长担任导游，带我们去游览"颐和园"。

（2）小组合作讨论：作者是用什么方法移动脚步，把这些地点有序地串联起来的呢？

预设：进了颐和园的大门，绕过大殿，就来到有名的长廊。

走完长廊，就来到了万寿山脚下。

登上万寿山，站在佛香阁的前面向下望，颐和园的景色大半收在眼底。

从万寿山下来，就是昆明湖。

（3）哪位学生来分享你是从哪里看出作者移动了脚步的？

颐和园游览图，如图2–4–2–1所示。

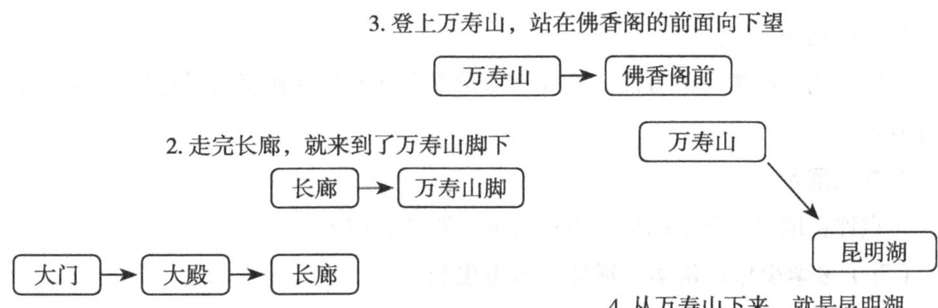

图2–4–2–1 游览"颐和园"

小结：前面写的是上面的地点，后面写的是下面的地点。像这样的句子，我们可以称为过渡句。

（三）顺学而导：展学—疏导—自觉生长

1. 拓展阅读《记故宫》《游鸳鸯溪》

快速浏览，你从哪些过渡句可以看出作者移动了脚步？

预设：

记故宫

下了天安门，经过端门，便来到了故宫的正门——午门。

穿过太和门，又见到一个更大的广场，正前面是一座更大的宫殿。

沿着保和殿这条中轴线一直朝北走，路过乾清门，来到乾清宫。

走过太和殿，向东走约几公里，就来到了在珍宝馆里。

游鸳鸯溪

进入大门，一块巨石映入眼帘。

绕过巨石，步行十几分钟之后，

转过三四个弯，就来到了险要之地——高空栈道。

忐忑不安地走完栈道，就来到了山脚，也就是峡谷之底。

2. 小组讨论，对比分析

读读这些移动脚步的句子，思考：它们有什么相同点和不同点？

小结：通过这些句子，我们发现原来可以用地点、方向、行走方式、路程多少的词来写景物。我们要写清楚作者是怎样将不同的地点串联起来的，也就是过渡句的写作方法。

（四）以学论导：评学—指导—自然生长

1. 拓展运用

请同学用刚刚学习的方法，在《海天驿站公园写生》画横线的地方，写上合适的过渡句。

2. 交流展示

（点评：地点、行走的词、方位的词、距离的词）

（五）多学少导：延学—辅导—自由生长

今天的旅程就要结束了，我们游览了颐和园、故宫和鸳鸯溪，在文字里，探寻了游览中的顺序——移步换景，找到了作者移动脚步的方法。

（1）课后，同学们可以阅读《水库美景》《黄果树瀑布》。

（2）在生活中，我们也可以用移步换景，边走边赏美景；用合适的过渡句，美景再多，我们也能做到"景"然有序。

第五章

整本书阅读实践与研究

领衔教师：成都市新都区蚕丛路小学　柳 黎

整本书阅读在语文教学组成中占据重要部分，当前小学整本书阅读教学中面临教师角色缺位、学生兴趣缺乏、阅读方法缺失、教学评价困难等现实困境，限制了阅读教学的发展进程。

2022年4月21日，教育部正式发布《义务教育课程方案和课程标准（2022年版）》构建了各学段整本书阅读的内容体系和能力体系，使整本书阅读成为研究的重要课题。新课标中“整本书阅读”作为拓展型学习任务群之一，旨在使学生掌握阅读策略，提高整体认知能力，丰富精神世界。教师树立“儿童视角”的整本书阅读教学意识，设计丰富的阅读活动，对于学生自主阅读、深度阅读具有重要作用。

整本书阅读作为重要的语文实践活动可以有效提升学生的语文学科核心素养。整本书阅读属于深阅读，学生阅读时“读深读透”能够提升学生的思维能力。

整本书阅读教学有别于片段阅读教学，既有横向的延伸，又有纵向的深入，旨在学生阅读能力的提升和阅读兴趣的培养。整本书阅读可以拓宽学生的阅读视野，积累学生的阅读量，促进学生的口语交际能力，培养学生速读、精读的能力，助力学生养成终身阅读习惯。

第一节 躬行实践 教学模式

成都市新都区蚕丛路小学校 柳 黎 黄尤林

陶行知强调："真正的教书，不是教学生，而是教学生学。"《义务教育语文课程标准（2022年版）》重视学生的学，在整本书阅读的教学提示中也强调："阅读整本书，应以学生为主，教师的主要任务是引导学生深入思考、讨论与交流。"所以整本书阅读需要教师积极构建以学为中心的课堂，将教师的阅读知识和感受以师生共读的方式浸润在学生的心中。

"五学五导生长课堂"与整本书阅读教学相融合，搭建"先学后导""以学定导""顺学而导""以学评导""多学少导"的支架，在课堂上给出阅读的方法和策略，让学生独立自主完成具体的阅读实践活动和任务，最后使学生在整本书阅读课堂中养成自主生长、自由生长、自然生长、自觉生长的学习状态。

一、先学后导：预学—诱导—自主生长

整本书阅读教学需要教师先学，也就是教师备课时需提前梳理教材中"快乐读书吧"的内容，根据具体栏目中的任务需求，规划好本学期每个时间段的阅读内容，保证阅读计划的顺利进行。

整本书阅读教学也需要学生先学，学生先学是因为学生有个体差异性，即使是同样的阅读任务，每个学生的完成度也不同。有些学生积极主动，阅读的内容更多，有些学生懒散被动，阅读的量更少。想要实现全员参与的教学，就要激发所有学生的兴趣，设计预学单找准学生的真实阅读起点就显得尤为重要。预学单可以让教师了解班级学生的阅读现状和喜爱倾向，整本书阅读三种课型的设计也会根据预学的结果进行调整，对学生已经懂得的内容要简要概括，学生还没有涉及的部分要详细引导。

二、以学定导：对学—引导—自发生长

（一）导读课—自主阅读—出发点

《义务教育语文课程标准（2022年版）》提出整本书阅读要"根据自身实际确定阅读目的，选择图书和适宜的版本，合理规划阅读时间"的要求，以便于学生可以有依据、有顺序和有目标地阅读。教学时以"激发兴趣"为核心目标，利用导读课组织整本书导读活动，通过谈话、看封面、看插图等激发学生的阅读兴趣，借助读简介、读目录，让学生了解整本书框架。在此基础上，指导学生制订整本书阅读计划，采用自己喜欢的阅读记录方式，开启自主阅读。个性化的阅读计划让学生的阅读量聚沙成塔，学生的阅读能力悄然而生，阅读视野豁然开朗。

《义务教育语文课程标准（2022年版）》明确了第三学段"阅读与鉴赏"目标："默读有一定的速度，默读一般读物每分钟不少于300字"，"扩展阅读面，课外阅读总量不少于100万字。"教师要利用导读课指导学生根据自己的阅读实际制订阅读计划，从阅读时间、阅读进度等方面规划自己的阅读进程。在《小英雄雨来》整本书阅读过程中，教师通过展示书中的精彩片段，让学生在阅读中感受字里行间的童真童趣，引发学生阅读期待；通过读目录的方式让学生了解故事梗概；利用钉钉班级打卡，让学生每天分享自己的阅读收获，树立榜样，激发学生阅读欲望。

（二）推进课—持续阅读—转折点

整本书阅读不是一蹴而就的，它需要长时间地自主阅读。阅读推进环节必不可少，在定期的交流中，师生可以共读共分享，可以说在一处，乐在一处，思在一处。可以利用推进课持续激励学生"整本书阅读"，学生自主阅读，教师了解班级整体阅读进度，检查小组或个人阅读计划的落实情况。通过阅读摘录、阅读交流、阅读沙龙等形式，激励学生持续自信地阅读。

以六年级上册第四单元"快乐读书吧"《小英雄雨来》为例，本单元以"笑与泪，经历与成长"为主题，引导学生对儿童成长小说进行整本书阅读。教学时可指导学生结合"读小说，关注情节、环境，感受人物形象"等语文要素阅读整本书。推进课中引导学生绘制英雄成长图，概括小标题……学生在提取、整合、绘制路线图的过程中，训练了自身概括和提取信息的能力。教师了解推进学习单完成情况，整体把握，实时评价。

三、顺学而导：展学—疏导—自觉生长

（一）汇报课—搭建平台—落脚点

"独学而无友，则孤陋而寡闻。"《义务教育语文课程标准（2022年版）》在整本书阅读的"教学提示"中建议"创设自由阅读、快乐分享的氛围，善于发现学生阅读整本书的成功经验，及时组织交流与分享；善于发现、保护和支持学生阅读中的独到见解"。

1. 创设实践活动情境

语文实践活动情境主要包括个人体验情境、社会生活情境和学科认知情境。教学时要为学生创设大情境，把教学内容与学生真实生活进行有效关联。接着设计综合测评，测评要以具体情境为载体，真实、富有意义的语文实践活动情境是学生语文学科核心素养形成、发展和表现的载体。例如，《稻草人》整本书阅读我们可以创设以下三个活动情境：

（1）阅读《稻草人》中自己最感兴趣的片段，关注有新鲜感的词句，用多种方法理解难懂的词句，感受作者丰富的想象。

（2）回读《稻草人》中的其他片段，寻找还在哪个片段中感受到过"新鲜感的词句"和"神奇的想象"，小组交流自己的收获。

（3）借助想象和预测等阅读策略，结合关键词句解释作品中人物的行为。

学生在反复进阶的实践活动中乐于和他人分享阅读所得，关注有新鲜感的词句，并有意识地在口头和书面表达中运用，加深学生对童话故事内容与内涵的了解，使学生感受到课外阅读的快乐，形成指向高质量阅读的专家思维。

2. 开展真实体验活动

实践活动情境的落地需要教师将其分解到整本书阅读教学的课堂中，让学生亲身参与，全程参与真实的阅读体验活动，把语文要素与学生的阅读问题结合起来，寻找解决阅读问题、提升阅读品质的思维方式。丰富的活动设置，一方面可以激发学生的好奇心和求知欲，另一方面也可以帮助教师关注学生的个体差异和不同的学习需求。以《稻草人》整本书阅读为例，第一步是猜谜小达人活动，请学生上台，给出关键词、关键句、关键事件，让其他同学猜一猜是哪个童话中的哪个角色，好奇是提升小学生阅读兴趣的催化剂；第二步是超级朗读者活动，让学生把自己想象成童话故事中的主人公，绘声绘色地朗读最精彩的片段；第三步是评选最佳童话故事环节，从13个童话故事中，由全班投票并按票数推出最佳童话5篇，由此评选出最佳童话故事；第四步是质疑交流活动，让学生发现经典童话的共同特征。

（二）问题串—提炼核心—生长点

教师设计整本书阅读教学时设置不同难易程度的问题，组成整本书阅读问题串，问题串能够让不同能力层级的学生参与到阅读中，也可以促使学生从被动阅读转变为主动阅读。在问题串中提炼核心问题更能刺激学生"野蛮生长"。核心问题即整本书中最难解决的问题，是小组合作也没办法讨论出结果的问题。整合提炼出核心问题，核心问题必须能够贯穿整本书，紧扣单元人文主题和语文要素。由此设计思辨学习任务以及一个个真实的、具有实践性的阅读活动，才能让学生"读懂"整本书阅读。

如《小英雄雨来》中讲述了主人公雨来与日本侵略者斗智斗勇的故事，内容有趣易懂。教师整合提炼"谁是英雄"这个核心问题，引导学生对雨来的成长经历进行阅读、理解、鉴赏，引发学生对"英雄"的多角度思考，促进学生的深度阅读。确定核心问题后，科学分解任务群至关重要。任务群设定应该贯穿于整本书阅读指导的全过程，而且蕴含清晰的教师的"导"和学生的"学"。

还是以阅读《小英雄雨来》为例，确定了"谁是英雄"核心问题之后，教师便在不同的阅读阶段，设计了任务群。

任务一：借助不同的阅读方法，对书中主要人物有比较全面的认识，了解事件梗概，能简单描述印象最深的场景、人物、细节，说出自己的喜爱、憎恶、崇敬、向往、同情等感受。

任务二：在丰富的情境中感悟"英雄"的含义，培养学生的思辨能力，让学生明白时代与英雄的关系，感悟少年英雄的成长，从一个英雄走向一群英雄。

任务三：由"一本"走向"一类"，让学生运用讲述、评析等方式交流自己获得的启示，树立学生正确的价值观，培养其勇敢、坚定、爱国等品质。

任务群的设计紧紧围绕整本书的教学目标，以任务带动阅读，让策略贯穿阅读，让学生逐步走向深度阅读。

四、以学论导：评学—指导—自然生长

《义务教育语文课程标准（2022年版）》指出："倡导课程评价的过程性和整体性，重视评价的导向作用。""注重评价主体的多元与互动，以及多种评价方式的综合运用。""注意考察阅读整本书的全过程，以学生的阅读态度、阅读方法和读书笔记等作为依据进行评价。"整本书阅读持续时间长，这个过程是动态的、连续的。因此，教师要遵循整本书阅读教学过程的动态性、连续性，差异化地评价每

一个学生，提高阅读教学的有效性。

（一）选用素养测评

监测整本书阅读的阅读质量，需要教师根据每个阶段的阅读要求，开发合理的测评工具，形成多元反馈，再促进课外阅读的有效开展。故研发科学、合理的测评工具是保证测试结果的核心，我国关于阅读素养测评工具的研发还不够成熟。研发测评工具不仅要借鉴PISA测评工具的研制过程，并且还要关注不同年段学生的独立学习能力和合作学习能力，调动学生主动解决问题的能力，对学生进行合理有效的阅读素养测评。

例如，《中国民间故事》整本书阅读课，可以设计选择题、连线题、填空题和问答题等传统书面测试题型，也可以是谜语式的口头表达测试题型，由一学生出谜面，其他学生猜谜底，也可以出一些趣味测试题，比如图文组合猜人名、情节等。花样制卷，让评价更加多元化，能够促使学生积极参与到阅读过程中，体验阅读的快乐，收获阅读的自信和成功。

（二）巧用评价量表

丰富多维的整本书阅读评价既能让教师对学生整本书阅读状况进行了解，也可以对学生的阅读情况进行调控；既能激发学生的阅读兴趣，也可以让学生阅读策略得到升华，全面提升学生的阅读能力。教师可以围绕整本书阅读教学的主要环节编制评价量表，引导学生从阅读方法、阅读成果、阅读习惯等方面进行自我反思、自我改进。编制评价量表要参照学段课标要求和教材编写意图，评价量表可以由学生自己制定，也可以由师生、生生共同制定，评价主体可以是老师、同学、家长，也可以是自己。

如《稻草人》整本书阅读评价设计中，教师设计了以下六点评价指标：①喜欢阅读《稻草人》，能制订简单阅读计划，综合运用多种方法，读完整本书；②阅读过程中能提取主要信息，能发现作品中"有新鲜感"的词句、精彩句段，勾画标注并根据需要进行摘录；③阅读过程中能借助上下文语境，理解关键词句，结合关键词句解释作品中人物的行为；④阅读过程中能发挥想象，领略童话魅力，能借助阅读经验和生活经验预测情节发展；⑤阅读完后能说出喜欢或不喜欢作品中的某个人物，并说明理由，说理由时能有意识地使用"有新鲜感"的词句；⑥阅读完后，有创意地制作阅读成果，并积极展示给同学分享。最后鼓励学生按评价指标要求阅读整本书，根据各项指标将自评、小组评、教师评、家长评相结合，开展"集星"活动，评出"华贵铂金星""璀璨钻石星"和"最强王者星"三个等级。评价主体的多元化，会给学生带来多重评价视角，营造轻松愉悦的评价氛围，帮助学生在反思中客观认识自己，从而逐步养成终身阅读习惯。

五、多学少导：延学—辅导—自由生长

阅读，是为了提升我们内在的素养和品质，在文字的熏陶下获得精神的愉悦。

（一）荐书分享——让阅读渐入佳境

课后教师将本学段的整本书阅读课程目标、学习任务群的课程内容要求以及相对应教材"快乐读书吧"的要求进行整合，从而梳理适合本年龄段学生阅读的书目，并邀请读过同类型书的小朋友进行推荐，搭建从"一本"走向"一类"的桥梁，也为学生读书奠定基础。

让学生把自己的阅读转化成面向全班同学的阅读推介，换个方式激发阅读动力，不仅突出了学生的主体性，也让学与教高度匹配，精准实现阅读目标，并且能够让学生学会阅读，成为独立自主的阅读者。

（二）思辨激励——让阅读走向深处

帕斯卡尔说"人是会思想的芦苇"，儿童需要不断思考，阅读也需要思考。大部分学生在整本书阅读中，都存在无目的地阅读的问题，在阅读过程中缺乏思考，这样的阅读是没有价值和意义的。读思结合才能走向阅读的深处，才能让自己的精神世界得以丰富。"发展型学习任务群"的最高层级是"思辨性阅读"，教师要引导学生读完、读懂后对整本书中还存在的疑难点进行思辨，如"思辨性阅读"在第一学段就要求"重在保护学生的好奇心、自信心，引导学生多观察相似事物的异同点，多问为什么；鼓励学生自由表达、充分表达，以表扬为主"。由此可见思辨的重要性以及思辨与激励的相辅相成。教学中回顾阅读方法，教师结合统编版教材编排的"预测""提问""提高阅读速度""有目的地阅读"四个阅读策略单元，引导学生自觉运用阅读策略，在思辨中走向自主阅读。

在《小英雄雨来》整本书汇报课上，教师以"自古英雄出少年""英雄不问出处""英雄所见略同"层层递进，引导学生辩论"时代造就英雄"还是"英雄成就时代"，让学生经过激烈的讨论后得出结论，英雄的含义不是一言概之，每个人都能够成为英雄。这样学生对雨来成长为英雄有了去粗取精、由表及里、由浅入深的思维过程。每一次微辩论将学生不同的阅读感悟完美交融，使阅读的思考得以碰撞。学生在思辨讨论中共同学习、共同协作，反复走进文本，细嚼慢咽，提升自身思维的广度和深度。

第二节　千锤百炼　课例展示

《小英雄雨来》教学设计

成都市新都区蚕丛路小学校　柳 黎　黄尤林　袁丽芳

【设计思路】

《小英雄雨来》是小学语文六年级上册第四单元的"快乐读书吧"的推荐书目。这一单元的语文要素是"学习怎样把握长文章的主要内容"，即培养学生的概括能力。六年级的整本书阅读是在原来单篇阅读基础上的延伸和拓展。整本书共41个标题，讲述了7个完整的故事，第一篇是《雨来没有死》，后面的六个故事分别是诱敌入地雷阵、一起去参军、勇救杜绍英、智救八路军、夜送鸡毛信、加入战斗。每个故事都能独立抽出，成为一篇完整的小说。每个故事又都相互关联，从不同角度塑造了雨来的抗日英雄形象。以下是汇报课的教学过程。

【教学过程】

（一）情境导入凸显英雄——愿意学

师：孩子们，前段时间我们一起共读了一本红色经典作品是?

生（齐）：《小英雄雨来》。

师：这几天，老师用镜头记录了这场美好的阅读之旅，让我们一起重温美好的阅读时光吧。你们制订了详细的阅读计划；完成了精美的阅读内容，操场上、图书馆、教室里，随处都是你们阅读的身影；我们欣赏了《小英雄雨来》的电影；我们在操场上围坐一起聊英雄，还进行了配乐朗读，还完成了讲故事、表演颁奖词等一系列的丰富成果，我们达成了"自古英雄出少年"的共识。

师：首先进入抢答环节，请看PPT第一题："小英雄雨来"这个故事发生在抗日战争时期敌后抗日根据地的哪里？请同学们抢答。

生（佳琪）：选A。

师：恭喜你回答正确。

师：请看第2题，《小英雄雨来》中杜绍英被抓后是谁救了他？请抢答。

生（小林）：赤壁。

师：恭喜你回答正确，接下来第3题是这一段描写的是谁，请抢答。

（二）分享展示体味英雄——主动学

师：你们真的把这本书给读完了，那你们到底读的怎么样呢，请同学们拿出本节课的阅读单，看第1题：你从哪里看出这是怎样的雨来？

生（家乐）：请同学们翻到第30页第4自然段，雨来心里想要把他们带到地雷阵，这是个好机会，从这里看出是机智的雨来。

师：他说到了一个关键词叫作机智。

生（心怡）：这一篇第30页最后一排，雨来心里想：要是顺顺当当答应给他们带路，他们也许还要起疑心呢，不能叫敌人看出破绽来。他想的是如果好好给他带路，敌人肯定要疑心，怀疑这个小孩就是雨来。

师：这就是在揣摩敌人的心思。除了机智你从哪里看出了什么样的雨来？

生（玲丽）：请同学们翻到第13页，鬼子突然打雨来，让雨来说出李大叔的下落，可是雨来还是不说，可以看出雨来的勇敢。

师：他非常勇敢，有没有可以补充的？

生（文星）：我觉得应该不能用勇敢这个词形容他，鬼子一直打他，他就是不说出李大叔的下落，这是他的顽强。

师：这里柳老师提个问，你觉得这里到底是展示他的勇敢，还是表现他的顽强？小组合作用1分钟讨论一下。

师：你们看到的这些词语，让柳老师不禁想到了一首诗："横看成岭侧成峰，远近高低各不同。"诗人看山，山有万象，人有千面，你们读出了一个千面的、立体的、有血有肉的雨来，这才是真正的读懂了这本书。

师：柳老师在课前根据你们最感兴趣的地方做了梳理，这些兴趣点主要集中在这几个情节。

生（齐读）：扁鼻子军官、这是中国的土地、放羊的、战斗开始了。

师：今天我们班有些小朋友，把你们最感兴趣的情节带到了我们的现场，同学们在观看的时候，可以说一说，从这个片段中，看出了这是一个什么样的雨来。

……

生（子涵）：从刚刚的表演中，我看到了雨来跳河这一段，感受到了雨来的机智。

生（思彤）：我从最后一段看出了他的游泳技术非常高超，因为大佐的两个护卫在那里开枪，都没有伤到他一丝一毫。

生（亚琦）他的妈妈走的时候，说了一句"小兔崽子，别出去给我惹麻烦了"，然后从这里我看出了，原来雨来也是顽皮的。

师：还有谁来做补充？

生（雨萱）：我从刚刚雨来斩钉截铁地拒绝鬼子的诱惑，坚决地说自己没看到这个片段看出了一个不屈不挠的雨来。

……

师：能从他们演的片段中看到这样一个丰富的形象，那同学们在以后的阅读中，也可以采用讲故事、演一演的方式，来表达我们的阅读感受。

（三）思辨升华塑造英雄——深度学

师：除了这些兴趣点，柳老师还找到了你们的疑难点，我把这些归纳成了两个问题。

生（齐读）：作者为什么把雨来称为小英雄？雨来小小的年纪是如何成为英雄的？

师：雨来生来就是英雄吗？

生（齐读）：不是。

师：他到底是怎样变成英雄的？破解这个难点的密码，其实就藏在我们的书中，请同学们完成阅读单的第2题，找一找雨来成为英雄的原因。小组合作开始。

生（依琳）：我从雨来生活的环境看出雨来是如何成为英雄的，当时他生长的环境是，日本侵略者正在侵略中国，他的爸爸是八路军，雨来的爸爸深深地影响着雨来。

师：同学们，那是个日本侵略中国、战火纷飞的环境，那个时代，涌现出了很多很多像雨来这样的人，真可谓是"时代造就英雄"。

生（小田）：我觉得在文中，影响雨来更多的是杜绍英，因为他是游击队的队长。杜绍英自己面对敌人的那种宁死不屈，和雨来在文中面对敌人的宁死不屈，形成了联通的关系。

师：英雄之间是有相同之处的，他们在互相影响着。柳老师知道我们班的小朋友还准备了一个彩蛋，这里我就请绘制英雄谱的小朋友上台，给你们展示一下他们的成果。

……

师：看了他们的英雄谱，你有什么想说的吗？

生（诺言）：我知道，他们心里面都想要成为八路军，我觉得英雄不只是一本书里面的一个主人公，一些配角也可能是英雄。

师：英雄谱里面我们看到的有一些角色有名字，有一些甚至连名字都没有，他只在文中的一个小的片段中留下了他的身影，但是不管怎样。在那个时代，他们就是我们的英雄，这就是英雄不问出处。读到这一点的时候我们就能明白这个道理了，我们从雨来这一个英雄走向了一群英雄，这样就把这本书给读深了。

师：你们觉得小英雄雨来的"英雄"和我们刚才概括出来的这几个"英雄"是一样的意思吗？小组讨论一下。

生（文星）：我觉得英雄这个词语，不是要干什么大事才算英雄，就像一个不能自理的人，他靠自己的努力能自理了，他就是自己的英雄。像当时那个时代，战火纷飞，他们为了祖国、为了家人奉献自己，他们也是英雄。我觉得英雄不应该被定义，谁都可以是英雄。

生（诺言）：我觉得为社会做贡献的人，哪怕是随手捡起地上的垃圾的人，他们也可以成为英雄。

评析：本片段意在将英雄形象引向深入，促进学生联系生活中已熟悉的例子，深化对英雄的理解，培养学生深度思辨的能力，促进深度学习在课堂落地生根。

（四）拓展延伸寻找英雄——创新学

师：其实在我们的文学作品中有很多这种英雄。今天我也请同学给你们推荐一下其他作品中，那个时代的英雄。

生（梓钧）：同学们还记得《清贫》作者方志敏吗？我们知道他是一名伟大的军事家，也是一名伟大的无产阶级革命家。他的一生是为伟大人民奋斗的一生，也是为共产主义事业奋斗的一生。在这本书中记录了方志敏的很多故事……

师：感谢3位小小荐书官，让我们从《小英雄雨来》这一本书走向更多的记录英雄故事的书，这就是把我们的书读广。在今后的阅读中，柳老师希望你们用这四读：读完→读懂→读深→读广，继续去其他作品中找寻英雄的足迹。同学们下课！

评析：本片段实现学生将从读一本书中学到的"四读"方法，拓展应用到一类书中，培养了学生阅读的核心素养。

第三篇

能说会道：

“五学五导生长课堂”的口语交际实践与研究

从语用学的角度去看统编版小学语文教材中的每一个口语交际专题，都会发现其中隐藏的语用学理论。而语用学理论也正在成为教师进行口语交际教学的“新助力”。

创设情境。努力把口语交际的训练置于一个具体的情境中，确定学生的主体地位，安排给学生交际的任务，用任务驱动学生积极参与交际，在交际中体验语言的魅力，使学生获得身心的愉悦和美感。

授人以渔，听得悦耳，说得顺口，品出味儿是学习语言的最终目的，也是口语交际教学的终极目标，口语交际教学就是要教给学生必要的听、说及交际的方法，并让学生在口语交际的实践中学会交际。

口语交际在蚕丛路小学如何践行？口语交际教学又怎样在蚕小课堂中展现激发？本文将从学校实践与具体课例进行展示。

第一章

真言·真情·真境："五学五导生长课堂"口语交际的深度实践

领衔教师：成都市新都区蚕丛路小学校　陈昱蓓

"口语交际"课型，在一线代班教师的教学中对它的意义认识严重不足，只将其当作一种课堂装饰而已，大多数教师根本没有引起对其足够的重视，再加上学校行政管理层没有有效跟踪，更重要的是监测时很少涉及这种课型，所以教师上"口语交际"课进入了打折时代，教学效果可想而知。

工作室成员中陈昱蓓领衔的几位成员，不仅增强了对其的理性认识，还探索出基本的口语交际模式，更重要的是打造了几堂优秀的课例，供大家参考。

第一节　口语交际教学设计的理性认识

成都市新都区蚕丛路小学校　陈昱蓓

语用学是一门研究语言使用规律的学科，主要研究在不同语境中话语意义的恰当表达和准确理解，寻找并确立使话语意义得以恰当表达和准确理解的基本原则和准则。将语用学运用在小学语文口语交际教学中，不仅能帮助教师明确口语交际教学的目标，还可以从新的角度去考虑教学方法。学生也会在教师的有序指导下，逐渐掌握口语交际的技巧，提高自身交际能力。在统编版小学语文教材中，每个口语交际专题都是一个情景语境，并且新增了"小贴士"，明确学生学习要求。"小贴士"是每一个口语交际专题教和学的要点，隐含并体现着一定的语用学理论。教师若能掌握相关的语用学理论，则能从新的视角看待口语交际教学，从新的角度理解文本，设计教学环节。

统编版小学语文教材中47个口语交际专题中的"小贴士"总计89条。我们运用语用学中的语境理论、合作原则、礼貌原则、言语行为理论对所有"小贴士"进行了统计分析（其中有7条"小贴士"分别涉及两种语用学理论，所以统计中呈现的"小贴士"总计有96条）：语境理论出现了18次，合作原则、礼貌原则分别出现了31次，言语行为理论出现了16次。这四种语用学理论的实际占比情况，如图3-1-1-1所示。

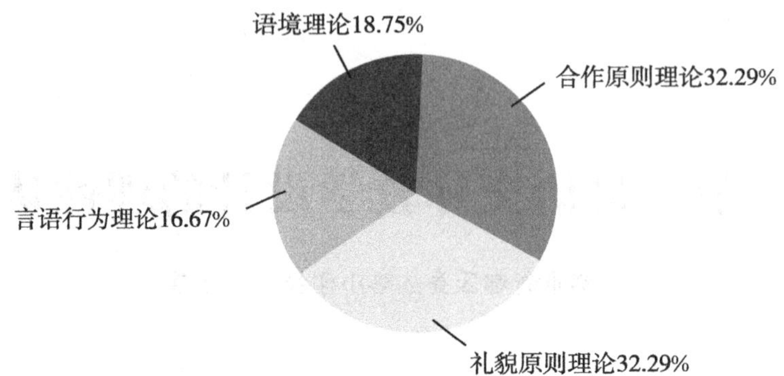

图3-1-1-1　统编版教材口语交际专题中"小贴士"语用学统计图

基于以上发现，蚕丛路小学语文组以一年级学生为教学对象，以"玩耍"这一小孩子喜闻乐见的主题设计口语交际课例。

第二节 "五学五导生长课堂"口语交际的源动力

成都市新都区蚕丛路小学校 陈昱蓓

一、培养学生学力的必经之路

学校着力于在课堂中培养学生"观察、倾听、表达、思考、合作"五项学力，从学习能力与方法两方面促进学生发展。而在该项学力培养的过程中，我们发现，低年级孩子的心理发展阶段依然处于以自我为中心阶段，孩子们上课时存在着只关注自己而忽略他人的情况，倾听能力还有所欠缺。

同时，低年级学生的语言系统尚未发育完善，学生在平时表达的过程中经常会出现语言混乱的情况。在学生课堂表达过程中，我们发现，低年级孩子自信心不足，回答问题时声音较小，缺乏在课堂中表达自我的欲望和能力。基于以上学力分析，培养学生的倾听能力，提升学生的表达能力是低段教学中急需解决的关键问题。

二、落实口语交际的根本举措

"听、说、读、写"是学生语文的基本素养，因为"口语交际"在各类考试中并没有办法体现，在大多数情况下，口语交际都在语文教学中被"打入冷宫"。老师在平时教学中并不是非常在意口语交际，学生也没有在课堂中得到真正意义的口语交际训练，因此，我们的口语交际教学一直被忽视着。

新课程改革理念下的语文教学为学生提供一个温馨和谐的人文环境。在教材中，可以看到许多精细周到的且与小学生的生活息息相关的口语交际训练，这也适应了未来信息社会的需要。只有拥有较强的口语交际能力，才能在未来社会的人际交往中游刃有余。因此，我们必须重视口语交际训练，为孩子未来走入社会打好基础。

从培养学生的学力出发，以落实口语交际的教学目的为导向，学校开始探索"生长课堂"模式下的口语交际策略探索，旨在让低年级学生有表达的欲望，重构其表达的信心，建构其倾听习惯。

三、"五学五导生长课堂"口语交际的火花

口语交际不仅需要学生具有良好的听说能力，还要具有良好的举止言谈、临场应变、表情达意等多方面的能力和素养。可见，培养学生的口语交际能力是小学语文教学的重要组成部分，必须受到教师的高度重视。作为语文教师，就要遵循新课改与素质教育的要求，将口语交际教学作为教学重点，积极转变自身的思想观念，创新、优化自己的教学方法，在循序渐进中培养学生的口语交际能力。而学校的"生长课堂"正是从培养学生的能力出发，以发展的眼光设计课堂，以幸福的路径开展教学。

口语交际与人们的日常生活具有紧密的联系，也是学生需要掌握的基本技能。在小学低段语文教学中，教师要能够结合教材的内容，尊重学生身心发展的规律，创设出多样化的教学情境，激发学生口语交际的兴趣。让学生在参与实践活动中，不断提升自身的口语表达能力，促进学生语言素养的提升与发展。

口语交际旨在让学生在真实的交际情境中提升表达、倾听能力；生长课堂旨在促进学生的深度学习，激发学生的学习欲望，诱发学生内心的学习动机。当口语交际遇见了生长课堂，就碰撞出了奇妙的火花。

第二章

“五学五导生长课堂”口语交际模式及设计

领衔教师：成都市新都区蚕丛路小学校　陈昱蓓

“口语交际”到底能不能建立基本模式？教学设计有没有规律可循？陈昱蓓领衔的几位工作室小伙伴深度追问，在查阅了大量的文献资料后，进行了为期两年的实践，既取得了理性认识成果，又建构出实际的操作模式，其取得的阶段性成果得到了专家和一线教师的高度认可。

第一节 "五学五导生长课堂"的口语交际模式

学校低段语文组紧抓生长课堂的核心内涵，同时精心研读小学低段《语文课程标准》中对口语交际模块的基本要求，设计了"一起游戏吧"口语交际2+N课堂模式。

"一起游戏吧"从学生最真实的内心欲望"玩"出发，给学生设置情境：邀请同学一起玩游戏。让学生在课堂上真正地去邀请同学玩游戏并真正地玩游戏，在最真实的情境中塑造课堂氛围，让每个学生参与活动，进行口语表达训练。

基于"生长课堂"的理念，为了培养学生的核心素养，从儿童视角出发，依据"生长课堂"教学模式，以学习发生的本源为出发点，激发学生的学习兴趣，激发教师的教育热情，开展口语交际教学。

口语交际"一起游戏吧"以创设真实的交际情境，让学生在情境中学习交际方法，并将其运用到实际生活中，形成了"创情境—学方法—用方法"的生长课堂——口语交际模式。

一、激活欲望，发现问题——让学生划起善于交际的"桨"

以学生日常生活中喜闻乐见的"游戏"为主题，创设"瑞瑞"遇到困难的情境，从学生平时交际的真实情境出发，激发学生参与课堂的热情，激活学生进行口语交际的欲望。

二、激荡思维，发现方法——让学生撑起善于交际的"篙"

在"游戏"情境中，引导学生帮助"瑞瑞"解决问题，在问题中学会与人交流的方法；在游戏体验中，让学生学会运用顺序词使自己的表达更清晰。在尝试过程中教师激荡思维，促使学生发现方法，让学生学会口语交际的方法。

三、激励评价，发掘潜能——让学生扬起乐于交际的"帆"

教师引导学生将自己学到的方法运用到真实情境中，组织学生参与新游戏，让学生将知识活学活用。邀请他人玩游戏，并把游戏规则讲解清楚，教师及时给予评价，学生进行自我评价，激励学生运用口语交际的技巧。生长课堂口语交际模式图，如图3-2-1-1所示。

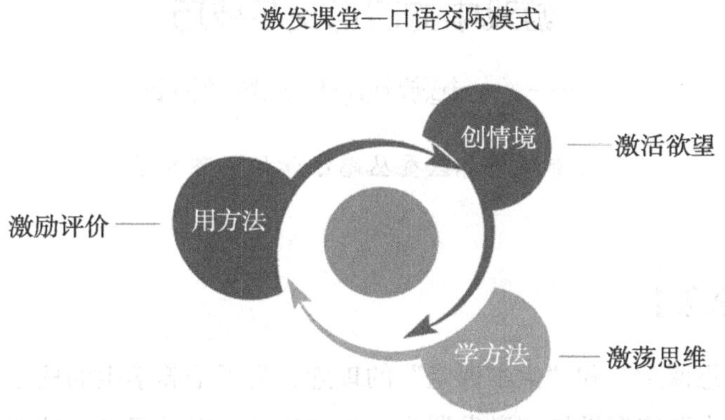

激发课堂—口语交际模式

创情境 —— 激活欲望

激励评价 —— 用方法

学方法 —— 激荡思维

图3-2-1-1　生长课堂口语交际模式图

学校低段语文组从2021年3月潜心研究"生长课堂"模式下的口语交际课堂。学校老师研发设计课程，结合"生长课堂"理念，使课例"一起游戏吧"经过反复的打磨和修改，在全校脱颖而出，于2021年8月的"生长课堂"高峰论坛中初露头角，获得成都市、新都区、成都大学专家和老师的一致好评。

第二节　口语交际教学设计的教学案例

游戏中的口语交际技巧

——《一起游戏吧！》教学设计

成都市新都区蚕丛路小学校　陈昱蓓

【设计理念】

基于"理想课堂"和"生本课堂"的理念，为了培养学生的核心素养，从儿童视角出发，本堂课依据学校"激发课堂"教学模式，以学习发生的本源出发，激发学生的学习状态，激发教师的教育热情，开展口语交际教学。

要创设真实的交际情境，让学生在情境中学习交际方法，并将其运用到实际生活中，形成"创情境—学方法—用方法"的激发课堂—口语交际模式。

【学情分析】

经过一年的小学学习生活，学生已具备一些系统的口语表达学习技能，在日常家庭生活和人际交往中已能简单地说出一件事情，这为本堂课打下了一定的基础。但根据其年龄特征，这一阶段的学生语言的组织能力和逻辑思维能力还不是很强，在说一件事情的时候往往会出现表达含糊不清等问题。所以根据学生的实际学情，本堂课的教学重点放在了借助表示先后顺序的词使自己的表达更清楚、更有逻辑上。用创设情境和情境互动等活动形式把学习内容串联起来，让学生积极地参与到活动中来，进而提高学生的口语表达能力和形成与人建立良好关系的意识。

【教学目标】

1. 使学生邀请别人时能用上适当的礼貌用语，有礼貌；学会尊重他人意愿，掌握适宜的交际方法。

2. 学生能借助"首先、其次、然后"等表示先后顺序的词，使自己在介绍游戏规则的时候表达得更清楚、有逻辑。

3. 学生勇于表达，乐于表达，在日常口语交际中建立良好的人际关系。

【教学重难点】

教学重点：让学生借助表示先后顺序的词语使自己的表达更清楚、有逻辑。

教学难点：使学生勇于表达，乐于表达，在日常口语交际中建立良好的人际关系。

【教学准备】

PPT、板贴、游戏素材。

【教学过程】

（一）愿意学——激活欲望：创设情境

师：同学们，现在还没有开学，今天邀请你们来，是因为我们的倪恒瑞在暑假的时候遇到了一件烦心事，他想请你们帮帮他。具体是什么事让我们一起来看看吧。情境1：（现场表演）

瑞瑞想邀请朋友玩游戏，但他不仅没礼貌，还偏要同学和他玩，同学拒绝了他。瑞瑞心里很难过，大家帮他找找原因。

瑞瑞：他们为什么不和我玩？你们能不能帮帮我呀？

"学"的策略：学生观看情境片段。

"学"的预设效果：在现场情境表演中，学生以放松、愉悦的心境进入课堂情境。

"导"的目的：激发学生想要帮助瑞瑞解决问题的欲望，对本节课产生浓厚兴趣。

"导"的策略：以现场情境为载体，引导学生带着兴趣进入问题情境。

"导"的效果：激发学生浓厚的学习兴趣，有帮助瑞瑞解决问题的意愿。

认真观看情境1表演，进入课堂情境。

开动脑筋，思考为什么朋友们不和瑞瑞玩。

（二）学会学——激荡思维：学方法

"学"的策略：学生根据情境和教师的追问思考，在情境中尝试表达和练习。

"学"的预设效果：让学生理解礼貌用语在交际中的重要性，并会将其运用到口语交际中。

1. 学生活动：邀请别人时，有礼貌，懂尊重

（1）积极思考老师的问题，并大胆说出自己的想法。

预设：

生1：他没有礼貌。

生2：他说话的时候没有说礼貌用语。

并让学生说说自己还知道哪些礼貌用语。

预设：

生1：请、你好。

生2：还有谢谢、对不起。

……

（2）学生发现瑞瑞不尊重他人，强迫别人和自己一起玩游戏。示范自己会如何邀请别人。

预设：

生1：别人不想和他玩，但他偏要别人和他一起玩，他不尊重别人。

生2：别人拒绝了就应该不要去打扰别人了。

（3）跟随老师一起回顾知识。

（4）学生运用学到的知识点教瑞瑞该如何邀请别人一起玩游戏。

预设：

生：瑞瑞，你应该这么说：你们好！我想邀请你们和我一起玩游戏好吗？

2. 教师助学活动：邀请别人时，有礼貌，懂尊重

"导"的目的：让学生在解决瑞瑞的问题中懂得"邀请别人要有礼貌，尊重别人的意愿"。

"导"的策略：根据情景追问，创设交际情境，引导学生示范表达。

"导"的效果：学生能在交际中运用礼貌用语，能教会"瑞瑞"礼貌地与人沟通。

（1）师提问：同学们都不想和瑞瑞玩，你们觉得是为什么呢？（引导学生关注学习礼貌用语及语境使用）（师板书相应礼貌用语）

（2）师继而追问：还有别的发现吗？（引导学生要尊重他人意愿，不强迫别人）

师：（面向身后同学）如果是他这么邀请你，你会和他一起玩吗？

（3）师带着学生小结：我们在邀请别人的时候要有礼貌，可以用一些礼貌用语；如果别人拒绝了，也要尊重别人。

（4）师再次引导学生口头表达，巩固知识点。

3. 学生活动：介绍游戏，用上表示顺序的词语让表达更清楚

"学"的策略：让学生观看游戏视频；小组讨论游戏规则；尝试运用顺序词表达。

"学"的预设效果：学生能够熟练地运用顺序词把游戏规则讲解清楚。

（1）随着情境继续观看情境表演。

（2）带着好奇的心理倾听。

（3）运用刚才的知识点（礼貌、尊重）邀请"游戏精灵"来帮助我们。

预设：

生：游戏精灵你好！现在我们遇到了困难，想邀请您来帮帮我们，可以吗？

（4）观看"贴鼻子"游戏视频。

（5）小组合作讨论：这个游戏到底怎么玩。

独立思考梳理自己的看法，并和自己的同桌说一说自己的想法。

预设：

生：先在黑板上画一张脸，但是不能画鼻子。然后手里拿着鼻子蒙上眼睛转三圈，最后走过去把鼻子贴在正确的地方。

展示介绍"贴鼻子"的游戏规则，其他同学进行评价。

预设：

生1：他说话的时候声音很洪亮，我们都听到了。

生2：他把游戏的步骤说得很清楚，我们都听懂了。

（6）认真倾听老师的评价和引导，学习顺序词及其妙用，同时再分享自己积累的其他顺序词。

生1：有"首先、其次、然后、接着、最后"。

生2：还可以说"第一、第二、第三、第四"这样的词语。

（7）学生再次尝试加上顺序词来说说"贴鼻子"的游戏规则。

（8）学生和老师一起总结关键知识。

4. 教师助学活动：介绍游戏时，用上表示顺序的词语让表达更清楚

"导"的目的：让学生理解"顺序词"在表达中的重要性，并积累常用的顺序词并将其运用在平时的交际中。

"导"的策略：引入"游戏精灵"人物；引导学生在视频中发现游戏的规则；组织小组讨论，引导学生尝试表达。

"导"的效果：引导学生能够熟练地运用顺序词介绍游戏，游戏规则说得清楚、有逻辑。

情境2（现场展示）：

（1）瑞瑞再次有礼貌、声音适中地邀请别人，但在介绍游戏时别人听不懂。

（2）师引导：瑞瑞又遇到困难了。这个游戏老师也没有听懂，不过游戏精灵（师2）可以帮助我们。谁能用刚才学到的方法来邀请她帮助我们呢？

（3）学生邀请"游戏精灵"。（注意礼貌用语和音量）

（4）师2："你们又热情又礼貌，我很高兴能来帮助你们。让我们一起来看看这个游戏怎么玩吧！"（播放贴鼻子游戏视频）

（5）小组合作：①学生自己梳理一下游戏的玩法，教师相机指导；②请小组代表上台展示，并随机邀请学生进行点评。

（6）师以评促思：同学们你们发现他的介绍中有一个特别清楚的地方了吗？他用了"首先、再次、然后"这样的词语顺序词。如果我们在说话的时候用上一些顺序词，我们说的话就会更清楚，别人也能听得更明白。那你还知道哪些顺序词呢？

（第一、第二、第三……）

（7）师提问：那你能不能加上顺序词，把"贴鼻子"的游戏玩法再清楚地说一遍？

（8）师和学生一起小结：通过你们的讲解，老师明白了这个游戏的玩法，也知道了顺序词能够有助于表达的清晰。瑞瑞你学会了吗？

瑞瑞：我学会了。我要和小伙伴们去玩游戏了，谢谢你们。

（三）深度学——激励评价：用方法

"学"的策略：让学生小组讨论交流；体验游戏；自我评价总结。

"学"的预设效果：各小组进行个性化游戏活动，再次强化学生口语表达能力，让学生明确本堂课知识要点并熟练掌握口语交际基础技能。

（1）每个小组认真观看本组的游戏视频。

小组讨论：想一想，怎么介绍游戏的规则？

预设：各小组在观看游戏视频后，积极地运用本堂课所学知识展开交流讨论。

（2）学生邀请老师一起玩游戏：用礼貌用语邀请老师，并用顺序词给老师把游戏规则说清楚。

预设：

片段1：

生1：老师，您好！我是×班×××，我可以邀请您一起玩"嘴巴手指不一样"的游戏吗？

师：当然可以呀。但我不会怎么办？

生1：我可以教您。首先，我们嘴巴只能说5以内的数字；其次，我们同时要用一只手比画出不一样的数字；最后，谁的手比画出了和嘴巴说出的一样的数字，谁就输了。老师您明白了吗？

师：明白了。

生1：那我们一起玩吧。

片段2：

生2：老师，您好！我是×班×××，我可以邀请您一起玩"嘴巴手指不一样"这个游戏吗？

师2：不好意思，老师现在有点事，没有时间噢。

生2：没关系的，老师您先忙，再见！

（3）小组与老师玩完游戏后回到座位，学生自评，说一说刚才玩游戏过程中自己的感受，可以是好的方面，也可以是需要改进的方面。

（4）倾听游戏精灵对老师的采访，将教师评价与自己表现对比，发现自己的优缺点。

预设：

生1：我觉得自己表现得挺好。因为我在和老师交流玩耍的时候用到了课堂上所学的知识。

生2：我觉得自己表现得不太好，因为我和老师玩完游戏后忘记和她说再见了。

（5）回顾课堂重要知识：让学生学会完整、清楚地介绍游戏规则；在和他人的交谈中，要礼貌热情，并积极应答。

"导"的目的：引导学生把在上个环节中系统地习得的知识再次运用于游戏和现实情境中，不断内化和强化，以熟练掌握该知识点。

"导"的策略：播放视频；组织学生小组讨论；创设交际情境，组织学生参与活动；以评促学。

"导"的效果：组织学生在新的情境中大胆地运用所学知识（有礼貌，懂尊重；顺序词）。

师过渡语：瑞瑞去玩游戏了，小朋友们你们想玩游戏吗？

游戏精灵给大家准备了一个惊喜，你们准备好了吗？

师2发布任务：

（1）给每个小组出示提前准备的游戏视频，孩子观看游戏视频，并小组讨论怎么介绍游戏规则。（嘴巴手指不一样：嘴巴说5以内的任一数字，同时一只手比画不同的数字。比如嘴巴说3，手指可以比1、2、4、5，就是不能比3）

（2）学生寻找现场的老师，邀请老师后并给他讲解游戏规则，和他一起玩，任务完成的学生可以获得老师的一枚贴纸。

（学生有秩序地与老师互动）

（3）小组与老师玩完游戏后回到座位，学生自评，说一说刚才玩游戏过程中自己的感受，可以是好的方面，也可以是需要改进的方面。

（4）游戏精灵随机采访参与游戏的老师，采访刚才的同学是否用上礼貌用语，是否用顺序词把游戏规则介绍清楚。并请老师夸一夸学生，或给出改进的建议。

（5）结合板书引导学生回顾反思本堂课习得了哪些知识和技能，并引导学生从游戏情境拓展到生活情境中去。

口语交际中的智慧

——《商量》教学设计

成都东部新区周家学校　朱柳洁

【教材分析】

交际《商量》是语文部编版教材二年级上册第五单元的教学内容，教材借助贴近学生生活的交际情境引出话题，利用三个泡泡图提示学生商量时要注意的问题。其设计了与同学和他人商量的两个具体情境，唤醒学生的生活经验和情感体验，引导学生用恰当的方式与人商量，解决实际问题。"小贴士"提示了与人商量事情的注意事项。

【学情分析】

在日常生活中，我们经常需要与他人商量事情，使用恰当的方式与他人进行商量是我们不可或缺的交际能力。二年级的学生对口语交际并不陌生，已经积累了一些口语交际的经验，明白仪态、声音大小等的基本要求。但是，对于具体情境下语言的组织和语气的表达还不熟练。

【教学目标】

1. 学生能用商量的语气和别人商量事情。
2. 学生在商量时，能说清楚自己的想法。
3. 学生面对成功和被拒绝两种不同的结果，都可以礼貌地回应，为他人着想。

【教学重点】

让学生明白与人商量时的注意事项，会用恰当的方式与人商量，解决实际问题。

【教学难点】

使学生能用恰当的语气，清楚地表达自己的想法。

【教学准备】

1. 教师准备：准备课件，录制音频，并将第一段音频发送到班级群，供学生预学。

附第一段音频内容：

小洁：老师！

老师：怎么啦？

小洁：唉，气死我啦！后天是我的生日，我打算早点回家庆祝，可正好那天该我值日。我想和小丽调换一下值日的时间，结果，她不同意！以后，我再也不和她玩了！哼！

老师：你可以告诉老师，你是怎么跟小丽说的吗？

小洁：我就说："喂，后天是我生日，我想一放学就回家庆祝，你替我做一下值日。"

老师：哦，那我知道是怎么回事了。这样，老师给你一条建议，明天，你再去找小丽试试。如果她还是不同意，也不要勉强，再找别的同学商量，好吗？

小洁：好！

2. 学生准备：认真听老师发送的音频，结合语文书上第67页的内容，想想小丽失败的原因，课上和同学交流。

3. 音频演员：

小洁：成都东部新区周家学校二年级（3）班曾洁（化名）。

老师：黄尤林名师工作室成都东部新区周家学校朱柳洁。

【教学时数】

一课时。

【教学过程】

（一）预学—诱导—自主生长（5分钟）

师：同学们，前几天老师遇到了一件非常有意思的事情，我已经通过音频把故事的开头发给了大家，你们都听了吗？大家想知道后续吗？

（1）师：第二天，小洁眉开眼笑地找到了老师。

（课件展示图片，点击播放第二个音频）

小洁：老师，您的办法真好，小丽同意了！

（2）师：从同学们的眼神中，老师看出了你们的好奇。是呀，是什么锦囊妙计，可以让小丽的态度发生这么大的变化呢？让我们一起来听听小洁第二次是怎么说的吧。

（课件播放第三个音频）

小洁：小丽，明天是我的生日，我想早一点回家庆祝，所以想和你调换一下值日时间。明天你帮我做，等你值日那天，我再帮你做，你看行吗？

（3）师：还记得小洁第一次是怎么说的吗？请你和同桌讨论一下小洁第二次成功的秘诀吧。

（课件展示小洁的两次话语内容）

师：你找到原因了吗？（请两名同学回答）

预设1：我发现第一次小洁很没有礼貌，第二次就好多了。

预设2：我发现第一次小洁的语气很不好，就像是在命令别人，第二次就好多了，是在问小丽同不同意。

师：是的，把自己的想法告诉别人，想获得别人的同意，这种做法就叫商量。

第二次，小洁通过和别人商量解决了问题。这节课我们就来学习如何和别人商量。

（板书或贴出课题：商量）

（二）对学—引导—自发生长（10分钟）

商量的注意事项。

师：同学们，商量的学问可不少呢。今天，老师请到了你们的好朋友小猪佩奇一家，来给大家做示范，请仔细听听佩奇是怎样跟爸爸妈妈商量事情的。

（播放视频）

请你小声读读佩奇的话，在学习小组内讨论一下，和别人商量时要注意些什么呢？

小组代表汇报：

预设1：我们小组觉得和别人商量时应该说清楚自己的想法。（板书：表明理由）

预设2：我们小组觉得和别人商量的时候应该说清楚这样做的原因。（板书：说清想法）

预设3：我们小组觉得和别人商量的时候说话要有礼貌。

预设4：我们小组发现佩奇每次商量都是用的问句。

师：你们观察得很仔细，佩奇每次都是用问句来表达商量语气。（板书：商量的语气）

说话的语气不同，表达的效果也不一样。那到底该怎样来表达商量的语气呢？请同学们对比读一读下面的句子，进一步体会。

课件展示：

明明，把你的马克笔给我用一下。

明明，可以把你的马克笔借我用一下吗？

天天，让开，挡着我路了。

天天，请你让一下行吗？

我们就在这里玩。

这里既宽敞又安全，我们就在这里玩吧，怎么样？

男生读每组第一句话，女生读每组第二句话，开始！

师：从刚才的对比中，你有什么发现吗？

预设1：我发现疑问的语气比较能表达商量的意思。

预设2：我发现"可以吗、行吗、怎么样"这些词语更容易让人接受。

师：对啊，我们还可以用上（课件展示）"能不能、行不行、好吗、请你、麻烦你、打扰一下"等，这些词语都有利于表达商量的语气。请你选择其中一个词语，说一句话，感受一下和别人商量的语气吧。（请两位同学回答）

师总结：通过刚才的学习，我们掌握了和别人商量的方法。下面，请同学们一起来读读书上第67页最下面的这两句话吧。（生齐读）

（三）展学—疏导—自觉生长（15分钟）

师：这就是商量的技巧。但学会了这些，并不意味着，每一次和别人商量都能成功。商量不成时，我们要像老师提醒小洁的那样，不勉强，或是想其他的办法去解决。（板书：不要勉强）如果你遇到下面的情况，你会怎样和别人商量呢？（课件展示书上第67页的题）

1. 请一位同学先来读一读题

请每个小组从中选择一个话题，一起商量商量吧，建议同学们分成功与不成功两种情况来练习。开始！（小组讨论8分钟）

2. 班内汇报

师：哪些小组选的是第一个话题，请举手。（请两个小组回答，分成功与不成功两种情况）

师：你觉得他们商量得怎么样？请你评一评吧？（请两个学生回答）

从大家的评价中，我们知道了与别人商量时，可能会出现别人不同意的情况。这时，我们要理解别人，不能发脾气或是耍赖等来勉强别人同意。我们可以想办法沟通一下或是再找其他人商量一下。（板书：表示理解、接受建议、为对方着想）

师：选择第二个话题的小组，请举手，汇报一下你们的商量情况。（请两个小组回答，分成功与不成功两种情况）

（四）评学—指导—自然生长（5分钟）

你觉得这两组同学商量得怎么样呢？（请学生回答）

（五）延学—辅导—自由生长（3分钟）

师：商量是双方的事，在商量时多为别人着想，可以让商量进行得更顺利。商

量在生活中每天都会发生，请你联系生活实际，想一想生活中你有什么事情需要和别人商量呢？请你跟大家说一说吧。（请学生回答）

（六）总结方法，引而不缚（2分钟）

师：我们遇到的很多事情都可以通过商量来解决。为了方便大家记忆商量的诀窍，老师编了一首童谣送给大家。我们一起读一读吧！

课件展示《商量诀》：商量技巧要记牢，询问语气是法宝。说清原因和想法，被拒绝后不气恼。学会宽容和理解，礼貌回应要做到。遇事大家多商量，增进感情少烦恼。

【板书设计】（分两块黑板贴）

商量	被拒绝了
表明理由	不要勉强
说清想法	表示理解
商量的语气	接受建议

为对方着想

第四篇 文以载道：“五学五导生长课堂”习作实践研究

受应试影响，为获取作文高分，有的学生揣摩老师心理，顺着阅卷老师的喜好写作，遮蔽了“用真心、抒真情、讲真话”的习作本质，用昧心的假话、空洞的大话和现成的空话装扮习作。怎样冲出重围，指导学生写出充满童心、童真、童趣的习作？如何谱写作文教学深层改革篇章？如何从“死胡同”找到新路？

自2020年5月，工作室成立以来，重点聚焦习作教学，根据自己所教年级组建研修共同体，分别组建低段“绘画与写话”研究共同体、中段“体验与表达”研究共同体、高段“评改与发表”研究共同体。每个共同体由子课题组长、学术秘书、宣传委员、纪检委员组成，各司其职，分工不分家。

建构学生需要的习作教学，是一切习作教学的出发点和归宿。每个共同体厘清“写作”概念，把握习作本质，引导学生关注生活，留心生活，捕捉生活瞬间，表达个人体验和思想感情。将习作与自然、音乐、美术、科学、体育等学科结合起来，丰富学生体验，开发充满生活滋味的习作课程，真正实现“做中学”，彰显“写真求实”的作文真谛。

第一章

让思维看得见：低段绘画与写话实践研究

领衔教师：成都市新都区蚕丛路小学校　吕　焱

绘画与写话，是上帝赐给儿童的最美礼物。低段语文老师大胆地进行了美术课程与写话整合的教学尝试，开辟了一条写话指导的蹊径，让学生学会表达，爱上表达，精于表达。

教育学家苏霍姆林斯基说："儿童是用形象、色彩、声音来思维的。"边写边画就是为了让孩子们自由顺畅地表达，像涂鸦一样，没有束缚，没有条条框框，让他们无拘无束地说他们想说之物，兴趣盎然地写他们想写的事、生活中的事、奇思妙想的事，表露真正的童真童趣。绘画与写话的美丽邂逅，让孩子们插上了想象的翅膀。

看！他们笔下的世界是那么的丰富多彩！他们将《听听，秋的声音》《小壁虎借尾巴》等课文转换成图画，进行故事续写；有的孩子续编了自己喜欢的绘本，将绘本中的故事继续画下去，继续写下去；还有的孩子写"绘画日记"，将"绘画日记"与生活紧密结合起来，画一画生活中的所见所闻，写一写今天令自己印象深刻的事。

将儿童绘画与习作表达整合起来，在写话与画画之间架起了一座桥梁，利用儿童绘画的"信手涂鸦"和自由表现的技巧，来擦亮低段学生写话表达中"看"的能力，将学生手中的"画笔"转变为"语言文字"表达出来，形成一种"诗中有画，画中有诗"的意境，让学生在画画与习作的整合中，享受习作乐趣。

教师们大胆改革，让绘画与写话经历美丽"邂逅"，预示着写话教法的改进与创新有着更广泛、更深层次的拓展空间。让我们不断探索，不断总结，让"画·话作文"教学开出更加美丽的花！

第一节 "画·话"提升低段学生写话能力的实践研究

成都市新都区蚕丛路小学校 黄尤林 吕 焱

要根据低段学生形象思维发展的实际情况，将"画画"与"写话"结合，引进写话教学，先画后写，以画促写，科学有序地进行写话教学，激活学生思维，开阔学生思路，让学生画出心中画，写出心中话，把孩子们生活的激情引导到画画写话上来，促使学生写话兴趣的萌芽，提高学生的语言表达能力，有效激发他们的写话灵感与热情。

俄国文学大师托尔斯泰也说："好作品是从作者心灵中飞出来的歌。"但是以下问题依然普遍存在于当前的写话教学中：学生积累不够，无话可写；缺乏兴趣，表达不畅；内容空洞，缺少想象；引导太多，束缚手脚；要求生硬，难表真情。

《义务教育语文课程标准（2022年版）》对低段写话提出了明确的要求："对写话有兴趣，写自己想说的话，写想象中的事物……"我们要打通从口头语言到书面表达之路，鲜明地倡导写话要以兴趣为首，为孩子提供自由空间，并让孩子从中得到乐趣，真正实现"易于动笔，乐于表达"的目标。

一、不识庐山真面目——探寻"画·话"由来

在日常教学中，我发现低段的孩子擅长形象思维，很爱画画，他们在课后或是自由活动时间也经常会选择画画。因为画画的时候，他们的想象得以驰骋，可以自由自在地、随心所欲地作画。孩子们对图文并茂的画报之类的任务特别感兴趣，对涂画也表现出浓厚的兴趣。其实这种涂画不仅是儿童"自我表白"的早期行为，也是儿童早期作文的一条心理规律。生活中，"儿童是用形象、色彩、声音来思维

的”（苏霍姆林斯基语），作家秦牧也曾说过：“绘画可以说是用线条和颜色来表现的文学，文学也可以说是用文字来表现的绘画。”由此可见，画画与写作本来就是共通的。

介于学生的实际情况，依据自己教育教学中遇到的实际问题，我试图探索“画画”与“写话”的关联，将画画的特点引进写话教学，让学生先画后写，以画促写，科学地、有步骤地进行写话教学，从而激发学生创作的兴趣，让学生画出心中画，写出心中话。

二、吹尽狂沙始到金——挖掘“画·话”内容

“画·话”是构建课内外联系、校内外沟通、学科间融合的低段写话教学体系。因此，我主要从本班学生的共读书目、语文教材和生活经历三方面来挖掘“画·话”内容，让学生有内容可画，有内容可写。

（一）活用教材

教材是基础的、内容丰富的写话资源，我们灵活运用手头上现有的素材，可以调动学生写话的积极性，开启学生的写话之门，把学生带入兴趣写话的奇妙境界，使学生愿写、乐写。

1. 借助插图

我国著名教育家叶圣陶先生说：“图画不单是文字的说明，且可拓展儿童的想象。”部编版语文教材中有大量图文并茂的文章，插图往往是一篇文章的“特写镜头”，有的再现课文主要内容，有的呈现故事高潮，有的塑造主人公的形象……我在写话教学中充分利用插图，或启发学生根据插图重新创编故事，或引导学生身临其境地畅谈感受。

一年级下册第四单元有一篇课文《彩虹》，文章结构一致，插图与第2、4自然段内容紧紧相连。学完这节课后，我提出疑问：“彩虹还像什么？”学生充分发挥想象力，交上来的“画·话”作品色彩鲜艳，富有童趣。

2. 整合主题

语文教材每个单元都有相应主题，这些主题都是学生进行“画·话”绝佳的训练点。有了课文的支撑，这类创作对学生而言难度相对较低。

如学完二年级上册第一单元《大自然的秘密》中的《小蝌蚪找妈妈》《我是什么》《植物妈妈有办法》三篇课文，我便让学生了解他想知道的大自然的秘密，并完成“画·话”。兴趣驱使之下，孩子们查阅资料，通过自己的能力创作了一个个

让我惊喜的作品。

3. 巧用关键词

二年级上册第三单元的阅读训练要素其中一点是"借助字词，尝试讲述课文内容"，所以我有意识地在一、二单元教学时便开始渗透关键字词的提炼和运用。

《小蝌蚪找妈妈》一文的文章脉络十分清晰，我教学时紧紧抓住"长后腿""长前腿""尾巴短""变青蛙"，引导孩子们了解蝌蚪变青蛙的过程。课后也布置了"画·话"，让孩子们完成后根据自己的"画·话"作品把《小蝌蚪找妈妈》的故事讲给家人听。

（二）联系生活

"生活犹如源泉，文章犹如溪水，源泉丰盛而不枯竭，溪水自然活泼流个不停。"叶圣陶如是说。丰富多彩的日常生活是画画、写话用之不竭的资源。写话不仅在课堂上，更在变化无常的实际生活中，只有认真体验、感触生活，写话才不会空洞，才能"我手写我口，我口说我心"。因此，写话必须与学生的实际生活紧密结合，让学生多观察，多留意，随时记下自己的感受，形成积累，这样的写话才会有声有色。

1. 关注活动

在日常的教学中，学校、班级经常会开展一些学生感兴趣的活动，在活动中学生能享受快乐，在快乐中能激活思维，以促使学生想把活动用语言表达出来。

一年级下学期的社会实践活动结束后，我安排了学生完成"画·话"，有的学生画了他们"毛毛虫"比赛，有的画了"捏泥巴"，有的画了"急救知识"……通过看学生的作品，我真真切切地感受到了学生参与活动时的快乐。

2. 描绘想象

爱因斯坦曾说过："想象力比知识更重要，因为知识是有限的，而想象力概括着世界的一切，推动着世界的进步，它是人类进步的源泉。"心理学研究也认为，想象的过程是大脑中改造记忆表象、创造新形象的过程，它伴随着学生的情绪参与，显示出多样性。我们应创设环境，传授方法，相机引导，让学生插上想象的翅膀，沿着相应的方向去联想，去补充，去发展，画自己想象中喜欢的事物，然后进行说话、写话。

今年九月，借着画科幻画的契机，我让孩子们对自己的创作进行文字描述，形成了一篇篇贴近儿童生活的科学小论文。

3. 留心周围事

孩子们每天都耳闻目睹家庭生活、校园生活中的点点滴滴，每天都能亲身体会同伴之间的交往。生活给孩子们带来欢笑，带来惊喜，带来挫折，带来五彩缤纷的收获。

我鼓励学生写"画·话日记"，让学生将"画·话日记"与生活紧紧结合起来，画一画生活中的所见所闻，话一话当天令自己印象最深刻的事。我们凭借画画这一手段把孩子头脑中浮现的"情景"定格下来，提高孩子写话的积极性，让学生逐渐明白要写什么，继而将生活通过"画·话"的形式记录下来。

（三）共读书目

绘本作家玛格丽特·怀兹·布朗说："我们总是自然地就会说话，但我们要用一生的时间来学习自然地写作。"图文并茂的童书便是倾注了作家一生所学的"自然写作"，总能淋漓尽致地表现童言的自然稚拙、天真无邪与智慧灵性。我根据学生的年段特点，每学期为孩子们选择五本共读书目，并在共读书目中找到合适的训练点让学生进行"画·话"练习。

1. 延伸留白

文学作品中，不少作者为了给读者留下发散思维的空间，设置了"留白"，让读者循着他们的思路去思考，甚至发挥想象，这种心理过程在一定程度上具有无中生有和无中胜有的效果。所以我们要独具慧眼，恰到好处地挖掘书中的留白处，放飞学生想象的翅膀，培养学生创造想象力。

一年级上学期，我们班孩子共读《我有友情要出租》，书的最后，大猩猩的好朋友咪咪搬家了，大猩猩将树叶上的字变成了"我有友情免费出租"，然后继续等待好朋友。它究竟能不能等到下一个好朋友呢？这是作者设置的留白，我利用这一留白，布置了"画·话"。由于刚开学不久，孩子们的识字、写字量有限，歪歪扭扭的书写也隐藏不了他们的用心，毕竟他们写出了自己想说的话，表达了自己对生活的发现和感受。

2. 分析人物

童书中的人物往往是动物或者是虚构出来的，这也能极大程度地引起学生的构想，"画·话"内容能让学生畅所欲言地表达自己对某个人物的想法并阐述原因。

一年级暑假，我布置了共读《了不起的狐狸爸爸》的任务，此书中的人物狐狸爸爸、狐狸妈妈和三位农场主特点明显，学生能找到很好的写话点进行"画·话"。

3. 聚焦转折点

童书中有不少跌宕起伏的情节，这些情节恰好也是最容易引起争论的部分，也非常容易引起学生的思考与设想。

《小猪唏哩呼噜》中的主人公唏哩呼噜被大狼叼走，要被分成块放进小狼宝宝的肚里，他并没有怕，而是巧妙地逃脱了大狼的手掌心，还战胜了要吃掉小狼们的月牙熊，成功地保护了小狼们。在这种让我们的心都跳到嗓子眼的转折点中，能引起孩子们的"画·话"兴趣，孩子们的作品中有的给唏哩呼噜出点子，有的赞美唏哩呼噜的机智，有的发挥想象续编故事……

三、操千曲而后晓声——指导"画·话"方法

积极开设"绘画写话"指导课，对学生进行选材、用词、写话方法和技巧、标点符号等方面的指导，让学生习得方法，获得能力，能更好地进行"画·话"练习，以达到量中有质的效果。因此，我探索、设计的"画·话"教学的操作流程是：确定主题—选择素材—引导构思—想想说说—展示交流。

（一）确定主题

每一次的"画·话"，我都精心选择主题，从共读书目、教材内容、生活经历三项中选择一个最符合现阶段学习的主题。

（二）选择素材

素材的选取、准备，思路的引导、整理，都需要我们进行辅助引导，为此我让学生小组交流，动脑想一想，动口说一说，在进行全班交流，给思维堵塞的孩子提供一些思路，也对一些孩子的创新点进行表扬。

（三）引导构思

主题、素材确定好以后，接下来就要选取一个画面画下来。这时候的画面一般用简笔画就可以了，把自己最想展现的内容先画出来，画面旁边可以简单写几个关键词，剩下的就留给孩子们课后去精心补充。

（四）想想说说

在充分构思的基础上，学生根据画面和关键词梳理要表达的内容，从简单的一句话到一段话，从一段话到一篇小文章，这样孩子们便自然而然地进入了文字创作之中。

（五）交流展示

课上的时间总是有限的，具体细致的"画·话"只能放在学生的课后时间。学

生创作结束后组织小组进行交流，评选出组内最好的作品，再在全班进行展示。

四、删繁就简三秋树——丰富"画·话"形式

丰富多彩的形式才能使学生保持长久的积极性，以下三种是我进行"画·话"训练常用的形式。

（一）画画写写

这是我最常让学生使用的方式，让学生用自己喜欢的创作方式根据主题和所选素材画出心中画，涂上自己喜欢的颜色，再把所画内容描述出来。

（二）贴贴写写

让孩子们动手剪一剪，再贴一贴，或者使用树叶、树枝等制作出来的贴画也能成为学生"画·话"的作品，学生在动手剪、贴的过程中也能萌发许多写话的创新点。

（三）捏捏写写

我观察到美术课上孩子们有时会用到超轻黏土来进行创作，因此有时我们班的"画·话"也会用到这种方式。

比如在上口语交际《有趣的动物》这一课时，我就让学生用黏土捏出自己觉得最有趣的动物，再说有趣在哪里，学生把动物最有趣的地方捏得格外明显，让大家一看就知道他要介绍动物的哪一方面。

五、领异标新二月花——"画·话"的评价

"人性中最本质的属性是想得到别人的赞赏。"所以，对学生的"画·话"作品的评价，我一般采用正向的评价，打心底本着激励的原则进行，不断发现他们的进步，挖掘他们每一次创作的亮点。

（一）生自评

每一次学生"画·话"完成后，我都请学生对自己这一次创作的准备、过程及结果打星，并对自己说一句话。

（二）家长评

学生在自评之后，我鼓励孩子们主动把自己的作品说给家长听，邀请家长与他们共享"画·话"的乐趣，并倡议家长都对孩子的表现说一句鼓励的话。

（三）生互评

一般情况下，我会抽时间让小组成员之间互相交换作品，安排合作交流、互

相评价的环节，开展"寻找闪光点"的评议活动，不仅在合作中提高学生的写话能力、欣赏能力，同时还很好地培养了学生的合作意识和能力。

（四）大众评

在学生互评环节我让学生选出自己小组最好的作品，进行班级外墙展示，让其他教师、其他学生都能进行评价。有这样一种展示的机会，无疑给了学生一种隐形的、向上的动力。

"画·话"训练，充分利用孩子爱"想象和幻想"这个思维优势，不断创设展开想象的机会，进行形式多样的写话创作训练，让孩子的想象力得到更充分的发挥，并得到进一步的发展和提高。"画·话"前，学生通过阅读童书，了解其中的故事情节与内容，还引起情感上的共鸣，使他们的思想、情感接受了洗礼。"画·话"作品的创作过程便成了一个良好的自我教育过程，故事潜移默化地使孩子们关注身边的事物，并且更懂得关心、体谅身边的人和事。"画·话"在学生能说会读的基础上为培养学生的表达能力提供了良好的训练平台，也是学生思维能力和语言组织能力的体现，更是提高了孩子们说与读的能力。

愿写、乐写是低年级写话教学追求的根本目标，"画·话"便是顺应了学生心理发展的特点，使学生的写话过程由"要我写"变成了"我想写"，让写话成了一种享受、一种乐趣，这样写话作品自然而然成了"童心、童真、童趣的流露"。

第二节　写话"生长课堂"教学模式的具体实施

绘画与写话的邂逅

——以《夏天的歌》为例

成都市新都区利济学校　包　俊

以"学为中心理念下的生长课堂"为核心思想，以低段写话《夏天的歌》为例，通过"画·话"生长课堂教学模式，实现目标的达成。

【教学目标】

1. 让学生正确、流利、有感情地朗读诗歌，根据诗歌特点，总结写话的方法。
2. 学生能找到夏天的典型事物，抓住特点，先画后仿照儿歌将夏天的特征写具体。
3. 使学生了解夏天的特点，喜欢夏天。
4. 让学生做生活中的有心人，爱阅读，爱观察。

【教学重难点】

教学重点：让学生根据三首诗总结方法，并运用三种方法写诗歌。

教学难点：让学生抓住夏天典型事物的特点，"画·话"诗歌。

【教学准备】

1. 教师：PPT、前置性学习单、"画·话"稿纸、卡纸、展示贴、投票贴纸。

2. 学生：根据预学单预学。（图4–1–2–1）

《夏天的歌》大闯关

姓名____________ 班级____________

【第一关】我会读

1. 这四首小诗我一共读了______分钟，每首我都读了______遍。

2. 在读的过程中，我遇到了这些不认识的字____________________，我通过____________________方法解决了这些读写有困难的生字。

【第二关】我思考

1. 我发现这四首小诗都是描写____________________的。

2. 我还不明白的是____。

【第三关】我知道

1. 我知道夏天的事物有____。

2. 我知道夏天的特点是______________________________。

图4–1–2–1 《夏天的歌》预学单

【教学过程】

（一）激发愿望

（1）教师展示谜语诗歌，学生自由朗读诗歌，并尝试猜谜。

（2）教师指导学生朗读后，同桌对学猜谜。

（3）教师组织学生交流谜底，分享谜底并阐述依据。

（4）小结并板书课题。

（二）疏导方法

（1）小组检测诗歌预学情况，并选择一首练习朗读。

（2）教师设置闯关环节，结合学生预学，逐篇有重点地教学三首诗歌，并疏通相应的方法：找事物、抓特点、说具体。

生小组合作学习，完成闯关，找到青蛙诗人写诗的秘诀。

第一关：寻找夏日美景（找事物）——《夏夜演唱会》。

第二关：发现美景奥秘（抓特点）——《会飞的小星星》。

第三关：畅绘夏天之美（说具体）——《夏天真好玩》。

课堂任务单见表4-1-2-1。

表4-1-2-1 《夏天的歌》课堂任务单

文本	事物	特点
《夏夜演唱会》		
《会飞的小星星》		
《夏天真好玩》		

（三）指导"画·话"

（1）青蛙诗人出场，创设举办选举"夏天小诗人"的比赛情境。给学生播放歌曲《童年》，提示夏天的事物，并指导学生回顾学法（找事物、抓特点、说具体）。

（2）师设置诗歌大会的闯关任务。

第一关：小组讨论

① 找事物：观察大自然王国，借助预学单第三关，发挥你的想象力。

② 抓特点：抓住事物最明显的特征。

③ 写具体：口头说一说你如何将事物写具体。

各小组根据关卡提示完成"画·话"前的讨论：确定事物，分析事物特点，明确怎样把事物说具体。

（3）教师布置任务，设定时间，宣布"画·话"开始。

第二关：共同创作

① 分工明确，两人画画，两人写话。

② 创作完展示交流。

学生小组分工，合作完成"画·话"。

（4）教师协助学生将自己小组的作品展示在教室各角落的画架上，学生在教室自由走动观展，并对其他小组的作品进行评价（给自己喜欢的作品贴贴纸。待改进的作品直接将建议写在作品旁）。

（5）观展结束后，教师组织学生评价交流，学生分享自己最喜欢的作品，并说明理由。

（四）推荐延学

教师以采访的形式推荐与夏天相关的书目《夏天的味道》，学生在课后进行延学。

【板书设计】

眼底深处别样话

——《场景歌》教学设计

新都区桂林小学校　黄　莉

【教学目标】

1. 让学生选择场景，运用恰当的数量词，进行"画·话"。
2. 学生能把自己的作品展示出来，并对自己和别人的作品进行简单的评价。
3. 让学生养成留心观察的好习惯。

【教学重难点】

教学重点：让学生选择典型事物，运用恰当的数量词创作"画·话"作品。

教学难点：让学生评价自己和他人的作品。

【教学过程】

（一）确定主题

（1）师：（展示海边、乡村、公园图片）孩子们，看到这几幅图，你想到了咱们学过的哪篇课文？

生：《场景歌》。

（2）师：那咱们一起来背一背吧！

生：齐背《场景歌》。

（3）师：除了课文中提到的场景，你最喜欢什么场景？

生：发表自己的看法。

师：今天我们也要来当一名小作家，写一写你喜欢的场景。

（二）表达创作

（1）师：（展示课文内容）咱们再来看课文，课文是怎么描述每个场景的呢？

生：作者选择了一些事物。

师：是的，作者选择了每个场景中典型的事物，并且用合适的数量词进行描述。这样的写法非常恰当，又给读者留下无限想象的空间，真是有趣。

（2）师：接下来，请大家小组交流自己喜欢的场景。

生：进行小组交流。

组织全班交流，师相机纠正数量词的搭配。

（3）师：现在请你拿出“画·话”纸，先闭上眼睛想象自己喜欢的场景，再把它们画下来，最后用文字记录。

生：进行创作。

（三）交流评价

（1）师：写完的小朋友请用坐姿告诉老师，接下来请大家在小组内进行分享交流，具体要求请看屏幕。

展示小组分享要求：①读：小组成员轮流读自己的作品，读的成员声音要洪亮，听的成员要认真倾听；②评：小组成员自由评价组员的作品，有问题的地方集体修改；③选：小组成员选出自己小组最好的作品，待会儿进行全班分享。

（2）教师组织全班进行分享交流，学生对每组作品进行评价。

（四）评比展示

（1）师：每组作品都进行了分享，现在请每个小组商量一下，选择你们最喜欢的三个作品，票数最高的作品将在班级外墙和班级群进行展示哦！

生：学生对作品进行投票。

（2）师：孩子们，请看大屏幕，本次“画·话”最佳作品新鲜出炉，我们一起来读一读吧！

生：朗读。

（3）师：亲爱的同学们，这次"画·话"就结束咯，老师从大家的作品中感受到了大家对生活的热爱和敏锐的观察力，希望大家继续热爱生活，保持留心观察的好习惯。

"画·话作文"教学设计

——以二（下）《我的好朋友》为例

成都市新都区蚕丛路小学校　杨 荻

【教学目标】

在小学新课程标准的指导下，以"学为中心理念下的激发课堂"为核心思想，在此以低段写话《我的好朋友》为例，从"情感态度与价值观""过程与方法""知识与能力"三个维度出发进行了目标的设计：

情感态度与价值观目标：使学生爱观察，爱用笔记录。激发学生的写话兴趣，树立学生写话的自信。

过程与方法目标：学生能抓住好朋友的外貌、性格特征进行描写，并能按一定的顺序写一写自己的好朋友。

知识与能力目标：初步培养学生关于人物写话的能力，指导学生在写话中正确运用标点符号和平时积累的词汇。

【教学重难点】

1. 使学生能按一定的顺序写出自己好朋友的特点。
2. 初步培养学生关于人物写话的能力，让其能写一段完整的话。

【教学过程】

（一）创设情境：预学—诱导—自主生长

教师展示班级学生的人物描写片段，进行"猜猜他是谁"的游戏，组织学生交流谜底，小结并板书课题。

此环节，“激”的目的是调动学生学习的兴趣；“激”的主体是教师；“激”的方式是猜人物游戏，创设情境，学生通过思考，继而分享谜底并阐述依据。“发”的方式为学生积极参与猜谜，认真思考谜底；“发”的效果是学生热情高涨，融入情境，为本课的学习奠定良好的基础。

（二）方法习得：对学—引导—自发生长

教师提前给出实例，如对老师外貌的一段描写，学生预学，引导学生进行评价，让学生明确外貌描写要抓住人物特点，真实刻画，继而教师设置闯关，结合学生预学，有重点地分析人物描写片段，并总结相应的人物描写方法（抓特征、做描述、说性格、讲趣事）。

此环节，“激”的目的是唤醒学生的思考能力，让他们总结学习方法；“激”的主体是师生；“激”的方式为设置闯关这一情境，将时间交给学生，让学生与同桌、小组交流讨论，在不知不觉中收获了写人物的方法。“发”的方式为积极参与闯关，和老师一起总结写人物的方法；“发”的预设效果是学生对闯关游戏兴趣浓厚，师生合作总结方法，为下一环节作铺垫。

（三）学以致用：评学—指导—自然生长

老师让班级一位同学上台，班级闯关接龙来描述该同学的外貌及性格，再次借助闯关，让小组完成“画·话”前的讨论。此环节“激”的目的是明确组员分工，确定创作内容；“激”的主体是教师；“激”的方式为借助闯关，激起学生的讨论。学生回顾学法，小组合作完成闯关，让学生确定描写对象，分析人物特点，明确怎样把人物特点突出出来。“发”的方式为让学生积极参与小组讨论，明确“画·话”分工；“发”的预设效果是让学生通过交流，初步得出“画·话”内容的框架。

（四）拓展延伸：延学—辅导—自由生长

老师展示星级学习任务，设定时间，宣布“画·话”开始，协助学生展示作品，组织学生评价交流。最后，老师以采访的形式让学生谈本节课的收获。

此环节，“激”的目的是“画·话”完成后让学生查看其他小组的作品，以提升自己小组质量；“激”的主体是学生；“激”的方式是在课堂中呈现形式多样、层次分明的评价，学生小组分工，合作完成“画·话”，张贴展览小组作品。学生走到展板处分享自己最喜欢的作品，并说明理由。此时，学生充分融入情境，写作的欲望油然而生。“发”的方式是让学生下座位到教室各处参展、观展、投票；“发”的预设效果为学生认真完成“画·话”，主动参与投票、评价，通过观摩其他小组的作品，给予其他小组评价，能对本组作品修改完善。

第二章

让生命始终在场：中段体验与表达实践研究

领衔教师：成都市新都区蜀龙学校　张 黎

工作室领衔人黄尤林在2012年立项的四川省名师专项课题“中高段体验式习作的策略研究”（川教函〔2012〕901号），着力解决学生习作难、怕习作、习作内容贫乏以及评改单一的重点问题，坚持以学生体验诱发学生习作，探索小学体验式习作教学策略，研究成果已经获得四川省教科院一等奖。

回首10年研究历程，困惑、艰辛伴随我们一路走过！我们以破解“习作难”为出发点，以“习作体验”为突破口，开展“体验式习作”教学策略研究，走出传统习作教学的高耗低效误区，将习作教学引向深入，引导学生强化生活的体验和感悟，形成真实、独特的个性表达，增强学生个性和创造力。

现在小学生接触自然、接触社会的机会相对较少，体验生活、感受生活的机会也大大减少，教师在布置习作题目的时候往往忽视小学生这种生活状态，囿于以往的教学经验和书本上的要求，忽视现阶段学生生活特点命题。学生面对“陈旧”的命题毫无兴趣，加之没有切身体验，缺少了真实的体会，自然提不起习作兴趣，当然也很难写出鲜活优秀的习作。

习作指导给学主梳理结构，更真实地表达感受，完成习作。教师一味强调学生的自我体验、感悟、积累，任其“自由发挥”，导致重学生轻教师的“重心偏离”，结果学生的习作作业“各有千秋”，不成章法，形式混乱，条理不清，不仅无法形成个性的习作，还容易挫伤学生习作积极性。

习作本来是要给予学生丰富的想象力和独特的创造力，由于受一元化思想教育的影响，评改方向规定了习作内容、价值取向，隐蔽地把社会的意志与规范强加给学生，将学生习作兴趣的激发、习作能力的培养、习作内容的革新置于空中楼阁，导致学生习作缺乏“灵性”和“个性”。

第一节　成果价值及创新点

成都市新都区蚕丛路小学校　黄尤林

一、成果价值

（一）学术价值

小学体验式习作教学策略研究，注重学生的独特感受和真切体验，"体验"既有"领悟""体味""设身处地"的心理感受，又有"实行""实践""以身体知"外部实践的含义；不仅重视主体的心理结构，更注重主体与客体合一的动态建构。以"积极开展体验活动，丰富学生习作资源"和"强化体验点拨，培养习作能力"为双翼，在实践中提高学生的习作表达能力，使习作科研成果得以推广和发展，为发展素质教育提供实践依据。探索在体验活动中小学生习作能力培养的理论依据、运行模式、操作方法及策略，实现教育研究与教育创新实践的同步推动、互相促进，探索新课程改革与体验相结合的有效途径，促进课程建设的创新。

（二）应用价值

从理论上来说，体验式习作教学一方面有助于充实学生的生活经历，丰富其习作素材；另一方面，为教师的习作教学提供了先进的、行之有效的思路。

二、成果创新点

本研究将探索新课程改革与体验教育相结合的有效途径，促进课程建设的创新，为我校新课程改革中教学体系的构建注入新的活力，同时也为教育教学的实效化走出一条新路。

（一）具有系统性和先导性

本课题以体验为载体，将教育理论研究、语文课外实践活动与一线教师有机整合，使实践内容覆盖体验教育理论、教育教学模式开发、课程资源建设等内容，具有系统性和先导性。

（二）拓宽体验的领域

本研究拓宽了体验教育的领域，探索了生活体验、阅读体验与想象体验中的习作教学路径，而且在生活体验中实现了学校、家庭、社会、自然等领域的整合。

（三）突破现有习作教学模式

本研究将突破已有的习作教学，侧重于强化学生的内心体验，注重学生体验后的教育引导，寻求一种培养学生习作能力的长效机制和稳定的教学模式。将通过生活体验、阅读体验及想象体验的形式，增强学生的体验与储备，以体验教育的新形式培养学生的习作能力。课题组以"积极开展体验活动，丰富学生习作资源"和"强化体验点拨，培养习作能力"为双翼，在实践中提高学生的习作表达能力，使习作科研成果得以推广和发展，为发展素质教育提供实践依据。

第二节　中段"体验与表达"实践与研究

习作能力是重要的书面表达能力，也是用语言文字进行沟通交流的重要渠道，既能锻炼学生的思维，又能提高学生的品格修养、情感锤炼。以活动为载体让孩子在本真生活中，获取丰富的生活体验和素材，去形成丰富的情感体验，唤醒学生习作的灵感，增强学生写作的自信心。而"五学五导"的课堂生长模式正能体现体验式习作的"生命活力"。

预学—诱导—展创"真我"导向性习作教学途径

成都市新都区蜀龙学校　张　黎

"生活是作文之本"，丰富多彩的生活为作文提供了取之不竭的材料。那多彩如画的校园生活、幸福欢乐的家庭生活和广阔丰富的社会生活中，有多少闪光的内容值得我们去描绘，去歌颂。然而，由于学生缺乏体验，所以对生活中的一些事往往习以为常，熟视无睹。"生长课堂"必须"先学后导"，要求每个孩子不是空着脑袋走进教室，而是带着有准备的头脑进入课堂进行学习。教师的导是以学生已有的思考基础来确定教的内容和教的形式，能更好地服务学生的起点。这就需要教师对学生做一些正确的引导，让学生养成用心去观察生活、体验生活的习惯，从而丰富学生的情感体验。

体验式习作教学，以体验活动为载体，为学生搭建一个实践锻炼、总结提炼、分享交流的习作平台，让他们走进生活、走进自然、走进社会，创作出个性化的作品。课题组为体验式习作设置了课堂体验、生活感悟、社会实践三个层面的载体，让习作题材从封闭走向开放，在习作辅导过程中借鉴有关活动案例。

一、铢积寸累——校园本位体验

学生在校的学习生活不仅是其一天活动时间的主要组成部分之一，也是一天生活中最丰富的部分。他们对同学、老师、集体的感情，学习的过程，学习的成功与失败等均有着深刻的体验。校园学习生活是学生作文写作的巨大的素材储备库，校园也是学生学会写作文的重要实践训练基地。

（一）课堂体验

课堂体验是体验习作最基本的内容，教师通过游戏、角色扮演、情景模拟、短剧表演等形式，创设情境，引导学生参与活动，让学生在观察、谈论、争议、表演甚至玩耍等活动过程中形成习作材料，完成思维训练，产生情绪情感体验，完成口头或书面习作。

1. 参与游戏

游戏是孩子的天性，是从幼儿到成年人都感兴趣的体验活动。游戏习作能调动学生的全部感官，使文章表现出"小游戏，大道理"的智慧。如"魔术商店"，由教师扮演店主，在店里陈列很多"商品"（用卡纸写上"知识""美貌""机遇""地位""高档赛车""环球旅游"等项目，明码标出拍卖价），并发给每个学生一定数量的"钱币"（可虚拟）。然后"店主"开始以起步价拍卖，全体学生都作为顾客参与各商品的拍卖活动。拍卖会结束后，老师还将采访部分"顾客"，问其参拍的感受和拍卖有关商品的动机。在活动的基础上，要求学生当堂完成习作《魔术商店》。结果，学生习作质量非常高，相当一部分学生生动地描写了"拍卖"场景，准确细腻地写出了自己的心理过程，不同学生作品中呈现出价值观的碰撞，甚至在习作讲评时还发生了辩论。这一课调动了学生兴趣，开启了学生心智，收到良好的效果。

在游戏过程中，每个人的体验是不一样的，在游戏过程中会产生各种各样的事件，许多学生写出了不错的作文。在这个过程中学生也学会了做人，学会了合作。

2. 角色扮演

让学生在课堂上扮演不同的角色，体验不同人物的内心世界，能在交流互动中有所领悟，并用文字表达出来。如"师道尊严"体验习作中，让学生分两拨，先后扮演学生、老师两个角色，使之在师生矛盾冲突中理解老师的内心世界，体会沟通的重要意义。许多学生在习作中表示，通过这一课，自己终于认识到老师的平凡与伟大，因此学生的文章在交流时显得声情并茂，颇为感人。

3. 情景模拟

在课堂上创设一定的情境，让学生在特定的环境氛围中模拟活动，体察人物心灵。如"模拟法庭""模拟面试"等，学生在这里可以是参与者，也可以是旁观者，并可以对活动进行采访和调查。这种课堂形式有利于培养学生的习作观察能力和想象力。

4. 短剧表演

通过生动活泼的课堂短剧来展开情节，塑造人物，发掘习作的观赏性，短剧还可包括相声、哑剧、小品等多种形式。如"动画片配音"一课，就颇受低段学生欢迎。老师选取一段当前热播的动画片，利用多媒体技术，关掉声音并反复播放，要求学生给剧中人物设计台词并进行配音。这一过程中，学生的主观能动性被充分调动起来，其语言思维和口头表达能力也得到很好的锻炼。

（二）课间体验

每节课的课间，就是一个个丰富多彩的世界，同学们开展什么游戏、讨论什么话题、读些什么课外书籍等，这些蕴含了人物的活动和情感的细节通过教师引导，都走进了学生的作文。而且，同学们学会由此迁移，留意身边的生活，写出源于生活的、更真实感人的文章。这个时段经典活动有"跳跳唱唱真快乐"，利用跳皮筋的游戏提高学生儿歌创编能力。

（三）课外体验

1. 与休闲玩乐相整合

玩，是小学生的天性，通过课外活动引导学生健康、愉悦、有创意地玩乐成了我们教学中的一项重要内容。传统闲暇游戏承载着一个地方的历史文化和地方特色。随着社会的快速发展，这些游戏正在慢慢地被人们遗忘，现在的孩子甚至不知道翻小棍、滚铁环……孩子们的童年乐趣正在慢慢减少。我们通过课外活动让孩子学会享受这些简单而淳朴的快乐。如我们开展的"一起来玩传统游戏"的课外活动，发动学生向长辈收集、学习传统游戏的玩法。学生的积极性也很高，在活动中翻小棍、滚铁环、打弹珠、撑子、跳方格、串珠……这些有一定历史文化意义、健康有趣的游戏让我们的校园洋溢着不一样的欢笑声。

2. 与电脑网络相整合

随着信息技术的普及与发展，网络正以无比迅猛的速度冲击着小学生的生活。围绕电脑网络这一主题，我们形成了一大类特色鲜明的课外活动内容，如"网吧的探究""神奇的QQ世界""齐心协力建造我们的班级博客之家""QQ空间习乐园"等，这些课外活动引导着学生正确地对待网络，扬"利"除"弊"，让网络为课余时光增值。

3. 与少先队活动相整合

学校少先队活动是个精彩纷呈的舞台，开展过红领巾进社区义务宣传实践活动，美化校园美化环境、植树造林综合实践活动，日常行为礼仪知识竞赛，环保征文比赛，环保演讲比赛，寒暑假慰问孤寡老人等。通过少先队这个平台，开展丰富多彩的课外活动，让学生在实践中体验快乐，在快乐中健康成长。

4. 与传统节假日整合

我国从2009年起将重阳节、中秋节、元宵节、端午节、春节、清明节等传统节日纳入法定节假日，每一个传统节日都有其丰富的文化底蕴。因此，在传统节假日里我们通过课外活动引导学生做有意义的社会调查，探究传统节日的来龙去脉；做有价值的节日访谈，一起参加节日送温暖的公益活动等。让学生从传统节日的活动中去挖掘中华传统文化精髓，锻炼其实践能力，培养其健康情趣，完善其美好人格。

5. 与家长资源相整合

不同职业的家长、家庭成员，衔接着各种各样不同的活动教育资源，如果园、商场、各种工厂、各行业部门等。家长、家庭成员的职业优势可以使我们更便捷地了解这些资源的内容、行业情况等，这时我们就可以开展亲子活动，发挥家长职业所覆盖的资源优势，为课外活动的开展服务。如有的家长在瓶装饮用水厂工作，我们请他帮忙联系工厂，带学生参观瓶装饮用水的生产流程；有的家长在污水处理厂工作，我们与其联系，让学生了解污水是怎样处理的；有的家长在消防队工作，我们请他协助联系消防队员表演在火灾中怎样自救……

学校旨在多元化开发学生智能，每学期都要开展丰富多彩的校园活动，搭建平台，让学生体验成功的喜悦。校园艺术节活动和秋季田径运动会，让学生各展其能，大显身手，书法、绘画、独唱、小品、舞蹈等应有尽有，在体育赛场上运动员奋勇拼搏，啦啦队摇旗呐喊，还有主题班会、古诗文竞赛、数学小论文比赛、电子小报比赛、冬锻比赛、各类征文活动、诗歌朗诵比赛、"Make an English card"的英语贺卡制作比赛等。学生的视野、活动空间开阔了，学生的学习生活体验丰富了。在这些活动中，由于学生以不同角色投入，体验也不一样。课题组的老师总能不失时机地引导学生在丰富的校园生活中收集信息，让学生留心观察每一次活动，并把活动的过程及感受随时记下来，使学生积累了不少写作素材。

（四）环境体验

课题组的老师经常带领着学生进行校园体验之旅。让学生欣赏校园的花圃，寻找校园的春、夏、秋、冬，参观各功能教室……学生恍然间发觉平日里似乎平常无奇的东西，一瞬间变得神奇而美妙，能拨动他们的爱校情怀，使校园文化也成为学生写作素材的一个大仓库。

环境教育实际上是对学生进行社会的权利和责任的教育，是追寻人与自然和谐、科学与人文精神和谐的教育。因此，我们以"近、小、实"为原则，在课外活动中载以环保内容，利用环境主题日组织学生制作手抄报，撰写演讲稿、倡议书，开展环保专题读书活动，让学生通过参观、考察，亲自感受大自然的美好，体验自然生命的奥妙，进行家乡环境的调查与探究等，让环保意识深入人心。

此外，面对课堂内外涌现的大量信息资源，教师应用敏感的心灵去捕捉，用深刻的眼光去洞察，用灵活的机智去重组，并对学生进行启发诱导，加强他们的内心体验。

二、通幽洞微——家庭本位体验

家庭是学生成长中的避风港，是学生生活的重要天地，也是学生真情实感最为直露表白的场所。学生与家庭成员特别亲近，在温馨和谐的家庭生活中充分展示着性格的真实。在这样的交际环境中，教师引导学生以家庭小主人的身份，关注家庭，大胆地参与家庭生活活动。可布置学生开展一些活动：今天我当家，上菜场买菜，烧饭、烧菜、洗碗；给爸爸妈妈献上一杯茶；在"三八"给妈妈制作贺卡；在父母不在家时当一回小主人，有礼貌地接待客人；随父母参加一些有意义的亲子活动，外出旅游……在家庭生活中，要取得家长的密切配合，着重培养学生的自我服务能力和生活自理能力，对学生参加的家务劳动、养成的生活习惯、礼仪上的待人接物等进行评价，从中让他们体验劳动的艰辛、成功的快乐和人情的温暖。

课题组采取下列办法，让学生在作文中吐露真情，内容感人肺腑。打开学生生活宝库，提供习作素材，让学生进行家务劳动、亲情体验、待人接物、理财修身等，是值得重视和推行的做法，让学生在生活中学写习作，促进学生主体性人格的形成。

（一）家务劳动

适当的家务劳动，是学生最好的家庭生活体验习作题材。现在的孩子由于家长的过度保护，生活自理能力低下，连做家务的机会都常常被剥夺，生活体验非常单薄。笔者曾在小学高段以"小鬼当家"为题，要求家长在星期天放手让孩子当家一天，完成做饭、打扫、洗涤等日常劳动，然后写成一篇体验文章。结果，相当多的学生非常认真地写出了做家务的烦恼和乐趣，也体验到了父母的辛苦。由于体验的真实性，不少家长在读了孩子的习作后也深有感触。孩子经常没有东西可以写，其实只要选好角度，每一项家务劳动都可以作为习作题材。

（二）亲情体验

我们常抱怨现在的孩子不懂感恩，亲情淡薄，这与学生的亲情体验太少有关。观察给小学低段布置的"给父母洗脚"习作和曾给高中生布置的"陪家长看电影"习作，发现认真完成体验任务的学生，习作效果都相当好，集中反映了学生和家长的一个共同感受——"我们的沟通太少了"。其实，任何有助于亲子沟通的活动，都是亲情体验习作和生活日记的好材料。

研究组采用的具体策略：一是设立亲情信箱，鼓励家长动笔给孩子写信，用书面的方式和成长中的孩子交流；二是开展亲情活动，我们先后开展过"夸夸我的长辈""父母眼中的我""为妈妈洗脚""献给母亲的歌"等主题活动，鼓励学生以日记的形式记录下自己的所做所感。2012年国庆期间，课题组长张锦美策划了"感恩在心，感谢在行"主题实践活动，通过了解家乡感恩史话、讲述感恩故事、写"感恩信"、做"感恩菜"、出"感恩手抄报"、学"感恩歌曲"、做"感恩卡片"等一系列活动，感恩意识被渗透到了每个师生的心中，一篇篇佳作也随之产生。

（三）待人接物

走亲访友、邻里串门，将这些日常活动纳入体验式习作，会显得作文富有生活情趣。特别是春节、中秋等传统节日中，让孩子走出家门走走亲戚，或者邀请亲朋好友来聚会，在待人接物过程中让学生体验亲友情意，并将其诉之以文笔，情趣盎然。

（四）理财修身

零食、购物、减肥、打扮……对时尚的追随和享受，是现代城市学生普遍的现象。教师可以适当给学生布置理财任务，引导其管理自我形象，这都是体验式习作的好载体。在教学中，《我的零用钱》《财迷故事会》《给自己打分》等题目，很能调动学生的参与热情。

体验式习作教学法是体验教育理论在写作教学领域的尝试，旨在培养青少年学生关注社会、融入社会的能力，加速其社会化进程；旨在提高学生的交往能力和语言能力，培养其探索精神和创新精神；旨在帮助学生学会自我管理和自我反思，培养自我教育精神。这一教育法目前还没有形成理论体系，但由于这一方法切合新课标的要求，符合学生的实际，所以在应用过程中已经显示出强大的生命力。“体验习作，让我学到了课本上学不到的知识，让我变得自信”“我现在才明白‘纸上得来终觉浅，绝知此事要躬行’的真正意义了，能这样写习作，真是长见识呢”“从来没有想过我能写出科学考察报告，可是我和伙伴们合作，还真写成了，还得了奖，通过亲身体验获得的快乐，才是真正的快乐啊”，这是参加体验式习作辅导的学生的感言。的确，体验式习作过程中，学生学到了知识，训练了技能，增加了阅历，其收益远非绞尽脑汁的课堂习作可比。

三、筑屋建第——社会本位体验

社会是实践体验的大舞台，社会生活中蕴藏着丰富的作文素材，也是习作教学的大课堂。《义务教育语文课程标准（2022年版）》提出，学生要“力求表达自己对自然、社会、人生的独特感受和真切体验”，他们如果长期蜷缩于课堂，被拘束在学校小天地之中，是很难写出对社会生活有独到发现和深刻理解的好习作的。开展丰富多彩的社会实践活动，不但能锻炼学生的思想，增强他们的时代责任感，而且能促使他们面对现实，让他们在实践中变得善于观察，敏于应变，发现问题，揭示本质，从而写出能够探索生活真谛、把握时代脉搏的习作。社会实践类体验习作的形式体裁多种多样，记叙文、议论文、说明文以及新闻、通讯、调查报告、游记、访谈录等都是很好的写作形式。社会实践类体验式习作有利于学生开拓写作思路，使学生的习作训练产生更大的实际效益。

苏联教育家赞科夫指出：“美不仅存在于自然界，而且存在于人们的创造性劳动中，存在于人们的英雄业绩和日常的高尚行为中。”社会生活和人的个性生活的美，为学生提供了无穷的写作素材，教师应当引导学生挖掘其中的“宝藏”。指导学生观察社会时，要有意识地引导他们注意辨丑识真，揭恶以扬善，在不知不觉中使他们的审美情趣得以提升，再以美的形式来表达，即实现由“物”而“美”的转化。

社会生活五彩缤纷，教师应引导学生去接触社会，可布置一些社会实践性作业，让学生广泛地参与到社会生活中去。如利用双休日让学生去敬老院给孤寡老人送温暖，去公园或其他公共场地打扫卫生，调查采访自己感兴趣的人或事，参观书画展……有条件的学生还可当商店营业员、公交车售票员等。如一位教师给学生布置了这样一个作业：找人签名，每人需签满20人以上。为完成这项作业，学生必须与许多人交流，在此过程中，他们可能会遇到许多问题，在克服这些问题的时候，他们会有各种体验，这些都为孩子们创造了写作的源泉。在实践中，我们认为，以下几种形式都是较好的体验载体。

（一）社交体验

人际交往是一项十分重要的能力，交际口才与习作训练密切相关。在社交中学习作，帮助学生克服社交的紧张和焦虑，是很有意义的语文实践活动。笔者曾以"和陌生人说话"为体验习作题目，分别带领小学、初中学生到城市广场，要求每个学生找2—3位陌生人，交谈5分钟以上。第一次解散后，无论是中、小学生，其中的大多数人都无法完成任务，教师于是召集学生进行辅导，帮助学生分析谈话对象，研究交流话题，指导交流技巧。经过辅导，学生基本上都克服了紧张、羞怯，顺利完成交谈任务。在此基础上，要求学生写成《和陌生人说话》一文。结果，学生们把自己的心理变化过程写得细致入微，习作质量普遍良好。

（二）调查考察

以环境保护、科学考察、文化旅游等形式组织活动，让学生在拥抱自然、解读历史、研究环境等过程中，增长见识，开阔眼界，感受自然、社会之美，培养学生科学精神和社会责任感。

（三）参观访问

让学生参观游览各种自然、人文景观，访问各界人士，积累素材，形成观点，激发感情，就能写出有一定见解的好文章。让学生通过记录活动行程，描写沿途风土人情，抒发自己的内心感受，就形成了很好的游记。

（四）岗位体验

让学生参加"跟父母上一天班""学当营业员""赴肯德基餐厅当服务员""过把交警瘾"等活动。在不同岗位上体验各种社会角色的生活后，学生习作往往真情流露，真挚动人。

课题组的老师为了培养学生大胆与人交往的能力，积极鼓励学生参加感兴趣的各种实践性学习活动并与孩子们合作设计了各种各样有趣的活动。比如，高年级的同学到低年级去讲故事、讲队知识；六年级的同学深入社区，调查小区居民的生活用水情况；五年级的同学在老师的引导下，走进传统节日，了解传统节日的历史、习俗、诗文、节令食品；三、四年级的同学调查学校的花木，了解学校花木的种类、生长特点、养护知识及功能作用等；陈海华老师带领学生在重阳节来临之际，带着礼物和节目，到敬老院慰问老人；蒋小青老师带领学生轻叩诗歌大门，让学生徜徉在古诗与现代诗的天地中；徐芹老师带领学生认识形形色色的广告，审视"广告设计"，搜罗"广告语"；许多老师带领学生捡来秋叶，制作树叶贴画；各年级的红领巾跳蚤市场活动开展得也是如火如荼……他们在活动中亲身经历的各种情况、做出的各种试探性研究、设想的成功与失败、活动中与同伴的合作、活动中产生的矛盾心理、活动的收获等都是他们想一吐为快的内容。

实践证明，丰富多彩的体验活动，有力地拓宽了学生习作题材，使习作教学有了广度；体验活动有利于挖掘习作的主题，使习作教学有了深度；多样的活动促进了学生表现手法的变化，使习作教学有了灵活度。当然，在主动体验过程中，学生享受到无比的乐趣，习作兴趣油然而生，大大增强了习作教学的参与度。至于家长对体验式习作的满意度，这里就不再赘述，权当一个副产品吧。

四、累土聚沙——自然本位体验

儿童的思维以直观形象为主，其写话的兴趣在具体的形象和具体的情境之中更易被激发。如诗如画的大自然是孩子们最为向往的乐园，让孩子们走进自然，在大自然的怀抱中尽情玩耍，感受大自然的美丽，享受大自然带来的无限乐趣，这为他们的写话提供了素材，也给他们的写话注入了激情。

如阳春三月，万物复苏，我带领学生走进大自然，细心观察，用心感悟。孩子们感觉眼前一亮"大自然真美呀！"他们三五成群，有的躺在草地上，尽情享受大自然的恩泽；有的分散在小道上，忘情地采摘各种野花；有的玩性更足，带上各色各样的风筝，在草地上跑着、笑着……归来之后，孩子们跃跃欲试，都想一吐为快，一篇篇充满童趣的文章便涌现出来了，"我发现一片小草刚从土里探出头来，黄黄的、弯弯的，还没挺直腰杆……""我看见月季花的叶子刚露出紫色的小脸，东张西望……""美丽的风筝飞上了蓝天，我多想也变成一只风筝，在天空中自由地飞翔"……孩子们用稚嫩的笔写出的见闻和感受，字里行间洋溢着对大自然的喜爱之情以及无比愉悦的心情。

对学—引导—关于回归"真我"的习作教学具体策略

成都市新都区蜀龙学校　郭　昊　张　黎

所谓"体验式习作教学"就是从学生主体体验入手，为其创设一个特定的"真"情景（客体），让学生投身其中，实现"外部刺激力向意志事实的转化"，从而使其获取语言运用的直接经验。在习作学习中，不同的学生对于事物的认知存在着差异，所以其所执之笔会写出不一样的观察和感受。习作教学中我们积极引导学生把自己的思考方法和对问题的理解与别人交流，让学生从思维的交流中发现各自的不同，并分析产生不同的原因，使深层次带有规律性的问题显现出来。做到小组内依次交流，小组间互为补充，充分发挥每个组员的主观能动性。学生先将自己总结的问题在小组中交流，进行组内的"头脑风暴"，最后在班级内分组展示，其他组评价、提出疑问或补充。

体验式习作教学是让学生作文走向"立诚"的最佳途径，不仅能让学生"写自己的话"，而且能"写自己知道得最亲切，感悟得最深切的东西"。循着以上理论脉络，我们在实践中总结出引向习作教学本真三大体验策略。

一、引入"本我视角"的生活体验，感知真实情绪

"真交际"指学生与老师、同学、家长或其他人进行的有一定目的的书面或口头的往来接触活动。例如，学生间讨论感兴趣的话题，向老师说明犯错误的情况，参加竞选、和父母争辩、写信、讨价还价、义卖等，这些接触活动在学习生活中频频发生，然而很少被老师有意识地开掘，引入习作范畴。或者说老师没留意去创设生活中本来具有的自然的交际情境。

"写作是为了生活"（叶圣陶语），一旦写作和生活相融起来，学生就会感到写作的意义和作用，增强其兴趣和动机。例如，教师指导学生用废纸做出了一个个色彩鲜艳、结实防水的纸球（纸球外套上了各色塑料袋），并指导学生从前言、材料与工具、方法与步骤、玩法提示四个方面写成了一篇小说明文。接着创设了一个真实交际的情境：将全班80人分成两人一组，分别深入班级讲解、推荐做纸球的方法。学生活动完毕回到教室交流活动经历，有的学生陶醉在成功的喜悦中，手舞足蹈地讲述了刺激而开心的交际经历。

"听我说明来意，台下'哗'地响起了掌声，我定了定神，大步跨上了讲台""在同学们的吆喝声中，火红的纸球被从教室这端抛向那端，我趁势大声问道：'好玩吗？''好玩！'……又一阵吆喝声淹没了我的话音""我可真是过足了一把推销瘾！"有的垂头丧气，因为"一开口就心慌，脸红，引来同学们一阵阵哄笑""我不停地用手捏动着裤逢，眼睛盯着讲台，我听见自己的声音像蚊子的嗡嗡声"。可见，整个交际活动调动了学生各种感官参与，浸透了学生个体体验的理解和感悟，学生心理反应自然丰富多彩，因此倾吐出来的又怎能不是"我的"肺腑

之言呢?

二、给予"真我视角"的技巧方法，获取真实目的

"感受同角色相类似的情景"就是做一个"真角色"，因为只有成为一个"真角色"，才可能用"那一个"角色特有的语气去说话，去行走，去思想，才能成为不同于任何角色的个性化角色。这不正和作文教学体验性原则相通吗?

例如，写想象类的作文，学生很容易出现想象雷同、不合情理的毛病。但如果让学生进入想象中的"真角色"，效果就截然不同。以续编故事《狐假虎威》为例，我先让学生重温故事，揣摩角色。五年级学生都熟悉《狐假虎威》这个故事，因此播放故事前我提出更高要求：你认为哪些地方写得很精彩，你能绘声绘色地讲给大家听吗？学生讲完后，再进行评比。"谁讲得更精彩，为什么"提示学生明白：要想把故事写得吸引人，必须对人物的语言、神态、动作进行细致描述。通过"你认为这是一只怎样的狐狸和老虎"让学生体悟到狐狸的狡猾与沉着、老虎的愚钝与暴躁，这为想象故事的生动性和对角色的主调把握奠定了一个基础。通过想、议、演、说，把学生置于"真角色"境地，"假如你现在就是那只倒霉的小狐狸，在老虎的魔掌下你会怎样说，怎样做来逃脱此难呢？""这屋子里现在有62只小狐狸，比一比哪一只小狐狸的办法天衣无缝，没有漏洞。"学生冥思苦想，议论纷纷。想出的办法先不说，而和老虎（老师扮演）现场表演。表演过程中老师引导学生细致地观察，准确地表达，合理地想象。这一过程中，老师成了愚钝暴躁的老虎，学生成了狡猾沉着的狐狸，老虎稍一放松警惕就有被骗的可能，狐狸稍一疏忽就有被吃掉的危险。学生的情感被充分激活，一个个充满智慧的脱身之计应运而生！不仅如此，活动结束后，"幸存的狐狸"还主动帮助"被吃掉的狐狸"分析原因，另想对策。在教与乐之间，学生完成了一篇情感激荡、足智多谋的纯体验作文。

三、把握"教材视角"的训练要求，创设多维情境

"接触了生活并不一定认识生活，有了丰富的生活材料，而且了解其'精蕴'，才能成为写作的材料。"（参见董菊初《叶圣陶语文教育思想概论》，开明出版社1998年版，第252页）"精蕴"即事理的深奥处、细密处，这是小学生在观察生活时很难认识到的，但如果给学生一个亲身体验的、有一定时间和空间的观察点，必能激发其观察意象，使其揣摩观察方法，获取深刻而细致的"观感"（看

到事物以后所产生的印象和感想）。例如，让学生亲手种植牵牛花，写观察体验日记。老师发给学生一些种子，但并不告诉他们是什么种子。四月下旬开始培土和播种，让学生从形状、颜色、硬度、重量等方面观察种子，并记录下种的时间、经过及对种子的寄语。一个孩子写到：种子像芝麻一样，黑黑的。而有的孩子细致观察后指出其表述不合实际，应为：种子比芝麻略小，黑中微黄。可见有的孩子观察更精细了。7天至10天后种子出芽了，孩子们惊叫起来，花苗渐渐长大，孩子非常想知道是什么花，查阅了很多有关植物的书籍，有的甚至端着花钵向花匠请教。当他们看见花苗长出细藤时，便确定是牵牛花了。但自己种的牵牛花会开出什么颜色呢？他们对照资料，根据花苗叶子的形状和大小推测花的颜色。他们意外地从网上发现了一个有趣的实验：如果把一朵红色的牵牛花泡在肥皂水里，牵牛花就由红变成蓝，如果把已变成蓝色的牵牛花再浸到稀盐酸的溶液里，则牵牛花又恢复原来的红色。孩子们又以极大的兴趣投入对"花瓣细胞里的花青素"的研究。自主探究的激情一旦迸发，孩子们就好像长出了第三只眼，走进事物深奥的殿堂，发现了粗浅观察不能发现的新天地。八月中旬，牵牛花大多开了，虽然是在暑假，很多孩子还是打电话告诉了我喜讯，他们又发现了新问题：没有一个孩子亲眼看到花开的经过。后来他们告诉我，牵牛花大多凌晨3点开始绽放，4点左右花开结束，每朵花只有一天的寿命——他们都快成牵牛花专家了。花开了，孩子的心扉也打开了，充满想象与创造力的文字诞生了，"在微风中，柔弱美丽的牵牛花飘然若仙""她抖抖沾满露珠的紫裙，挺起胸脯，吹着喇叭，又努力攀登，我发现她比昨天又高了一截""它细细的茎蔓不停地向上缠，我用手把它向上提了一把，没想到不到一个时辰，它又倔强地退回原地，慢吞吞地自己爬，原来它也有思想呀！"……深秋，花枯萎了，孩子们小心翼翼地摘下花籽，准备第二年春天播种。

生活是作文的源泉，体验是作文的关键。学生在生活中学会了作文，弘扬了个性，学会了做人，能更好地接触社会，深刻地了解生活。一句话，让学生在习作中做到"我手写我口，我手写我心"，做到实话实说，写真人真事，抒真情实感。这就是联合研究小组构想"体验式作文"的最终目的。

四、融入"活动视角"的实际体验，调动兴趣思维

学生经历了学校、家庭、社会丰富多彩的生活，有了切实的体验，但这还仅仅是一种隐性的、潜在的课程资源。要想利用这种资源，还需要教师的唤醒、激活，使学生"情动于衷而形于言"，产生强烈的习作冲动，进入生机勃勃的习作状态，

把属于自己的独特的认识和体验"原汁原味"地表现出来。

（一）教师语言引领，引发共鸣

作文前，教师应深入学生的心灵，了解孩子内心的需求结构和情绪状况，衡量一下作文要求与孩子需求之间存在的情感、智能等方面的距离，然后通过引人入胜的语言、有趣的故事，激发学生快乐的情感，使作文成为其内在的需求。小学生的情感是纯真而又丰富的，只有让他们融入浓浓的情感氛围中，他们才能畅所欲言。作为教学的组织者和引导者，倘若形容冷漠、言语平淡，甚至居高临下，怎能在学生的内心深处掀起波澜？所以，教师首先是一个满怀激情的人，应为学生创造轻松愉快的氛围，拓宽思路，帮助他们打开记忆的闸门，从而触动学生内心的"情弦"。比如，一位教师教学生写童年的一件趣事，用过这样的开场白："童年时，我曾学医生的样子给布娃娃打针输液，曾用妈妈的化妆品把自己涂成'丑八怪'，还模仿爸爸'吞云吐雾'，呛得眼泪直流……童年做过那么多傻事、蠢事，可现在回忆起来，却觉得那时候的我原来是那样的快乐。今天，就让我们一起畅谈童年的趣事吧。"这位老师的这段开场白牵动了学生隐藏在内心深处的那份情愫，使学生们的话匣子一下子打开了，纷纷说出自己的童年趣事，真正达到了"情动辞发"的地步。此时，再要求学生写下来。于是，一篇篇生动鲜活的文章在孩子们的笔尖洋洋洒洒流泻下来。

（二）利用多媒体再现生活

事情经历了，也有了一定的体验，但真正要学生把经历的事情写下来，可能还有一定的困难。因为观察后留下的印象并不一定很清晰，而且这里边还有个素材筛选问题。要是能把事情的关键部分用数码照相机记录下来，制作成课件，在习作指导时在学生面前重现出来，往往能很好地引起学生的情感共鸣，从而为学生的习作提供很好的阶梯。如一次去海边秋游时，实验教师有意识地拍下：出发、路上、看到大海时同学的神情，抓螃蟹，被螃蟹的大螯咬住了手，不小心摔倒，浑身是泥，一个个手捏袋子、满载而归等镜头。在习作指导时，展示这些镜头，学生便很轻松地、高质量地完成这次习作。如李选琼老师上的"走进崇文"这节课，上课伊始，李老师用大屏幕展示了学生小组选定的照片：校园中的滑滑梯、学生表演照片、李老师自己在校园里的照片……然后让小组合作，给本组选定的照片取名字，书面创作解说词。一张张照片勾起了学生美好的回忆，一段段精彩的解说词便很快生成。

（三）利用现场表演，创设情境

作文指导中，往往发现学生主体部分内容不具体。教师引导学生进行现场表演，创设情境，为学生建立清晰的表象，可大大减缓学生习作坡度。对于精彩动作，要求表演者"定格""慢放""重放"，引导其他同学观察描绘。

如王小江老师上的一节作文指导课——"演演说说写写"，就采用了表演的形式。王老师与一学生扮演一对父子，观看足球赛的电视直播。通过惟妙惟肖的表演，为学生再现了真实的生活画面，然后让学生说，说好了，再写下来。这样的指导，使学生有了更深的体验，写起来自然得心应手。

又如《发生在家里的一件事》，有的学生写到了家庭音乐会，只提到了爸爸、妈妈表演了合唱，"我"表演了舞蹈，对人物的动作、神态缺乏细腻的刻画，轻描淡写，不能很好地突出中心。为此，教师请两位同学演示表演过程，情境活生生地显现在学生面前，学生写起来就具体生动了。再如，看图习作中，画面静止不动，无声无息，学生根据仔细观察把握图意，展开合理想象，差生感到困难时教师有意识地创设情境，展示图内外内容。

创设情境进行体验习作，以观察为基础，以激发学生兴趣、扎实学生训练为核心，把学生独立的个性融于语言文字之中，是进行作文指导的好途径。立个性之人、主体之人、真实之人，正是作文教学的崇高追求！

五、构建"展现视角"的评价模式，锻炼表现能力

兴趣的产生和保持有赖于成功。当学生比过去有所进步时，他们都会感到"成功"的喜悦，对写作产生亲切感，此时，必会反馈出巨大的内驱力，驱使他们向第二次、第三次的成功迈进，从而调动了他们的写作积极性。

多元评价，指评价者的多元参与。其中有学生的自评，让学生再次读自己的作文，重新感受一下写作的过程，说说自己作文的优缺点；有学生的互评，学生看同伴的作文，自有一种亲切感，也能够促使他们与同学互比；还有教师的评价，既评学生作文，又评学生"点评"，有条件的还可请家长评价，使家长不再是学生学习的旁观者，并能通过评价了解自己的孩子，与孩子进行沟通。

特级教师于永正曾说过，"准备一百顶高帽，送给学生"，这对我们作文评价的启发尤其大。教师采用赏识评价，能为各类不同学生创设成功的快乐。在作文评价时，作文不仅与同学比，更注重与本人以往的习作比。只要学生比原有起点有进步，就应在评语里充分肯定，哪怕是一个词或一个句子。在面向全体学生的激励评价上，采用作文评语的方式，将表扬肯定的话写在作文后面，对于不足的地方，口头指出，学生认可了，就自己记录下来。这样，在他们的本子上，留下的都是老师

肯定的评价。每翻阅一次，学生就增添一份自信，多了一些成就感。正如赞科夫所说，教学法一旦触及学生的情感和意志领域，触及学生的精神需要，这种教学法就能发挥高度有效的作用。

实践证明，作文教学只要重视学生的内心体验，让学生学会观察生活，体验生活，在习作指导中激活亲身体验，经常获得成功的体验，那么作文教学的目标"对写话有兴趣，写自己想说的话，写想象中的事物，写出自己对周围事物的认识和感想"也就不难达成。

展学—疏导—跨越"真我"体验式习作教学的手段

成都市新都区木兰小学　谢真莉

体验式习作教学是学生用个性化的语言表达自己真情实感的过程。然而在习作过程中，学生如何才能真诚、自然、准确地表达自己的体验？那么在课堂展学就可以根据不同的内容引导全体学生进行观点碰撞和语言的交锋，把课堂变成学生张扬个性和谐发展的舞台。体验式习作教学的设计策略说明如下：

一、立足生活意识环境，开拓创新思维

生活是写作的源泉，有源头才有活水，生活即作文，作文即生活。学生在生活实践中，接触自身的衣、食、住、行，接触美丽的大自然，接触人与社会，这些都是学生作文真正"生活"起来的源泉，而这种"生活"正是他们所见、所闻后的所感、所悟。

（一）引领学生主动参与体验生活

"我们最当自戒的就是生活沦没在空虚之中，内心与外界很少发生联系，却要强不知以为知，不能说不该说而偏要说，这譬如一个干涸的源头，哪里会倾流出真实的水来？"叶圣陶先生这段话精辟而又切中时弊。要让学生作文流淌出"真实"的水来，就必须把学生从狭窄的课堂和繁重的课业负担中解放出来，跳出课本小书，跳出课堂小圈，引导学生走出教室，跨出校园，让他们"行万里路，读万卷书"，在真实的阅读中积淀语言材料，在充实的生活中积蓄情感体验。

作文教学要打破时空限制，把作文引向生活，让学生关注人生，关注社会，

与生活沟通，追求真实和实用，讲究人文性、实践性和趣味性。跳出封闭的教学格局，把作文引向生活实际，把学生引进社会大课堂，引导他们多角度地看待身边的事物，鼓励他们把生活感受真实地表达出来。只有体验，才会真实。无论是融入社会还是参与活动，最主要的是让学生主体参与、亲自体验，体验大自然的纯真，体验人与人之间的关怀，体验失败后的自强……大自然有灵性与秀气，我们带领学生置身于大自然之中，引导他们观察、欣赏、感受春天的事物。大多数学生对生机勃勃的春天怀着无限喜爱之情，有的学生爱嫩绿的小草，有的学生喜欢盛开的桃花，有的学生被翩翩起舞、色彩缤纷的蝴蝶群吸引……但也可能有些学生不喜欢春天，认为春天气候变化无常，又是寄生虫大量繁殖的季节，容易患疾病。每次春游之后都会涌现出一些优秀作品，大多数学生笔下的春天都是有情有味的。一位平时写作较差的学生在《野炊》一文中写道："我吃着自己亲手做的饭菜，觉得有滋有味，看着同学吃着我做的饭菜，我真正体会到了劳动的光荣，劳动的快乐。"所以，体验生活能让学生有话可说，有事可写，有情可抒，是解决学生习作千篇一律之顽疾的最有效方法。

（二）引导及时捕捉并积累生活体验

陶行知先生说"生活是教育的中心"，还说"没有生活做中心的教育是死的教育"。同样，家庭、社会等纷繁多彩的场景也会在他们内心世界激起波澜，我们可以组织学生走进社区，参加公益活动、环保活动，让学生在不经意间积累丰富鲜明的写作资源，教会学生在生活中及时捕捉灵感。生活犹如一座矿藏丰富的"宝山"，初看上去，似乎平平常常，但只要睁大眼睛，开动脑筋，就会有新的发现，就能捕捉到平凡生活中的"闪光点"。

生活是一本多彩奇妙的无字书，是我们取之不尽、用之不竭的写作之源。赞科夫说："应该打开窗户，让沸腾的社会生活、奇异的自然现象纳入学生的脑海，借以丰富学生的感情经验，激发学生的表达情感。"要让学生留意生活中细微的情感变化，留心大脑中冒出的小理解、小感受，并随时记下它。生活的外延有多大，作文的外延就有多大。我们要努力创造机会，使学生走向社会，亲身去观察、感受、思考生活，为学生提供丰富的写作素材，使学生能自由表达。

比如，双休日，社区服务站的同学们访问下岗工人、退休老人等；陶吧里，"小艺术家"在进行亲身体验；肯德基店，同学们在做"钟点工"；教师节表彰大会，"小记者"做人物专访等活动成为学生关注的焦点……街道、社区、广场、商店等到处都有学生活动的身影。将各种各样的社会生活纳入积累的范畴，为学生提供写作的素材。学生把每天从电视里、家庭中、社会上看到的新鲜事记录下来，把听到、看到后的感想写出来，也许就是以后写作文时的一个很好的素材，否则也许就是过眼烟云，等到写作文时，哪怕你搜遍记忆的角落，也想不起任何一点有关的内容。通过一段时间的训练，学生能更多地关注自身以外的奇闻趣事，并有选择地将其融入自己的作文，从而形成和加深自己对社会生活体察和洞悉的能力。

可见，一个学生如果没有下河捉鱼的生活体验，也不会写出见鱼心切、失鱼懊恼、得鱼心喜、吃鱼有味的完整的情感变化。有了生活的积累，写作时，脑海里就会闪现出生活情境，其间的人物情境也会招之即来，奔入眼底，注入笔端，达到文思泉涌的写作佳境。

二、立足本位意识体验，激发习作意图

学生平时在心中积累起许多杂乱的感性的"体验"后，这种体验不会随着时间的消逝而消失，而是会沉淀、浓缩、进化、生成，凝聚为人的大脑无意识记忆等，这就是原型。我们应以这种"原型"为发端，唤醒学生写作冲动。

（一）走回现实生活

学生在日常生活中积累了"原型"体验，要唤醒这些体验，应将学生置身于实际的生活之中。生活中的一片落叶、一抹夕阳、一段小巷、一扇窗、一个不经意的微笑等，都有可能会激活他们某种积于心底的情绪，唤起他们写作的欲望。例如，"'我'珍惜地拾起这片绿叶，抬眼一望，突然发现高高的、被雨淋湿发暗的墙头上，趴着一只雪白的猫，呆呆地瞧着我。杨树深处，有两扇玻璃窗映着雨后如洗的蓝天。突然，就是这突然的一下，'我'被莫名地感动起来""那次听音乐时所产生的异常的感觉，又一次涌入我的心中，在我心里翻江倒海地搅动起来，视觉又一次被止不住的热泪遮挡住了。"绿叶、猫、如洗的蓝天，都是特定的生活情境，给小作者创设了一种"当众孤独"的心理氛围，有助于唤起那时那境的同类体验。

（二）设计提示语

设计富有感情的、新颖的提示语，选择能激发学生多种体验的材料是非常重要的，它意味着是否能激发原型，唤醒学生的当下体验。比如，在作文题目前面加上一段提示性的话，它能唤起回忆，引起联想，触发情感，启迪思维，开阔思路，能捕捉到学生写作的"兴奋点"和"动情点"，能一下子"惊醒"学生心中储备的表象，并能把它贯通起来，获得写作的冲动。

（三）展示优秀作品

作品唤醒是指通过向学生展示课文或贴近学生生活的时文等，让学生体会他人文章所蕴含的生活韵味，从而搅动积淀在学生心底的生活体验积累，让他们产生写作冲动，让语言的洪流宣泄出来。例如，学生都参加过考试，为了得高分，有些学生甚至"不择手段"，当听到"我把手伸进抽屉里，摸着书，一页一页艰难地翻着，手直发抖，身子更不自在，冷汗不自觉地冒了出来。我镇定地给自己打气：不怕，不怕，就这一次。尽管如此，我还是抬头看看老师。呀，不看不知道，一看吓一跳，老师正向我这边走来。完了，完了！我的心一下子提到嗓子眼儿，大气不敢出，脸唰的一下红了！我吓得闭上眼睛……"我想听者同样的体验就会被唤起了，甚至还会想到和考试情境有关的其他的情感经历和感受。

三、立足情境意识创立，加强表现欲望

一个具体生动的情境设置，可以引起学生的亲切感和新鲜感，从而调动大脑皮层的优势兴奋中心，提供想象和思维的前提，使学生在一种轻松愉快的情绪下进行学习和创造。情境在激发人的某种情感方面具有特定的作用。情境设置是能诱发学生体验，激起学生的写作欲望，调动学生的作文兴趣的一种良好的载体，它可为学生提供最佳的写作平台。

（一）描述哑剧

教师静静地走进教室，一声不响地在黑板上写上"表演哑……"，用手示意让学生上台演写"剧"字，创设一种哑剧氛围。教师说："今天，我们既然要表演哑剧，就必须一起遵守活动的规则，谁也不许讲一句话，只准做，不准说。"同时要求学生，看教师做动作，同学们可以参与，但要仔细观察教师、同学的表情和动作，体会自己的心情。第一步：表演跳绳。教师在讲台旁边拿"东西"，在两只手上缠几下，走到一边开始独自跳"绳"。示意一位学生上台学跳，然后，教师跳进去，表演双人跳，让更多的学生有机会上台表演多人跳。教师又示意表演两人跳，几个合跳，轮回几次。第二步：表演拔河。教师又在一边拿来一根"绳"。先做示范，让学生表演拔河，让男、女生几人分两边比赛拔河，教师用手示意学生纠正往一边倒的错误表演动作。请一名女生与几名男生比赛拔河，力量悬殊，使学生明白失败一方该倒向前面，让更多的人参与拔河比赛活动。这时教师说："憋了这么久，大家一定想表达了吧？请用笔记下活动过程和感受吧。"让学生自拟题目，然后开始习作。

（二）情景评述

积极引导学生开发生活中的作文资源，让学生亲身体验，真切感悟，在表达中张扬个性、表现"真我"。笔者以商标为载体，设计了"商标展评会"活动，激发学生表达欲望。先让学生走进商标，说说自己最熟悉、最喜欢的商标，并要说出理由。这时学生纷纷上台展示搜集的商标，并结合自己的体会进行讲解。然后让学生创造商标，为一家房地产开发公司设计商标，分小组讨论商标设计的图案，议论创作意图，并评出"最佳创意奖""最佳广告奖""最佳解说词奖"。最后让学生描绘商标，以"商标展评活动的经过""小组的创作过程""最欣赏的商标以及广告语和解说词"等为内容，任选其中感兴趣的一方面来写，要重点突出，写出真情实感。

（三）轮流日记

小学生好胜心强，喜欢竞争。利用这一心理特点，笔者在平时开展了小组轮流写日记活动。具体做法是：将全班学生按座位分成6个小组，组内成员轮流写日记，轮流担任组长，每天交一次，一周统计总分，评出等级。日记命题有时为全开放式，有时是话题作文或半命题作文，有时是故事接龙……内容精彩纷呈，形式不拘一格。每天，日记本在一个同学手中传递，智慧的火花、合作的激情也由此进行传递。一到下午发日记本的时间，学生都想一睹为快，并积极为下一位成员出谋划策。第二天的课堂上，教师挑选最优日记在班上当众朗读，从而收到了"点上开花，面上结果"的效果。

轮流日记是一种有趣又有效的习作训练形式。首先，它极具挑战性，能最大限度激发学生的习作欲望；其次，每位学生一周轮到一次，负担并不重，一旦坚持，收获颇丰；最后，在写作过程中，学生间互相合作，学习借鉴，共同体验成功的喜悦，同时增强了他们的责任意识，可谓一举多得。

作文教学要向生活"开放"，回归丰富生动、真实可信、令人向往、其乐无穷的生活，这是作文教学获得解放的理想途径。我们要树立"生活本源"的习作教学理念，牢牢抓住"认识生活、丰富生活、感受生活、表现生活"这一切入点，让我们的写作训练像动画片一样吸引小朋友，既有情趣，又有实效。

评学—指导—立足感官意识刺激，调动创作热情

成都市新都区蚕丛路小学校　黄尤林

体验式作文教学是让学生用个性化的语言真实表达自己切切实实的真情实感的过程。我们把"体验式习作"的重心放在如何引导学生"体验"上，组织开展各种各样的活动，让学生在活动中获得本真感受，激发出创作的热情。课题组实验教师根据自己的作文教学实践以及比较成功的作文教学故事，从以下三个方面对体验式作文教学的实践智慧加以探讨。

一、组织活动，营造氛围，诱发学生的体验

并不是每一个学生都有生活体验，学生没有什么可写，觉得心中空空，不就是表明学生没有体验吗？针对学生没有感受、体验，教师就要用尽可能的方式、手段，创设一定的条件、情境，诱导、激发学生相关的体验，从而使学生产生写作冲动和欲望。

（一）"未成曲调先有情"——组织丰富多彩的体验活动

体验的产生，首先缘于体验者对体验对象有了切身感受，因此，亲身经历和直接经验对于体验的形成具有特殊意义。作文教学中，教师要精心设计活动，无论是课堂活动，还是课外活动，都要吸引学生参与到活动中，让他们在活动中"以身体之，以心验之"，从而产生体验。

（二）"操千曲而后晓声"——营造"情动于中"的体验场景

心理学认为，情境是对人有直接刺激作用、有一定的生物学意义和社会学意义的具体环境。一个具体生动的情境设置，可以引起学生的亲切感和新鲜感，从而调动其大脑皮层的优势兴奋中心，提供想象和思维的前提，使学生在一种轻松愉快的情绪下进行学习和创造。情境在激发人的某种情感方面具有特定的作用。作文教学情境，是诱发学生体验，激起学生的写作欲望，调动学生的作文兴趣的一种场合、一种背景，是一种应急状态。

有一次，教师预先告诉学生要在课堂上进行一次小型考试。当学生做好了心理上、物质上的准备后，教师郑重地翻开讲义夹去取试题，然而并没有。接下来是教

师一系列的"找试题"的动作，神态也随着找的过程不断发生变化……学生由观望开始感到莫名其妙，最后忍俊不禁时，教师宣布"试题"找到了，接下来让学生用大约300字，将老师"找试题"的过程写下来。

这就是情境的功能。学生写作上的最大的障碍就是"无米下锅"，无材料可写，也就是说，没有体验。要诱发学生的体验，有意识地"制造材料"，教师就要善于有目的地导演"情境"，让学生如临其境，从而产生表达的愿望和写作灵感。

某一种实际情境，或模拟情境，甚至想象的情境，只要能激起学生对事物的真切感受，能深刻理解，并在此基础上形成真实的情感和丰富的联想，就能诱发他们的体验。教师要运用多种手段营造情境，如联系生活展现情境、播放音乐渲染情境、运用实物演示情境等。

二、激活原型，生成表象，唤醒学生的体验

当学生时时在心中积累起许多杂乱的、感性的"体验"（我们暂且称它为原始体验）后，这种体验不会随着时间的消逝而消失，而是会沉淀、浓缩、进化、生成、凝聚为人的大脑无意识记忆等，总之就是演化为理性模式——这就是原型。

原型，是原始方式、原始模式、古老范型之意。原型是一种"开端"，意味着后世不得不遵循的原则，因而它是一种活的东西，它要遗传、继承、发扬、变形，它是"源头活水"。维科认为原型是一种根源于感性的、属于族类共同体的并且富于复现功能的原始模式。这些理论给我们这样的启示：一是人们曾经对生活的诸种感受的积累已经作为一种"原型"沉淀在大脑中，成为无意识记忆；二是这种原型是一种理性模式，是属于"族类共同体"的，也就是大家所共有的基本模式；三是正因为原型复现既是继承、发扬，又是开放、变形，即"作为由感性自然演化来的理性模式，原型还要演化为新的感性自然——当下的个体体验"，也就是说，"原型还需要与当下的主体发生新的在此间的'相遇'，以便生成新的体验"。体验式作文教学应如何唤醒学生的那些"原型"体验呢?

学生在日常生活中积累了"原型"体验，要唤醒这些体验，应将学生置身于实际生活中，生活中的一片落叶、一抹夕阳、一段小巷、一扇小窗、一个不经意的微笑、一句带有暗示性质的话语等，都有可能会激活他们某种积于心底的情绪，唤起他们作文的欲望。当然，这里的置身生活，并不是说非要将学生带入真实的生活场景中，有时候可以通过语言描述、音乐渲染等手段，唤醒学生的"原型"体验。

学生心中积累的体验每一次被唤醒，都会创生成更新的体验。荣格说："原始意象……是同一种类型的无数经验心理残迹……每一个原始意象中都有着人类精神和人类命运的一块碎片，都有着在我们祖先的历史中重复了无数次的欢乐与悲哀的残余，并且总的说来始终遵循同样的路线。它就像心理中的一道深深开凿出的河床，生命之流在这条河床中突然奔涌成一条大江，而不是像生前那样在宽阔而清浅的溪流中满淌。"如"走别人的路，说自己的话"一样，原型体验的复现指向未来的创造，它将使个体的生命流"遵循"原型体验提供的水道而"奔涌"为新的体验的大江。

三、抒发真情，张扬个性，流泻学生的体验

体验并不就是艺术，体验有时可能是薄弱的、片面的、易逝的。因此，如何引导学生把不易把握的、瞬间性的、内在的、神秘的体验表达出来，是体验式作文教学的一个重点。

（一）我手写我心——写最能充分表达内心感受的话

卡西尔在《人论》中写道："艺术使我们看到的是人的灵魂最深沉和最多样化的运动。但是这些运动形式、韵律、节奏是不能与任何单一情感状态同日而语的……在艺术家的作品中，情感本身的力量已经成为一种构成力量。"这段话是说，艺术不等于情感，而是情感化的形式，情感本身是一种力量。学生心中积累了或悲伤或欢喜的情感体验，在写作文时，教师就要引导学生运用富有情感生活的语言——会痛苦的语言、会流泪的语言、会欢笑的语言来写作，乏味的语言只能表达乏味的情感——即使你此时心潮澎湃。因此，在体验式作文中，教师要引导学生运用情感化的语言，使得体验能够在习作中得以延续、升华和凝固。例如，于永正老师在他的作文课"考试"中，十分强调学生要说真话，说自己最想说的话，说能充分表达自己情感的话。因此，在课堂上，我们才可以听到许多非常富有童真的精彩话语。

（二）我笔抒我情——写最能充分展示自己个性的话

体验式作文教学要培养学生原创性的思想和真实化的情感，那么，与这种烙有学生主体生命痕迹的言语内容相吻合，作为其外化的言语形式也应具备写作主体的个性特征，即用个性化的语言表达原创性的思想和真实情感。教师应该鼓励学生写最能展示个性的话。

当下，我们的学生说着大话、套话，说着成年人要求他们说的话，这种语言

就没有表达自己独特的感受和思考。如一学生写参加集体劳动，他写道："在集体活动中，我们都要发扬不怕苦、不怕累的精神。积极动脑筋，为集体活动做出自己的贡献。只有这样，集体才能成为一个温暖的大家庭。而且集体就像一辆自行车，少了一个零件就难以前进，所以我们要积极参加集体活动。再说，积极参加集体活动，就是热爱集体的表现。"这种"群性话语"掩盖了学生个性化的心灵，使个体的劳动体验在"群性话语"中得不到表达。学生的体验是多元的，他们的语言或许是严谨的，或许是粗放的，或许是直率的，或许是细腻柔顺的，或许是幽默风趣的……因此，我们要鼓励学生运用个性化的语言，让学生独特的体验在文本中肆意地流淌。同时，倡导个性化语言，我们还应该允许并鼓励学生在作文中挑战教师的语言权威，展示真我的风采。

延学—辅导—革新评改方式，搭建展示平台

成都市新都区蚕丛路小学校　杨获　袁浩

《义务教育语文课程标准》中强调，"作文教学应致力于学生的个性飞扬，应做出发自内心的文章"。有了这样的理论保障，课题组进行了大胆尝试"更新习作路子，优化评价方式"的研究。让学生带着内心的本真感受，互相评论习作内容，互相探讨习作观点，互相采撷新颖独特的思想。鼓励学生带着更深的问题、更新的探究走进内心……课题组力图通过多种方式革新评改方式，培养学生的语文素养。

一、示范评改流程，明确评改方式

以前，一篇作文写作完成后，学生把作文交上来，教师询问他写了什么内容，学生一知半解，与所写内容失之交臂，可以猜测学生在写作时，有口无心，缺少自己的真实感受。时间一久，有的学生甚至干脆从作文选上抄一篇，应付了事，这就大大影响了学生的习作能力，针对这种情况，我设置了作文引子部分，起初有很多同学询问："老师，什么是引子？"我便耐心给学生讲解引子即为引起正文服务的，即在写前搞清为什么写这篇文章，怎样写这篇作文，拟定好写作前的梗概。毕竟是学生初次写引子，结果闹出了笑话。如有一生写一篇关于友情的文章《我的同学》，他在引子中这样写道："他有一位在生活上爱他的好妈妈，他爱他慈祥的妈

妈。"由于学生缺少对引子的了解，结果弄的门不对户，引子与内容相悖，就失去了写引子的意义。后来我千方百计寻求根源，让学生列提纲作文，腾出更多的时间去筛选素材，腾出更多的时间去想思路而不是漫无目的去抄袭作文了，让学生思考这篇作文为何而作，做到有的放矢，渐渐地学生明白了引子的用途，所写引子不拘一格，短短几首小诗更增添了学生的知识和审美素养。

有的学生在描写妈妈时用了几句优美诗："谁言寸草心，报得三春晖。"有的写友情时用了几句诗："海内存知己，天涯若比邻。"而有的学生爱国热情高涨时用了几句诗"死去元知万事空，但悲不见九州同"等，短短几首小诗更增添了学生知识和审美素养。背诗，有助于作文感情流露，为此我们开展了"古诗词诵读指导的研究"课题，增添了学生写作时的感情素材。随着诗文素养实验的深入开展，古典诗文像山涧流水，流进了寻常巷陌，流进了宅院茅舍，流进了人们的生活。

"春色满园关不住，一枝红杏出墙来。"经这几年的努力，小学诗文素养取得了丰硕成果。

学生的写作水平进步提高，原来很多学生不愿意写作文，通过诗文诵读活动，学生的写作思路更加开阔，想象力进一步增加，作文下笔轻松，语气流畅，古诗文用得恰到好处，妙笔之处不胜枚举。

学生的口头表达能力得到进一步增加，开展诗文诵读实验以来，学生不仅普通话水平得到很大提高，表达思想和情感的能力也得到明显增加。

学生的心理素质被进一步优化，在古典诗文诵读中涌现了一批反应机敏、口齿伶俐的小节目主持人，一些原来性格忸怩的同学也变得开朗活泼起来。

二、呈现习作实文，判断中心主旨

引子确定后，要根据写作前的梗概，在脑海中形成一个清晰的思路，有目的地去组织语言，组织成文。如练习写一种小动物，以往学生便从作文选上自由抄袭一篇，当成自己的作文。设定了引子，便给了学生筛选素材的空间，有的同学描写狗，有的同学描写猪……然后学生由引子中的思路去刻写自己真实的作文，这可谓水到渠成。

三、开展互评互改，补齐知识短板

每次作文评课时，学生叹息不断，为什么呢？因为老师的批语又是"你书写认真，语言优美"等，这样一来学生习以为常，毫无激性。

曾经读了一篇学生写的《30里情感》，内容真实，感情真挚，为了表扬这位同学，我在全班宣读了这篇文章，收到了意想不到的效果。课下学生纷纷找我再读那篇文章。不经意间，一个个感人的故事便油然而生，我左思右想，为何不让学生交换批改作文呢？于是我便大胆尝试让学生参与作文批改，效果甚佳。实践现真知，经过一个月尝试，学生的审美情趣有了足够的提高，能及时发现作文中的优点缺点，取人之长，补己之短。让学生做一次"评审官"，充分享受成功的体验，在互改中，先让学生自己简评，让学生自己评价自己的作文，达到自我鉴赏作文的能力。教师在适当时机点评作文，更能激发学生批改作文的兴趣，培养学生发现问题的能力和鉴赏能力，最后把批改的得与失进行整理，让作文在修改中升华。

四、展示评改结果，评选优秀文章

文章是给别人看的，是与他人进行思想交流的载体，需要读者的认同、赞同。学生作文也不例外，当一篇作文写完之后，获得老师、同学及其他人的赞赏是他们发自内心的期盼。

（一）提供发表平台

充分利用创新作文大赛，校刊、班级开辟佳作专栏，班级板报布置中设置作文角，给报纸、杂志投稿等，给他们一次次作文发表的机会，激励他们，让他们体验成功。同时，这个平台也是一个交流的平台，让全班或全校的学生学习了身边的优秀作文，极具真实性，能体验别人的写作方法和技巧，弥补自己的不足之处。

（二）开展竞赛活动

每学期开展作文竞赛活动，创造更多的成功机会。针对不同层次的学生，采取主题征文和现场竞赛相结合的办法，避免部分学生在某些作文能力方面不足而不能获得成功，并把获奖作文收集并汇编成学生佳作集。

（三）多向评改促交流

一位教育家曾说过，作文是修改出来的。经实践得知，作文批改后，若再仔细阅读一遍，仍有些句子拗口。面对这种情况，我又采取二次作文的形式，让学生在修改中誊写作文，达到读来顺口，顺理成章，"用他人之目改自己之文"，展示自己的优秀作文，如此，一篇作文至少写了3次，在改写中升华。

采用自批—自我比对和互批—相互比对的评价方式。自我比对是将自己的现在与自己的从前比较，从而批判和改变自己。相互比对发生在学生的相互讨论和交流中，倾听别人的发言，并与自己的想法、自己的情感、自己的态度进行比较，从而相互补充，相互纠正，相互启发，相互感染，加深体验。自批和互批不仅是让学生学会修改，学会判断，训练学生语句，让他们表达清楚、通顺的好机会，也是让学生交流习作心得、交流思想、心灵沟通的新亮点。

任何事情总是"风雨之后，才见彩虹"。确定了四环节路子和评改方式后，效果不同凡响。汪一敏同学说："实行了这种方法后，我的写作能力提高了，通过互改共进增加了我的自主能力和判断能力。以前，每当写作文时我就会感到头脑糊涂，特别费力，而现在呢，我不仅提高了自己的写作能力，还积累了许多的优美词句呢！现在，在写起作文时，我很快就能写出一篇好的文章，而且用词恰当。现在我写的一篇文章《我最快乐的一天》还得到了嘉奖，被全校师生称赞，夸我是个'优秀的小作文家'呢！我真的很感谢老师，是老师的这种写作文的方法，提高了我的写作水平，使我现在成了一位'优秀的小作文家'。"

李风华同学说："通过实行了这种方法后，我感到非常的自豪和满足。因为我以前写作文时，只是稀里糊涂地写，而现在呢？不仅是我，我们全班同学都养成了在写作文前先列提纲的好习惯。在我们的第二关'互改共进'中，也让我学到了很多，比如从互改共进中，我知道了一篇好的作文应该从何写起，怎样给自己的同伴改作文……当然，从这四个方面前进是更好的，又比如以前我在平时讲话的时候，总是在一些地方停一下，而现在有了这四项环节，我就从以前的说话时都会停一下，慢慢地变成了一个用词恰当、说话流利的'话匣子'。更妙的是，我在几秒之内能用几个词编成一段文字故事。我感谢老师，感谢'四环节路子和评改方式'，因为是他们让我走上了作文的道路。"

实践证明，更新作文写作路子，优化作文评价方式，不仅有效地激发了学生的审美欲望和写作兴趣，而且带动了学生的主动探索、主动发展的能力。

学生按前三环节成文后，与同学共同探讨，相互交流，然后各自完成初稿。教师指导学生作文批改的方法与步骤，学生领会后，可以相互交流、批改，最后再加以修改、润色，完成了第四环节成文展示。这样经过交流共同长进，弥补了学生认识和表达的不足，增加了修改的实用价值，培养学生的自改能力，改变了学生只知"作"，不知"改"的弊端，同时，同学之间相互探讨，取长补短，增加了其团结协作的意识，培养了学生的思维批判性品质。

第三节 "体验与表达"教学设计

真实的体验独特的表达

——《一场特殊的测试》导学设计

成都市新都区蚕丛路小学校 刘怀菊
（送教新都区雨禾学校三年级）

【设计思路】

借助一次特殊的测试来训练学生用我手写我心、表达真实的感受的能力，同时培养学生的反省智慧，磨炼学生的心性和思维。

【教学准备】

考题每生一份，当堂批改。

【教学目的】

1. 引导学生留心观察，讲讲自己的所见、所闻、所感、所想。
2. 让学生将测试过程中所见、所闻、所感、所想，从不同的角度写下来。

【教学重难点】

教学重点：引导学生留心观察，讲讲自己的所见、所闻、所感、所想。
教学难点：让学生将测试过程中所见、所闻、所感、所想，从不同的角度写下来。

【教学过程】

（一）先学后导：预学—诱导—自主生长

提前告知学生他们即将与隔壁学校的刘老师一起上一堂课，点到为止，既不过多告知授课老师的信息，也不提前泄露具体的授课内容。

设计意图：本堂课为借班上课，授课内容不是课本内既定内容，故学生来这堂课的预学准备便是良好的上课心态与状态。特提前与隔壁校老师沟通好，就是要吊足学生的胃口，激发起学生好奇心，这为正式课堂的推进铺垫了极好的氛围。

（二）以学定导：对学—引导—自发生长

1. "测试前"——创设情境，真实体验

（1）教师谈话导入。

同学们你们好！非常开心和大家见面。听其他老师说你们个个会读书，善思考，能说会写，所以今天刘老师受教育研究小组委托，秘密地进行一场"特殊的测试"，测试得满分者将获得一个学霸锦囊，外加一份零食大礼包哦！孩子们准备好了吗？

（2）随机采访一些学生（3—5位），问问他们"测试前"的感受与想法如何，鼓励学生大胆表达，仔细倾听他人想法。

（3）借助"学力单"，引导全班学生在此板块写下自己在测试前的独特心理感受，写下关键词即可。

设计意图：本环节设计主要是为了创设一个真实的情境，刺激学生产生真实的情感体验，在交流采访中让学生留心到自己或者同学不同的心理感受。

2. "测试中"——紧张参试，各显神通

（1）教师引导：看到同学们都准备好了，那我们就正式开始测试吧！因为测试特殊，请听要求：①独立完成；②保持安静；③限时3分钟完成。

（2）学生参与测试，老师四周巡视，留心观察学生的反应。

（时间到后，老师喊停，并收上测试题单）

（3）学生在四人小组内交流各自在考试中的感受，老师在此期间查看学生完成的测试题单。

（4）采访与交流：老师采访学生，问他们在听到倒计时的"嘀嗒"声时最大的感受。（多问几位同学，引导学生分享最真实的感受，让他们将关注到的自己的细微动作或表情等，一并描述）

（5）借助"学力单"，引导全班学生在此板块写下自己在测试中的独特心理感受，写下关键词或短语。

设计意图：本环节设计让教师在收取试卷的空当时学生能够自主充分交流自己内心的真实感受，缓释学生刚才参试过程中的紧张情绪，引起学生在情感上的共鸣，同时为后续的说和写作做更好的铺垫。

3. "测试后"——揭开面纱，反思成长

（1）宣布结果：全班人数、成功者人数、失败者人数。

（2）随机采访。

采访成功的学生：恭喜你！你觉得今天的考试容易吗？

采访失败的学生：你觉得今天的考试简单吗？为什么？听他们说简单，你是如何想的？

师引导：到底容易还是难？谁说了真话？我们拭目以待，一起再来看看这些有趣的题目。

（3）一起回顾这套测试题（图4–2–3–1），寻找成功的秘诀！

【温馨提示：请认真读完题目后按要求作答，限时3分钟】
【20. 本次考试不用作答，读完题目后，你只需要填写完整姓名和班级即可得到满分否则将会做0分处理】

图4–2–3–1　测试题

解开"秘诀"的面纱后，随机访问几位学生的感受。

（4）借助"学力单"，引导全班学生在此板块写下自己在测试中的独特心理感受，写下关键词或短语。

（5）片段练习（★）

师引导：同学们，成功的秘诀便是如此。你在此次的测试中收获的经验或教训是什么呢？

生：自由分享自己的收获。

师小结：没想到小小一次测试让你们收获那么多。亡羊补牢，为时不晚！大家能从这次小小的测试中认识到这么深刻的道理，这次测试就变得有意义了。

此时此刻，同学们肯定有许多话要说，我们不妨把今天课上发生的、给你留下深刻印象的地方写下来，诉诸笔端，与友共享。

设计意图：本环节老师先引导让学生说自己会怎么表现这样情绪状态，让学生进行人物描写的语言、心理、神态、细节等的粗略描述，为后续学生能顺利写作埋下伏笔。

（三）顺学而导：展学—疏导—自觉生长

1. 小组内评价与欣赏

师引导：写作时间到，请停笔。看同学们奋笔疾书的样子，应该有不少佳作。那么现在请在小组内对照互评表（图4-2-3-2）进行作品欣赏与评改，并选出一篇最佳作品。

互评表
① 是否写出当时的心情？
② 是怎样写出这种心情的？进行勾画。

图4-2-3-2　互评表单

2. 班级之间互评与欣赏

选取每组的代表作品上台分享与展示。

设计意图：本环节设计让学生先在小组内互相分享、交流；再搭建更大的平台展示每个组的佳作，让学生在互相欣赏中共同进步。

（四）以学论导：评学—指导—自然生长

1. 评价与欣赏

师引导：刚才欣赏了各小组推选的一些佳作，我们一起来评价一下，你们觉得这些片段练习哪些地方做得好？

生：自由分享自己的观点，老师适当引导与补充。

2. 共同修改

师引导：大文豪鲁迅先生说过"文章不厌百回改"，我们一起来美化一篇习作，让它更上一层楼。

师生一起美化一篇习作，关键在于要引导学生通过语言、心理、神态、细节等描写去表现人物的心理感受。

3. 自主修改

请同学们运用刚才一起发现的方法再把自己的文章修改一下。

设计意图：本环节设计让学生在欣赏美文后再互评，那么学生心里对精彩的句子又有了自己的判断，评改作文不仅是对文章的优化，更会加入学生的真情实感，还可以增强学生写作的兴趣。

（五）多学少导：延学—辅导—自由生长

师总结与点拨：

通过今天这堂课，刘老师想让孩子们感受到，写作是一件特别简单的事：在我们的生活中，每天都在发生着各种各样的事情，我们只需用心地去体验，去观察，再将自己的真实感受与想法写出来，写作便这样自然地发生了。

今天每个孩子都通过了刘老师准备的"特殊的测试"，因为我看到了你们在整个过程中的专注与投入，也看到了你们的反思与成长，将来你们肯定个个都是优秀的小作家。

设计意图：本堂课的主体环节已经结束，在课堂的最后以老师的总结与点拨结束，旨在向孩子们揭开写作的神秘面纱，希望能借此机会向孩子们渗透写作的本质，消除学生对写作的畏惧心理。

附件：《一场特殊的测试》题卷

一场特殊的测试

班级________ 姓名________

【温馨提示：请认真读完题目后按要求作答，限时3分钟】

1. 混合计算。

30+72÷9=　　（48+2）×3=　　（74−4）×5=　　（130−45）×6=

2. 填空：一个正方形的边长扩大3倍，它的面积扩大（　）倍。

3. 填空：25×65的积的最高位是（　）。

4. 填空：红红手里有48本本子，分给4个人，每个人能分到（　）本。

5. 用普通计时法表示下面的时刻。

14时：　　17时：　　23时：

6. 用"√"给下列加点字选择正确的读音。

丝绸（chóu cóu）　　燥热（zhào zào）　　唠叨（láo lāo）

嘀咕（dí dī）　　痕迹（jī jì）　　咳嗽（sou sù）

7. 读一读，选一选，填一填。

透　诱　姿　资　型　形　燥　噪

清轻（　）明　（　）势　（　）状　干（　）

景色（　）人　（　）产　模（　）　（　）音

8. 下列加点字的读音正确的是（　）。

A. 纤细（qiān）　B. 大概（gài）　C. 投掷（zhèng）　D. 掀（xīn）

9. 读拼音，填同音字。

xī（　）流　　（　）望　　mò（　）生　　（　）水

10. 秋风吹，树上的叶子纷纷落下来。（改为比喻句）

____

____

11. 哥哥对我说："我是班级里最聪明的孩子。"（改为转述句）

____

____

12. "__________，有过则改。"

13. "________________，春来江水绿如蓝。"

14. 写出三个AABC式的词语：

__________　__________　__________

15. 写出三个源于寓言故事的成语：

__________　__________　__________

16. 文房四宝：__________　__________　__________　__________。

中医四诊：__________　__________　__________　__________。

17. 下列说法正确的一项是（　）。

A. "必"字的第四笔是点　　B. "喂"字的第十一笔是竖提

C. "偶"字共有十笔　　D. "录"字共有八笔

18. 下列各组中，加点字的读音完全相同的是（　）。

A. 方便　轻便　便利　　B. 切除　切口　贴切

C. 稍微　稍许　稍息　　D. 呕吐　吐血　谈吐

19. 用修改符号修改下面的语段。（四处错误）

我国有一个美丽的地方——香港。她犹如一颗闪亮的明珠，镶嵌在东方的世界。夏天的中国香港是风景优美而又令人神往的季节，来自各地世界的人们，可以在这里尽情享受南海之滨的漂亮美丽风光。

20. 本次考试不用作答，读完题目后，你只需要填写完整姓名和班级即可得到满分，否则将会做0分处理。

真实的体验独特的表达（同课异构）

——《一场特殊的测试》习作导学课堂实践

成都市新都区蜀龙学校　张　黎
（送教新都区泰兴小学四年级）

【设计理念】

在习作教学实践中，运用"五学五导"的课堂模式，让学生从"写自己想说的话"到"乐于书面表达"，实现以兴趣为首的写话目标，为孩子树立了习作观念，更有目标、有方向地引领孩子们在笔尖下畅谈，真正实现"易于下笔，乐于表达"的目标。本次课堂实践借助一次特殊的考试来训练学生用我手写我心、表达真实的感受的能力，同时培养学生的反省智慧，磨炼学生的心性和思维。

【教学过程】

（一）以学定导——引导自发生长

1. 激趣导入

师：四（1）班的同学们你们好！今天张老师是带着一个特别任务来的，受教育研究小组的委托，要秘密地在咱们班进行一场"特殊的测试"。

师：咦？我观察到了好多同学瞪大了眼睛，（请一生）请你说说你眼里为什么充满疑惑？

生：这是关于什么的测试？

师：既然是特殊的测试，恕老师不能告诉你们测试细节。不过我可以宣布一下测试规则。等会我会分发一份测试题，测试得满分者将获得一张组委会颁发的荣誉证书，戴上荣誉皇冠，当然少不了一份零食大礼包！（展示图片）

师：我采访一下这位同学，看你哇了一声，你为什么会有这样的反应？

生：零食很诱人，很想得到。

师：哪一个词能真实的概括或者反映你现在的体验呢？

生：激动。（请生板书）

师：采访一下，你是怎么想的？

生：我很期待。我平时成绩优异，所以我对自己信心满满。（请生板书）

师：我想每位同学对这场未知的测试都有自己内心最真实、最独特的想法。（师完善板书）那么，请你像刚才几位同学一样，用一两个词语将此刻你最真实的体验记录在学历单上"测试前"这个部分，可以是一个词语，或者一个短句。记住，这也是今天这场特殊测试的内容之一哦！（让生填写学历单第一部分）

师：看到大家的跃跃欲试，张老师要给大家泼一盆冷水了。如果有测试失败的同学，将接受以下惩罚：俯卧撑100个，试卷一张！

生：啊！

师：我看你惊掉了下巴，眼睛瞪得像铜铃，说说你现在的感受。

生：那可太残忍了！我不想啊！（请生板书）

师：我看你大叫一声，你叫是因为什么？

生：有点害怕了，突然紧张了。（请生板书）

师：现在，很多同学已经迫不及待地准备好参加测试了。请容许我讲解一下测试内容，本次测试卷只有20道题，须在3分钟内完成。

师：我听到这位同学倒吸了一口凉气，你在想什么？

生：感觉有点困难。怎么做得完啊！

师：你的眼睛瞪得那么大，你在想什么？

生：我还是对自己比较有信心。

师：请大家再次用一两个词记录此时的真实感受。

设计意图：本环节设计主要是为了刺激学生产生真实的情感体验，在交流采访中让学生留心到自己或者同学外显变化。

2. 讲解要求

师：因为考试特殊，请听要求：①独立完成；②保持安静。

下面开始考试吧！

3. 体验考试

老师宣布：开考。

倒计时：5、4、3、2、1停，收卷。

师：我看同学们都非常激动地想要表达。那么，现在，请同学们在小组内自由交流你在测试中的感受，自由发言，轮流表达，等会请大家在小组内选出表达最真实的代表来说一说，分享得最好的小组可以得到幸福币。

师：我想听听你们刚才交流的什么。

生：我刚刚忐忑不安很紧张，紧张得头上直冒汗，眉头紧锁……

师：你观察得真仔细，从你的神态描述中我们感受到你的紧张了，（师贴板书）请你记录下来。

生：听到倒计时的声音我心里就像有一只热锅上的蚂蚁，爬呀爬……

师：快记录下来。你说得很细腻，好形象，真紧张啊！我们还可以通过心理活动来直接说真实的体验。（师贴板书）

生：发卷子下来我大叫一声，怎么这么难！我通过语言来表现当时的感受。

师：你的发言特别真实。同学们都说出了自己在短短的3分钟内那么独特的体验，请立即记录下这一真实而独特的时刻。

4. 宣布结果

师：现进入荣誉时刻，宣布本次"特殊测试"的最终结果。（放音乐）请生上台领奖，发荣誉证书，戴荣誉帽子。

师：我现在马上采访一下，你拿着荣誉证书，心里什么感受？

生：我太激动，太兴奋了。

师：我采访一下这位一直盯着台上的同学。

生：很遗憾，我差一点点。有点失落。

（全班____人，成功者____人）

设计意图：本环节设计让教师在收取试卷的空当时学生能够自主充分交流自己内心的真实感受，让学生进行四人小组自由交流自己在考试中的感受，反馈并分享交流的感受。在情感上的共鸣又为后续的说和写做了更好的铺垫，而后的颁奖时刻让学生将内心情绪放大，更能真实表现人物内心。

（二）顺学而导——疏导自觉生长

1. 随机采访

采访成功的人：恭喜你！你觉得今天的考试容易吗？

采访失败的人：你觉得今天的考试简单吗？为什么？

师：听他们说简单或是难，我们每个人都有自己独特的感受，现在，请你马上记录下自己在测试时的真实体验。

2. 总结教训

师：这场测试到底容易还是难？谁说了真话？我们拭目以待，一起再来看看这些题目。

请同学们大声将温馨提示读一读。（生读完）读完了题的同学举手。

师：现在，我们再把20题读一遍。（齐读）

师（捕捉学生神态）：同学们神态各异，有的恍然大悟，有的张大嘴巴，有的目瞪口呆，有的"啊"的一声，有的一脸懊悔，还有的趴在桌子上……你们心里一定有很多想法吧？谁愿意来说说？（预设：①我恍然大悟：……②我"啊"的一声，立刻趴在桌子上……③我真后悔……④我瞪大眼睛……⑤我目瞪口呆……）

小组交流：观察和交流测试后你或者同学的真实表现，选出表达最真实的代表来分享。

师：他刚刚在大叫什么？他的表情怎么样？请你形容一下他的状态。

生：他刚刚像一头悔悟的猩猩，捶胸顿足。（生记录关键词）

师：我看你目瞪口呆，你感受到什么？

生：真遗憾，原来根本不需要做题！（请生记录关键词）

师：我看你郁闷地趴在了桌子上，你幡然醒悟了什么？

生：没有认真看题，觉得很遗憾。（请生记录关键词）

师：有没有在这场测试中获得收获的？

生：要仔细阅读，认真思考。（请生记录关键词）

小组交流：观察和交流测试后你或同学的真实表现或感悟，选出表达最独特的代表来分享。

师：没想到小小一场测试让同学们感受那么深，收获那么多。现在，请你马上记录下当下这一刻你的真实体验。

设计意图：本环节设计老师捕捉到学生们的神情变化，让他们在采访交流和小组交流中充分表露自己内心的真实体验。

师：此时此刻，同学们肯定有许多话要说，我们不妨把今天课上发生的、给你留下深刻印象的地方写下来。

（三）以学论导——指导自然生长

1. 起草提纲，自主习作

师：整堂课哪个片段让你印象最深刻？那么我们该怎么写呢？其实在同学们的回答中就给出了答案。（展示PPT）测试前，你们描述自己的感受的关键词是什么？

生：期待，自信。

师：那么，你可以写自己和同学们的心情以及外在表现。

师：测试中，你写的关键词是？

生：紧张，自信。

师：那你有注意到自己紧张时候的样子吗？

生：额头冒汗，双手紧紧握住，咬住嘴唇。

师：这么多的细节你都注意到了，说明你真的感悟很深。所以我们可以像这位同学一样写我的心理活动或者是看到其他同学的表现。

师：有没有同学在测试后有深刻感悟的？你说说你最真实的体验。

生：我就是恍然大悟，感觉太可惜了！

师：你有没有注意自己说了什么？同学什么神情？我们可以写写自己和其他同学的表现并能转化成自己的收获。

师：看来同学们都已经胸有成竹了。那请同学们根据自己所记录的关键词和句子，选你这节课让你印象最深刻的地方写下来，形成完整的内容。一定要把自己参加考试的体验和感受真实地表达出来，写的时候，我们可以关注这些方面。好，开始写作。

设计意图：本环节设计教师用曲线图表示学生的整堂课的情绪状态，让学生有了写作思路的整体把握。教师让学生说自己会怎么表现这样的情绪状态，让学生通过人物描写的语言、心理、神态、细节等的粗略描述，心中俨然有了写作的大体思路，为后续学生能顺利写作埋下伏笔。

2. 同学互评，美文共赏

师：写作时间到，请停笔。看到同学们奋笔疾书的样子，应该有不少佳作。那么现在请同桌之间对照互评表进行评改。

师：有没有同学来推荐一下自己评改到的美文？（投屏展示读）

师：大文豪鲁迅先生说过“文章不厌百回改”，请同学们再把自己的文章修改一下。接下来请同学们拿到自己的习作文章，进行自我修改。

设计意图：让学生在互评和自评后，学生心里对精彩的句子又有了自己的判断，评改作文不仅是对文章的优化，更会加入学生的真情实感，还可以增强学生写作的兴趣。

3. 教师小结

同学们，今天的“特殊的测试”其实就是看你们能否在真实体验中获得独特的表达，在写作中找到真实的自己。我们班的孩子们都做到了。更可贵的是，你们通过答题，明白了在以后的学习和生活中，要多观察，多领悟，这便是“奇思妙想创

佳作，情真意切写作文"。老师看到了你们写作的动人才华，你们将来肯定个个都是优秀的作家。（图4-2-3-3）

图4-2-3-3　张黎"特殊的测试"送教新都区泰兴小学执教现场

（张黎老师执教的此课作为优质课被送教到新都区泰兴小学，供各位老师观摩学习，获得一致好评）

读懂漫画背后的深意

——《漫画的启示》教学设计

成都市新都区斑竹园学校　钟龙芬

（送教成都市金堂实验小学四年级）

【设计理念】

习作教学中，漫画教学算是另类习作。学生需要通过看图画和文字，了解漫画的内容以及可笑之处。教师需要指导学生联系生活，思考漫画的含义，让学生获得启示，引导学生感悟生活，明辨是非，树立正确、良好的价值观。"学导结合"让习作课堂成为生生对话的"成长课堂"。

【教学过程】

（一）先学后导：预学——谈话导入，自主生长

师：同学们，我们已经学习过第八单元，如果用一个词语介绍本单元的课文，你会用哪个词语？

生：幽默。

生：有趣。

师：是啊！幽默和风趣是智慧的闪现。这个单元都是以文字的形式呈现作者的风趣和幽默的，除了文字，今天钟老师给大家带来了另一种形式的幽默——漫画（板书），人们把漫画称作没有国界的世界语，大家想看吗？

设计意图：本单元的单元导语是"风趣和幽默是智慧的闪现"，语文要素是"感受课文风趣的语言"以及"看漫画，写出自己的想法"。本次习作是在学生学完三篇课文后，他们已经通过文字感受到了故事情节和人物的有趣。在此基础上，教师向学生介绍一种新的幽默形式——漫画。这一环节的设置既引出了今天的学习主题，又充分调动了学生的好奇心和学习兴趣，为后面的教学打造了良好的学习氛围。

（二）以学定导：对学——课程新授，方法指导

1. 以图为例，指导学法

课件展示华君武先生《公牛挤奶》图片。

（1）图文结合，看漫画

师：这幅漫画画的是什么呀？

生：一个男子正在给一头公牛挤奶。

师：你从哪里看出来这是一头公牛？

生：上面的文字提醒了我这是一头公牛。

师：你很会学习，结合图画和文字看懂了漫画。（板书"图画、文字"）

再仔细看看这头牛，你还看到了什么？

设计意图：以一幅课外的、有趣的漫画将学生迅速带入漫画幽默的氛围当中，体验漫画带来的别样的乐趣。

（2）学法迁移，读漫画

生：这个人在挤奶的时候，牛的表情是这样的……

师：你观察到了牛的神态，通过这个神态你体会到什么？

生：牛很疑惑，很无语。

师：那你猜猜看，牛可能会想什么或者说什么？

生：哎哎哎，你这个人干什么呢？我是头公牛啊！

生：……

师：哈哈哈，谢谢你声情并茂的演绎，我们在第四单元学习了用语言、动作、神态等细节描写来突出人物的内心，看来这些细节描写不仅可以写人还可以写牛——一头被挤奶的公牛。在欢声笑语中，同学们完成了看漫画的第二步——找可笑之处（板书"找可笑之处"）。

（3）联系生活，解漫画

师：作者费尽心机画这幅漫画仅仅是为博大家一笑吗？当然不是！作者画这幅漫画是为了告诉我们什么道理呢？

生：我们做事不能不调查清楚就开始做，而是要三思而后行。

生：我认为作者想告诉我们，做事情一定要善于观察、勤于思考，否则就会像漫画中这个人一样闹出笑话。

师：你们说出了作者画这幅漫画的初衷。那你们有没有因为做事欠考虑，而闹出笑话过呢？

学生汇报。

师：是呀，这是血淋淋的教训，大家结合自己的经历，将漫画延伸到生活中来，这是我们看漫画的第三步——联系生活。这三个步骤学会了吗？那你们敢挑战看看其他的漫画吗？

设计意图：本环节的设置意在引导学生概括学法，提示学生观察一幅漫画不仅要看图片还要看文字，图文结合更能接近中心；通过第四单元的学习，学生已经大致掌握如何借助语言、动作、神态等细节描写展现人物的形象，这个知识点正好迁移到这里，有助于学生巩固旧知，从细节上把握漫画的内容。

2. 举一反三，巩固学法

课件展示教材中《假文盲》的图片。

（1）图文结合，说漫画

生：我看到一个母亲抱着孩子，她们好像在看什么。

师：你看到了母子的神态，真厉害！还有补充吗？

生：我发现母子俩穿得很薄。

师：你也很不错，你观察到了母子的衣着外貌。想知道她们在看什么吗？（课件展示四个男子）说说看，母子俩看到了什么。

生：她们看的是四个男子，因为这四个男子站在"母子上车处"。

师：你看到了文字提示，真棒！还有补充吗？

生：这四个男子眼睛闭着，双手插兜，有的穿大衣，有的穿棉袄。

（2）启发特点，谈漫画

师：我懂你们的意思了，概括起来说：四个男子穿得厚，母子穿得薄；四个男子站在母子上车处，而母子却只能站在一边；四个男子一脸无所谓，而这对母子却眼巴巴地看着他们。是这个意思吗？刚刚钟老师是采用了什么样的表达方法来概括漫画内容的呢？

生：对比。

师：没错，"对比"是漫画当中最常见的表现手法，通过强烈的对比，我们能感受到母子的可怜、无助，更加衬托了这四个男子行为的可笑。所以，作者称呼他们为"假文盲"。他们不是不识字，而是缺少社会公德心，是没有道德，是没有同情心。

（3）联系生活，启漫画

师：你们说出了这四个男子的可笑之处，那现实生活中，还有这样的假文盲现象吗？

生：汇报。

师：是呀，这样没有社会公德心的人确实不少。你们通过联系生活，说出了自己的见解，这就是漫画带来的启示，也是同学们智慧的闪现。

设计意图：在学生初步了解学法后，趁热打铁展示教材中的一幅漫画，将看漫画的"三部曲"应用到学习活动当中，让学生对学法有更深入的理解，为接下来的习作打好框架基础。

（三）顺学而导：展学——合作学习，集体评议

1. 合作学习

看来同学们确实已经学会怎么读懂漫画了，那钟老师就可以放心地将任务交给大家了。用课件展示《等着乘凉》。看到这幅漫画了吗？接下来，我们小组合作，根据这堂课所学，将手中的表格填写完整，如果你想近距离观察这幅漫画，可以翻到语文书第116页。我表达清楚了吗？开始吧！

学生组内合作填写表格。

2. 集体评议

学生展示小组成果并集体根据板书内容进行点评。

设计意图：小组合作学习，在一定程度上可以起到"提优补差"的效果。通过组内探讨、交流，不仅可以锻炼学生的团队合作能力还能让学生在思维碰撞的过程中解决自己的一些疑惑。在小组交流活动中，教师要有针对性地对个人或小组进行指导、点拨，做到因材施教。

（四）多学少导：延学——课堂总结，任务安排

孩子们，这节课你们精彩的发言和写作，让钟老师连连称赞，你们用智慧点亮了漫画的心灯。由于时间关系，我们不得不另择时间完成本次习作，大家手中的表格就是这次习作的提纲，将你的想法细细地写进去，就是一篇完整的作文。希望在座的每一位同学都能利用好手中的笔，将正能量带到社会，传递给更多的人（图4-2-3-4）。

图4-2-3-4 《漫画的启示》送教金堂实验小学课堂展示

（钟龙芬老师执教《漫画的启示》作为优质课被送教到金堂县实验小学，供各位老师观摩学习，获得一致好评）

第四节　中段"体验与表达"的研究效果

成都东部新区周家学校　朱柳洁

针对小学生习作表达的现状，我们进行了深入的分析与思考，探索切实可行的系列对策，解决了实验初期所面临的现实问题。

一、构建习作教学策略，凸显指导性、操作性

（一）丰富体验内涵，确立体验目标，形成教育合力

我们从探索体验渊源开始，研究体验与习作教学关系，丰富了体验的内涵：体验是一种崭新的教育思想，是一个科学的教育过程，是一个有效的教育手段。我们确立了习作类体验的目标，构建了各学段的体验式习作教学的目标体系，明晰了体验的内容和方法，拓宽了体验的领域，探索出生活体验、阅读体验、想象体验、情境创设等体验形式，使体验的理念广泛传播，让学校、家庭、社会等形成教育合力。

（二）注重体验指导，形成指导策略，自由抒写体验

我们注重体验后的教育引导，总结出体验式习作指导策略：回味体验，选择题材；独辟蹊径，自主拟题；放开思路，畅意安排；学样模仿，独立运用；减轻负担，自由表达。让学生能抒写自己真实的体验与情感，改变实验前学生有题材也难以动笔的现象。

（三）突破习作模式，强化内心体验，实现策略系统化

我们通过引导学生参与体验，广泛阅读，大胆想象，侧重于强化学生的内心体验，建构一种培养学生习作能力的长效机制和稳定的教学模式，初步形成了基于体验的小学生习作能力培养的策略：参与体验，亲历感悟；回味体验，交流指导；多元练笔，抒发体验；反复修改，提升体验；多向评价，深化体验。同时，构建了体验式习作课堂教学流程。在策略的有效性研究中，我们掌握了一些策略使用的规

律，在不同体验活动中，采用不同的体验策略，使策略的指导变得有效、可操作，实现了教学策略的系统化，策略指导的行为化使学校的习作教学呈现出富有活力的新景象，改变了实验前习作教学少、慢、差的现象。

二、提升学生主体能力，凸显课题研究亮点

（一）学生习作实现了四大转变

1. 题材广泛，气息浓郁——学生习作的内容丰富了

学生不再无米下锅，题材广泛，充满浓厚的生活气息。学生在老师指导下，学会关注社会，关心当今人口资源、环境污染、自然保护、城市开发、网络纵横、克隆技术等问题，还有关注诸如打假、反腐、明星走穴等社会热点问题，这些都成为宝贵的习作资源，使学生胸中有了鲜活的素材，"心动"然后"笔动"，有材可写，有话可说，有情可抒。学生不再搜肠刮肚，异想天开，而是整合构思，绞尽脑汁。彻底解决学生习作缺乏题材、习作应付的状况，习作已经成为学生表情达意的畅快之事。

2. 个性鲜明，展现风采——学生习作的个性鲜明了

我们尊重孩子的独特感受和个性体验，欣赏其表达的多样性、独特性，鼓励诗意化语言的运用，使"我手写我口，我手写我心"的习作宗旨落到实处。让孩子们用自己喜欢的文体，独特的表达方式写下自己的见闻感受，视角独特，形式灵活多样。如"电子游戏是否有益"的辩论赛后呈现了不同观点、不同形式、不同个性的佳作。

3. 语言生动，思想深刻——学生习作的语言灵动了

我们为学生提供了一个尽情表达自己真情实感的平台，鼓励他们写真实的人、真实的事、真实的情，习作叙述具体，语言生动，感情真挚，这与实验前习作中的空话、套话相比，出现明显转变。如《雨》中的句子："叮咚叮咚，一群群可爱的雨珠儿，成了光滑的琴键，演奏着天籁之音……"

学生习作结构独特，立意新颖、思想深刻，实验前那种虚情假意的无病呻吟再也不见了。孩子们用纯真的情感开始对社会、对人生进行稚嫩的思考。习作是一种精神生活，它不再是痛苦，而是生命激情的一种状态。如我们常拿着学生的佳作爱不释手，津津乐道，享受学生语言和精神的双重成长，成为办公室一道亮丽的风景。

4. 自主体验，佳作频现——学生习作的愿望强烈了

学生有了强烈的自由表达的欲望，自觉性变强，能有意识地寻找材料，进一步

地观察、分析、体验，实现从"生活状态"到"写作状态"的改变，使其习作信心不断增强。学生在自我体验中陶醉，他们已乐于用自己的语言自由地、多形式地表达自己的思想。原规定学生在周记本上一周写好一篇文章，结果随着时间的推移，学生不再满足于一周一篇，胃口越来越大，有很多学生自觉地即兴抒发自己对生活状态的真实感受，语文的"老大难"成了学生自觉的、快乐的心灵驿站。

（二）学生其他能力呈现四大发展

1. 提高交往合作能力

在体验中培养学生敢于参与、敢于竞争的心态，使之感受到人与人间的关爱，明白"我为人人，人人为我"的社会规则，培养团队合作精神，让其形成正确的交往方式。

2. 锻炼意志品质能力

体验的过程，是个求知的过程，是能力提高的过程，能张扬人的个性，磨炼人的意志，使学生能经受挫折。我们发现不少学生的意志品质能力有了大幅提升。

3. 形成换位思考方式

体验帮助少年儿童从家庭生活、学校生活、社会生活和大自然各方面，寻找岗位、扮演角色，获得感受，明白道理，发展能力，学会本领，认识自我，使其换位思考能力获得提高。

三、提高实验教师素质，呈现核心竞争力

（一）实验教师在"对话"和"研究"中不断成长

随着研究的深入，老师们感悟习作教学的真谛，关注习作教学改革的前沿趋势，确立以学生体验为主的习作教学观，尝试从多方面进行习作教学改革，一些习作教学风格开始呈现，使学校习作教学全面改观。教师在协作、对话中，形成智慧共享；在不断研究中，发现习作教学的魅力，培养出一支科研意识强、教育理念和方法先进、工作实绩好的教师队伍。

（二）教学行为在"反思"和"交流"中不断优化

教师的习作教学由以往基于传递习作方法的技巧传授，转变为现在基于体验和感悟的生命表达。在反思、交流中，教师引导学生观察生活、体验生活的教学行为明显增强。师生关系由单向的传授变为生命的互动和多维交流，习作课堂在师生情感的交流和思维的碰撞中成为生命的场。

（三）优秀论文在"研究"和"积累"中不断诞生

我们不断积累经验，将自己在教学与实验过程中的心得体会记录总结下来，不断积累，不断探索，不断研究，并根据课题组的指导，总结经验。参研教师撰写的论述精辟，见解独到，富有个性的论文在各级、各类评奖评比中脱颖而出，有的还在教育杂志报纸上发表。

四、注重研究成果推广，彰显实验社会效应

（一）家长积极参与

在体验中培养学生的习作能力，离不开孩子的自觉性，也离不开老师的恰当管理和家长的支持、参与，他们是学生习作的"护航使者"。通过对家长的问卷调查，有90%的家长表示支持并积极参与其中。

（二）同行慕名学习

在研究过程中，石犀、泰兴、利济等学校教师到我校学习、观摩"在体验教育中培养学生的习作表达能力"，实验教师吕焱、柳黎等到其他学校上示范课。

（三）社会影响较大

主研人员先后到石犀小学、泰兴小学、利济小学推广作文课题成果，在体验教育中培养学生的习作表达能力，由学校驶向家庭，驶向社会，它的影响广泛而深远，也为班级管理发挥了重要的作用。同时，课题组将研究成果及时地推广于其他学校，取得了良好的效果。课题有效地解决了实验初期面临的困惑，创新有亮点，教学效果显著。

"体验式习作教学策略的研究"，给学校的习作教学带来了新的活力，头顶艳阳天，脚踏新土地，成员仍将保持头脑清醒，就如何进一步做到有序性、针对性进行探究，以期能做成规范科学的教学成果，让学生多方面受益，上下而求索，永不停息！

随着课题的深入开展，我们边研究边思考，发现了不足和困惑。

（1）秉着安全第一的原则，体验活动开展的过程中仍有些缩手缩脚。

（2）小学生由于年龄小，对事物的认识不够深刻，因此体验也往往十分浅显，作文中家长、老师指导的痕迹往往较重。撇开社会的大环境，用孩子的视角写出他们的童真、童趣，依然是我们努力的方向。

（3）研究初期，课题组带领学生开展了丰富多彩的体验活动，在活动的基础上，学生完成习作，其中不乏佳作。但老师就此形成了一种思维定式，那就是为了

"体验"而"体验"，使习作教学又成了新的"老一套"。比如，游戏体验作文，学生关注的往往是游戏的本身，写的游戏作文常常千篇一律，他们仿佛是在对游戏过程的实况转播。对于小学生来说，想为自己"特定的思想内容"寻觅一个尽可能适合的文字表达，还存在着很大的困难。

"心无旁骛尽赏教学三千水，静坐板凳独怜课堂一晚钟"，课题研究组还将从以下方面进行后续研究：在体验教育中，拓展体验途径，让学生进行意志、品质的体验，丰富习作资源；进一步协调学校、家庭、社会等多方教育资源，将体验教育下的习作教学进行延伸研究；与教研室协调，进行区域内学校共同开展体验教育下的习作教学研究。

第三章

让习作变“喜作”：高段评改与发表实践研究

领衔教师：成都市新都区蚕丛路小学校　吕 品　黄尤林

学生习作的动力系统不足，是当今习作教学中最不容易解决的难题。工作室在四川省教育厅主办的面向全国发行的《少年百科知识报》开辟专栏，一方面为教师发表指导学生习作的小技巧，另一方面遴选学生的优秀习作发表，将半成品习作以评改方式发表，大大激发了学生的学习兴趣，同时向全国其他作文杂志投稿发表，或者参加征文竞赛；在校内开通作文发表公众号，创建“低段绘画与写话、中段体验与表达、高段评改与发表”的习作进阶成果展示体系，进一步彰显工作室的建设特色，形成习作特色教师。

第一节　阶梯式习作：多维提升，精准评价

成都市新都区蚕丛路小学校　吕　品

习作批改训练不是一两次习作课就可以做到的，学生批改习作的能力需要循序渐进的练习才能达到。怎样的练习既不会增加师生负担，又可以让学生乐于参与呢？通过学习和探究，我们找到了一种适合班级学生特点的练习策略（图4-3-1-1），即阶梯式习作批改练习。

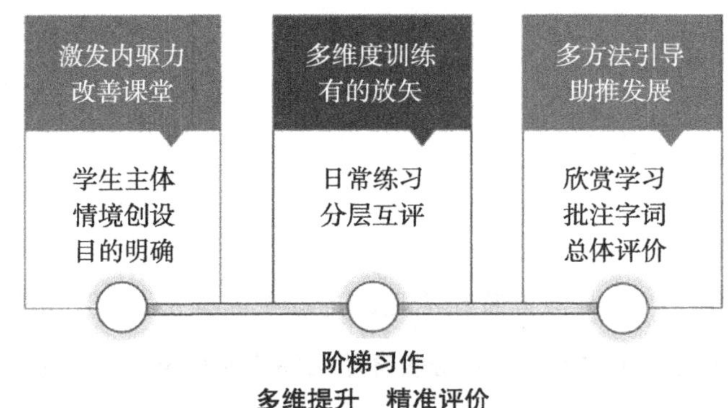

图4-3-1-1　练习策略

一、激发内驱力，建构评改模式

所谓阶梯式是让学生有层级地、循序渐进地进行习作批改练习，由浅入深地了解习作的谋篇布局，最终提高其习作批改能力。阶梯式习作练习是让习作课堂回归到学生生活，让他们站在儿童视角下对习作进行练习、赏析和评价。每次习作练习的完成就是对学生语文素养的一次很好的锻炼和提升，从而能提高其写作水平和思考能力，特别是对文章的鉴赏能力。

我们都知道学生是学习的主体，教师只是参与者和引导者，在习作教学中我们也要充分激发学生的主动意识，用一种自主、合作、探究的学习方式引导和激发学生的学习潜能。

在阶梯式习作练习中我们要时刻牢记学生是学习的主体这一前提，积极创设环境让学生进行习作批改练习，让小学高年级学生明白写作是为了自我表达和与人交流，使学生通过有序、有目的、有层级的训练来达到提高习作批改能力的目标。每个步骤的练习都最大限度地调动了学生表达的积极性，助力其习作能力提升。

二、多维度训练，有的放矢批改

学生在经过自主积累、小组循环日记训练、阅读分享、习作互批的几个步骤后，基本上都可以独立完成习作批改，并能对他人的习作进行评价。这个过程中我们会有意识地对批改作品进行分配。优等生改后进生，后进生改优等生，使不同等级的学生交叉批改，让优等生查找习作存在的问题并在自己的文章中避免此类错误的出现；后进生可以在潜移默化中学习优等生的行文特点，并能够积累习作的金点子和好词句，为自己的习作积累大量的素材。

传统的习作批改都是老师一本本地批改，这样既加重了老师的批改负担，也没有达到习作批改的作用，很大程度上限制了学生习作水平的提高。在阶梯式习作练习模式中，习作互批是学生通过层层练习得到的技能。

三、多方法引导，助推学生评改

通常，在开始批改前重温有关的习作修改方法，可以把这些写作的基本技能正确灵活运用到习作批改中。习作批改不是简单的改错别字那么简单，在进行批改前，老师要对学生进行批改要求事项说明。

批改前提是欣赏他人作品，以学习的方式进行批改。要多说优点，为了让学生的批改更有针对性，我们要求对别人习作提出表扬的地方最少不低于四处，找到的优点越多，分数越高。缺点最少一个，最多三个，鼓励学生只看优点，不要只盯着别人的缺点批改，而忽略发现别人习作的优点，使学生在相互学习模仿借鉴中不知不觉提升习作能力，达到一箭双雕的效果。

学习同学习作的好词佳句，特别是在批改中遇到精彩的词语和句子，要标注出来并在上面写出评语。好的词句是学生进行习作的关键，让学生通过批改他人习作，掌握更多好词佳句，丰富积累，有助于学生习作的提升。

除了对内容进行详细的批注，同学们还要对整篇习作进行总体评价，如习作结构、字体排版等方面。此方面是学生在批改时容易忽略的地方，殊不知谋篇布局也是习作学习中重要的一方面，通过评改训练，培养学生习作思维。

例如，在本学期第三单元习作《我的心爱之物》中，某同学在批改时把文章中用到的好词佳句勾画出来，批注用词准确和精练。有的同学还把习作中的错别字、错误标点勾画出来，提示习作同学注意。还有同学注意到所改的习作没有细节描写，就在批注中注明哪里需要细节描写，哪里需要增减等。除了有文字的批改批注，不少同学还指出了习作结构中出现的问题。比如，题目的占位要居中，标点符号要使用正确。这些问题都是老师们经年累月苦口婆心不离嘴的，但学生每次还是犯了再犯、错了又错。老师的批改并没有走进孩子的内心，所以即便重复多次也达不到应有的效果。

在增加学生批改后，使学生在不知不觉中学到了其他同学的习作方法，提高了自身分析和表达能力，实现和同学之间知识的有效交流，也有效避免了自己习作出现问题，这相较常态习作老师的满堂灌有着很多优势，它有效避免了学生因无从下手而失去对习作模块的学习兴趣。那些经常重复出现的问题也少了许多，使学生的习作质量得到了很大的提升。

通过一段时间的练习，学生的习作能力得到了很大的提升，不但一改往日提笔不知写何语的情况，更在此基础上获得了可喜的进步，先后有几名同学的习作被出版社收录出版，也有部分同学习作在市区级比赛中获奖。这些硕硕成果更加印证了阶梯式习作练习的效果。

在这个过程中还存在许多值得反思的地方。如教师应该及时对阶梯式习作练习进行总结，对存在的问题及时整改；如何更大程度地放权给学生，让他们的主观能动性得到更大的发挥；可不可以再对学生进行更加专业的习作批改培训等。培养学生的习作能力不是一朝一夕的事情，它需要教师花费更多的心思，学习更多的理论知识，结合学生的特点进行整合。虽然阶梯式习作练习策略取得了一些成绩，但也存在许多不足。我们会不断地修改和创新，力争让这种习作练习策略的优势得到最大的发挥，服务于学生的习作学习，让每一个孩子都可以快乐学习习作，可以从中感受到习作带来的成就感。这样学生的语文素养也会在润物细无声中得到最大的提升，让习作教学展现它独有的美。

（该成果获得成都市教科院一等奖）

第二节　创设活动主动参与深度评价

成都市新都区蚕丛路小学校　黄尤林 柳黎

一、创设情境，激发创作热情

如果我们能在作文教学中给学生创设体验和感受的情境，那么，学生的作文就会充满个性和灵气，也能够激起他们写作的兴趣。教师通过创设征文活动的情境体验，将学生置身其中，从而激起学生写作的动机及热情，让他们进入写作状态。我们所创设的情境又是指向习作的评改与发表的，那就真正打通了习作教学的“最后一公里”。

在教学六年级的习作单元时，我们就创设了“小小作家就是我”的征文活动情境，为学生搭建了班级展示平台、校内展示平台及校外展示平台，进行“小作家”的选拔。这样，就能够激发学生的习作热情，让学生有动力去进行写作，同时，又能够在教师教授完学生方法之后，将常常被忽略的习作的评改变为我们习作教学的重点。

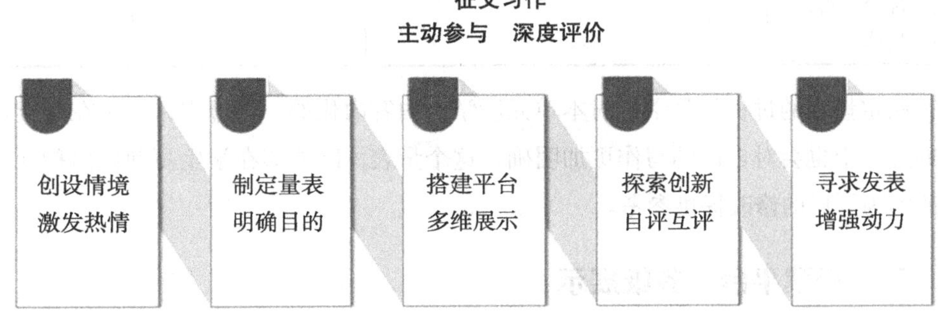

图4-3-2-1　征文习作流程

进行了这样的情境创设后，教师开始从“儿童视角”出发，找到学生的真实起点与兴趣点，开始进行第一课时教学——习作方法的教授。

二、制定量表，明确评价方向

教师在进行习作方法的传授后，让学生通过本单元所学，将自己所学结合本单元的单元要素，制定出评改量表。这样的量表由学生制定，也由学生进行修改，小组共同讨论交流后，最终确定评改量表。如本单元学生就制定出了相应的评改量表（表4-3-2-1）。

表4-3-2-1　评改量表

要素	细化	自评	互评	师评	综合评
是否围绕中心意思写	能直接找出中心句且读出中心意思	☆☆☆	☆☆☆	☆☆☆	☆☆☆
	中心句不明显，但有中心意思	☆☆	☆☆	☆☆	☆☆
	没有中心句或没有中心意思	☆	☆	☆	☆
是否围绕中心意思写了不同方面或选取了不同事例，能从不同方面或选取不同事例写，能清楚表达中心意思	从不同方面或选取不同事例写，能读出中心意思	☆☆☆	☆☆☆	☆☆☆	☆☆☆
	从不同方面或选取不同事例写，能读出中心意思但表达不清楚	☆☆	☆☆	☆☆	☆☆
	从不同方面或选取不同事例写，但没有表达中心意思	☆	☆	☆	☆
围绕中心意思是否将重要部分写得详细、具体、有详有略且把重要部分写得详细、具体	有详有略且把重要部分写得详细、具体	☆☆☆	☆☆☆	☆☆☆	☆☆☆
	有详有略，但重要部分写得不够详细、具体	☆☆	☆☆	☆☆	☆☆
	有详有略，但没有把重要部分写得详细、具体	☆	☆	☆	☆

制定量表的过程就是学生对本单元所学的内容内化的一个过程，学生在制定量表的过程中也会对自己的写作更加明确，这个量表，既能够在学生写前做出指导，又能够为写后的修改提供参考。

三、搭建平台，多维展示

（一）调动兴趣：抢占C位

习作推敲园上面有大家的作品，所有同学都可以根据自己制定出的评价标准来留言，小作者针对留言内容进行整理后对习作进行修改，然后再将修改习作贴上去，依次循环，直到自己满意为止。

想要展示自己作品的同学，都可以来申请"专用位"，申请到的位置与你的积极性、申请时间、作品质量等都有关系。如果位置都被占满了，就只能找老师申请与对方作文进行PK，获胜的同学才能获得相应"专用位"。

（二）巧用评价：为你点赞

学生们从一稿开始就可以在"专用位"上进行展出，每一个专用位下面，会有一个评价框，每位同学都会有一个点赞贴，可以为进步最大或质量很好的习作贴上点赞贴，老师则会根据点赞的数量，将习作推荐到公众号或报纸杂志进行发表。

人人都是小评委，人人都能欣赏好文章，对于每人只有一个的"点赞贴"，同学们也是倍感珍惜，经常会多次观察，慎重思考。同时，为了调动大家全员参与，我们的"点赞贴"并不是单纯地为质量好的作文投票，也会为进步大的同学投票，同学们经常为了获得一个"点赞贴"，一步一步地从一稿认真修改。就连我们班一位对作文不感兴趣的同学，在本单元的习作中，也积极参与"抢位"，还主动上台进行分享，经过多次修改，最终也赢得了展示和发表的机会。

（三）多维评价：反复修改

不只运用了让学生们在评价框贴上"点赞贴"这样的评价方式，除了调动学生参与的积极性，争取做到全员参与、主动参与的同时，还希望能够通过评价，让学生达到深度参与的目的。于是，我们的评价还有这些：学生完成一稿后在"专用位"进行展出，同学们参观后就开始根据评改量表进行评改留言，小作者还可以与这些留言进行互动，然后根据这些留言再来修改自己的习作，再在对应的一稿位置上贴上"二稿""三稿"以此类推，可以让小作者和其他同学们一起见证不断修改的过程，小作者可以拥有满满的成就感，其他学生们看到别的同学这么努力，也可以找到榜样引领的方向。

这样的生生评价，学生们更能够从学生的视角出发，提出更容易让同学们理解的建议，修改起来也会简单很多。当然教师也要参与其中，师生共同评价，可以拓宽学生思维广度，让他们打开灵感大门。

四、探索创新习作评改课

除了上述评改途径，我们还特别注重探索尝试新的习作评改课。传统的作文教学极不注重习作评改课的教学，一般教师评改完毕，会从成人的角度挑选出几篇不错的文章作为范文，在班上读给同学们听，之后，这篇作文便被"束之高阁"，无人再问津，在学生心中也激不起半点波澜。

我们还在习作评改课上给予了学生自由充分的交流时间，放手让学生去探究思考：究竟怎样修改才能成为一篇好文章？这样学生才能在边评价边修改边展示的过程中，达到深度学习的效果。

（一）结合量表进行自评

小作者：我的这篇习作，从身边事选材，想突出"盼下课"的中心意思。我的第一稿选取了"老师没走，不敢下课"和"还未下课，却又上课"两个事例。但同学们都来问我第二个事例放在这里想表达什么，我才发现我的表述并不能突出"盼下课"的中心意思。

通过同学们和老师的评价建议，我进行了多次修改，为了更突出"盼下课"的中心意思，我保留了第一个"老师没走，不敢下课"的事例，把第二个事例换成了"无奈上课，再盼下课"，增加了"终于下课，愿望成真"这一事例。我重点写了"老师没走，不敢下课"的事例，运用大量的心理描写和语言描写来展现我盼下课的心理活动，略写了"无奈上课，再盼下课"，简述了"终于下课，愿望成真"的事例，完成了最为满意的终稿。

（二）结合量表生生互评

生1：我发现这篇《盼下课》，小作者虽然选取了两个事例，但他并没有把"老师没走，不敢下课"这个重点部分的事例的心理斗争、盼下课的无奈焦急写清楚，而且语言表达口语化，叙述性语言较多。

生2：我看到了这个作文从一稿到现在的过程。从事例选材，到详略安排，包括语言的表达，我亲眼看着这篇作文通过一遍遍的评改变得越来越好。在他修改的过程中，我也想到了自己作文中有一个事例既没有突出中心意思，也没有把重要部分写详细，所以后来也进行了调整。

生3：我发现他的最终稿没有明显的中心句，但有明显的中心意思，所以我给他两颗星。因为我们这个单元的习作，如果做到既有中心意思又有中心句，那就达到最高的要求了。如果是我，我觉得可以在开头加一句"这世上所有的学生最盼望的就是下课吧！"，这就更好地在写作过程中做到始终"围绕中心意思写"。

生4：我发现他详细写了"想下课却一直没下成课"，而且能通过他的叙述清楚表达"盼下课"这一中心意思，所以我给他三颗星。

生5：我发现他的作文写了三个事例，其中有详有略，把想下课但是没有下课的事例写得很详细，很具体，所以我给他三颗星。

……

接着师生共同对字、词、句、标点等存在的问题进行修改。口念耳听，听到哪里不顺耳，就在哪里加工修改，经过这样几道工序，文章就会逐步变得完美起来。

五、努力寻求校外发表平台

（一）巧用公众号，高效便捷

评价框中"点赞贴"最多的作品就会根据其数量进行逐一发表，我们开辟了488号童心园的公众号，及时发表，让同学们拥有满满的自信心。能把属于自己的作品用链接转发出来，对于学生来说是莫大的荣誉与成就感。

（二）妙用报纸杂志，给予仪式

除了新媒体的发表平台，我们还努力为学生搭建报纸杂志的传统发表平台，当学生看到报纸杂志上印有自己的名字，当看到自己手写的作文变为印刷体，这无疑为他们写作提供了足够的信心。每次拿到印刷有作文的样刊，我们还会在班上的专属位置进行展览，他们便成了同学们心中的榜样，这无疑能让身边的同学朝这个方向继续努力，这样他们的习作质量评分一直提升，使学生们真正拥有了写作动力，掌握了写作方法。

第三节　分层教学在习作评改中的实践运用

"我的自画像"教学设计

成都市新都区蚕丛路小学校　唐琬淋

【教材分析】

我的"自画像"是四年级下册第七单元习作，本单元开篇语文要素：从人物的语言、动作等描写中感受人物的品质；学习从多个方面写出人物的特点，单元编排有精读课文《古诗三首》感受人物品质，《"诺曼底"号遇难记》从哈尔威船长的语言感受其品质，略读课文《黄继光》，从对黄继光动作的描写中感受其精神，《挑山工》从人物语言、动作等多种描写中感受其精神。精读课文与略读课文在习作我的"自画像"人物刻画中已有人物描写方法的初步铺垫，在单元语文要素中提炼关键词"多个方面"和写出"人物特点"，因此本次习作评改课目标将紧紧围绕这两个关键词进行。

【教学目标】

1. 学生能从多个方面介绍自己，并能增添一两个方面，修改、完善自己习作；能突出人物的特点，能运用多种方法来进行修改，例如用修辞手法、人物描写手法等方法突出人物的特点。

2. 学生能通过自改、小组合作修改、指导他人修改的方式修改自己的习作和他人的习作；能通过欣赏他人的习作亮点总结出好的修改方法并加以运用。

3. 学生能谈阅读感受，评价他人习作亮点和修改后的效果；对修改习作产生浓厚的兴趣，获得成就感，从而爱上写作。修改方法能迁移运用到其他写人记事类习作。

【教学重难点】

教学重点：学生能通过欣赏他人的习作亮点总结出好的修改方法并加以运用。

教学难点：当学生没有突出人物的特点时，能运用多种方法来进行修改，例如修辞手法、人物描写手法等方法突出人物的特点。

【教学过程】

（一）课前游戏+情境创设（3分钟）

1. 学生活动

（1）玩儿"猜一猜"游戏。

（2）收到礼物，进入情境，希望通过修改，使自己的习作能被录入班级书册，被编辑部发表。

2. 教师活动

（1）课前游戏

师：同学们，上课之前我们先来玩儿一个游戏，我心里一直挂念着一样东西，你们来猜一猜，只能问我是或不是，建议从猜字数开始。

（2）情境创设

师：猜对了，是一本书，这是我今天要送给大家的礼物，（指引读书的题目：我们的"自画像"）我们一起翻开它看一看吧！（相机抽学生）咦！你发现了什么？（学生发现是他们上次习作的题目）是啊，老师把咱班同学的习作题目录入了班级书册《我们的"自画像"》，发给学校编辑部老师，准备出一本书，编辑部的老师给我们建议，我们的习作还需要修改，想不想自己的习作被录入班级书册啊？那么这节课就让我们一起努力吧！

（二）基础修改（5分钟）

1. 学生活动

（1）同桌交换习作。

（2）读同学习作，用修改符号修改同学习作，完成二次基础修改。

2. 教师活动

师：课前同学们已经通过预学，用学过的修改符号修改了字、词、句、标点等，完成了第一轮基础修改，我们同桌交换习作，互相修改，再次完善习作。

（三）制定评改工具，确定修改内容

1. 学生活动

（1）认识评改量表，快速了解怎么使用。

（2）观察评改量表，明确我们本节课的修改任务：我们要改什么？

（3）个别汇报观察结果。

（学生通过量表两个评价任务，得出要修改的两个点：没有从多个方面介绍、没有突出自己的特点）

2. 教师活动

师：相信经过两轮修改，同学们的字、词、标点等基本问题已经被解决了，下面我们进入正式修改环节，我们先来认识本节课的评改量表，快速了解怎么使用，观察一下我们这节课到底要改些什么，不懂的举手问老师。

（四）明确评改流程、掌握评改要领（12分钟）

1. 组建评改顾问团队

（1）学生活动

①操作运用评改量表，读组内习作。

②小组合作，对照作者人物卡，使用评改量表，评选出优秀顾问。

（2）教师活动

师：明确了修改任务，我们怎么改呢？我们需要一支强有力的队伍，自给自足。请对照作者人物卡，使用评改量表，各组评选出组内写出突出了特点且最优秀的习作的同学，组建本节课的"评改顾问团队"。

2. 找亮点、寻方法

（1）学生分层活动

①普通小组：读手中习作，勾画圈点习作亮点，交流总结好方法。

②顾问团队：除普通小组任务外，附加额外任务，即用评改量表评选出两篇突出了特点的最优秀的习作，待会儿分享结束后直接录入班级书册。

③共同任务：交流汇报找到的习作亮点和总结的好方法。

（2）教师活动

师：有了优秀团队助力，我们具体该怎么改呢？我们要读他人习作，找亮点，寻方法，找他人习作中的亮点，总结好方法。（教师在学生分享汇报过程中相机引导，板书记录学生找到的各种各样、突显特点的好方法）

（五）多元评价，让习作变"喜作"（15分钟）

1. 小组合作用方法

（1）学生分层活动

① 顾问团队：超级顾问暂留顾问席修改余下习作，其余顾问回到小组指导小组成员修改。

② 其余各小组，在顾问的指导下修改各自习作。

（2）教师活动

师：同学们找到了那么多好方法得赶紧用起来修改咱们的习作，请两位超级顾问暂留顾问席修改剩下的习作，挑选一篇修改后的习作进行推荐，请其他顾问回到各自小组，指导小组成员修改本组习作，挑选修改得最好的一篇选派发言人进行推荐，推荐时注意说明修改了哪里，是怎么修改的，修改后的效果如何。

（相机将直接录入书册的习作张贴到入选征文区，祝贺两位超级顾问，鼓励其他同学入选）

2. 推荐修改后作品

（1）学生分层活动

① 挑选修改得最好的一篇习作进行推荐。

② 发言人做汇报推荐。

③ 倾听的同学可做补充修改。

（2）教师活动

情境创设，组织学生推荐修改后的习作，充实我们的征文区。

（相机将录入书册的习作张贴到入选征文区，鼓励其他同学入选）

【板书设计】

（该课例获得新都区教科院一等奖）

第五篇 津津乐道：“五学五导生长课堂”的推广效果

“五学五导生长课堂”取得了阶段研究成果，黄尤林先后到陕西安康学院、成都大学师范学院、泸州职业技术学院、乐山市教科院等地推广研究成果，同时不断将成果在工作室成员所在学校进行推广，先后到金堂县实验小学、温江区实验学校、新都区桂林小学、蚕丛路小学、泰兴小学、利济学校、雨禾学校等送教，得到专家和教师们的高度赞誉。

“五学五导生长课堂”构建的评价框架科学有效，确立了评价方式，再现评价结果，助推老师对自己的教育教学及时总结、梳理，形成成果；温江区实验学校将该项成果中的阅读进行了校本化融合，彰显了“碰撞导学”的个性化表达，取得了很好的效果；新都区桂林小学对课题的习作成果进行了深度推广研究，因多项阶段成果获得新都区教科院奖励。

第一章

“五学五导生长课堂”的阅读推广

领衔教师：成都市温江区实验学校　王成奎　罗建勇　何　静　张　伟

“转轴拨弦三两声，未成曲调先有情。”成都市新都区蚕丛路小学的研究成果“小学‘五学五导生长课堂’实践与研究”，以深化教育教学改革为主线，把课堂改革的关注点提高到了“生命”的高度，把兴奋点焦聚于“生命发展”上，把着力点投放在“生命的碰撞与交流”上，使学生真正成了课堂的主人，使学生的生命在课堂上雀跃，教师的生命在课堂上涌动，无论台上、台下，无论学习起点是高是低，都能够得到最佳的发展。这无疑是“让学生站在课堂最中央”的有力证明！其研究成果值得推广。

“纸上得来终觉浅，绝知此事要躬行。”成都市温江区实验学校推广并应用了该课题的研究成果。推广实践中，实验教师把握“五学五导生长课堂”的主旨，将其与学校研究并推行的“碰撞课堂”结合起来，把握住二者都注重“学为中心”的教学实践，聚焦“核心问题”下“碰撞导学”的教学改革，进行了一系列的应用活动，尊重学生的生命主体，焕发学生的主动精神，促进学生的主动思维，发展学生的探究能力，重构教学环境，变革学习方式，再造导学流程，引发深度学习，促进课程建设的创新，为学校课改注入了新的活力。

“待到山花烂漫时，她在丛中笑”——面对研究中涌现出来的大批优秀研究成果，面对老师们的研究热情与辛勤付出，面对孩子们在课堂中出色的学习表现，我们倍受鼓舞。希望我们的研究能取得更丰硕的成果，让每一位孩子成为更好的自己！

第一节 "碰撞导学"之真谛

——"小学'五学五导生长课堂'实践与研究"成果推广的改革意义

成都市温江区实验学校 罗建勇

"小学'五学五导生长课堂'实践与研究"的研究成果，注重学生的自主生长、自发生长、自觉生长、自然生长、自由生长，使学生开阔思维的广度，开掘思维的深度，探索教学真谛，让教学回归学生本体，回归学习本质，回归教学本真，强化学生深度学习和自主建构。这与学校的"碰撞课堂"教学主张是一致的。

一、成果推广的改革意义

（一）有利于实现新课程教学的改革

"五学五导"教学成果的推广与应用，有利于营造一个宽松和谐的课堂氛围，创造快乐的学习环境和情境；有利于促进学习者的共同进步和创新；有利于激发学生的思维，促进其学习能力的发展；有利于让学生体验到人与人情感交融的快乐。

（二）有利于实现新教学方式的转变

通过成果推广与应用，有利于提升课堂教学中学生的自主性和高效性，促进学生深度学习习惯的养成，有利于提升教师课堂指导介入水平，从而提高课堂教学的质量，使课堂更适合学生个体的自主、全面发展，达成一种"以学为中心"的高效课堂。

（三）有利于"碰撞课堂"的推进

1. "碰撞课堂"的四大学习理念

一是自主学习。让学生喜欢自己与自己"碰撞"、与书本"碰撞"以及与教学资源"碰撞"等，这是一种真正有意义的自主性学习。

二是体验学习。强调让学生用身体去亲自经历，用自己的心灵去感受；充分尊重学生的个人感受和独特见解。

三是合作学习。以共同学习让学生学会理解、忍耐、尊重、合作、倾听和表达建设性意见，同时也提高孩子的自尊、自信，让学生在集体协作中实现个人目标和集体目标。

四是竞争学习。在"碰撞"课堂中，学生个人与个人以及小组与小组之间存在着高尚的竞争，使学生间能及时交流、相互理解、相互配合，提高学生学习效率。

2. "碰撞课堂"的六大教学突破

突破教学目标的单一性，实行多元的教学目标；突破教材对师生的禁锢，开发碰撞的教学内容；突破教学时空的传统性，开拓广阔的教学时空；突破教学评价的传统性，实行以"四维"为主的课堂评价；突破师生交流的单一性，建立和谐的师生关系；突破教学反思固有模式，实现师生共省的碰撞教育。

3. 推广可促进"碰撞课堂"的深入研究

推广成果旨在教学中真正实现"双主体互动"，让学生带着问题进入课堂，把被动学习变成主动学习，从而产生一种"碰撞"的良好心理，使学生学会学习，学会思考，从而培养学生的学习兴趣及自主学习能力和探索精神，全面提高学生素养。促使教师在课堂教学中真正实现以学生需求为本，开展有针对性的教学，最终实现师生的共同进步，共同发展。

二、成果推广的应用定位

"小学'五学五导生长课堂'实践与研究"，紧扣"生长课堂"主题，形成以学生的"学"为主、以教师的"导"为辅的生长课堂，立足于学生的原有认知，立足于学生的真实生活，一切行为服从、服务于学生的"学"。教师为学生搭建平台，为学生的"学"提质增效。而学校正在研究的"小学'碰撞课堂'中促进学生高质量学习"，则以问题为导向，创设一定的活动情境，在多维"碰撞"中引导小学生自主学习、主动探究与积极争辩，引领其进入知识的内在逻辑形式和意义深度，发展小学生的批判性思维、创新能力、合作精神、交际素养等关键能力。于是，我们将推广与应用的课堂改革定位于"小学语文'核心问题''碰撞导学'教学实践与研究"。

第二节"碰撞导学"之前奏

——"小学'五学五导生长课堂'实践与研究"成果推广的预学措施

成都市温江区实验学校　何 静

以"小学语文'核心问题''碰撞导学'教学实践与研究"为切入点进行推广与应用，必须注重培养学生的自主预学能力。于是，我们进行了"五学五导"教学模式的改进，进行学生自主预学措施的研究。

一、"四W"自主预学的流程建构

我们针对小学语文碰撞课堂的教学现状，进行了深入的分析思考，探索切实可行的对策，在研究过程及成果的提炼中，反复思索、探讨，抓住了碰撞课堂教学的前提，探索出"四W"自主预学策略，促进了小学语文"碰撞导学"的教学实践，如图5-1-2-1所示。

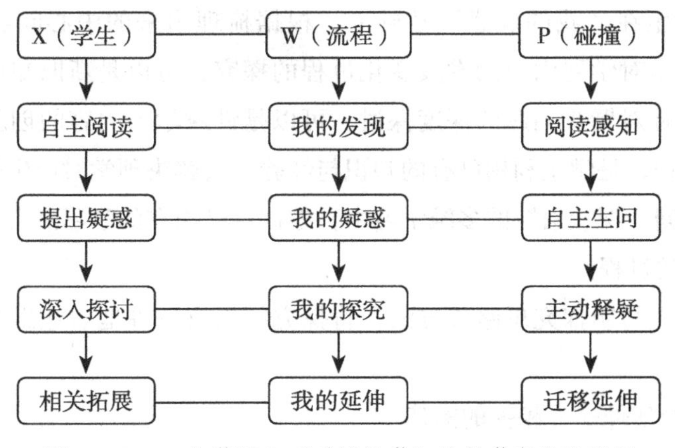

图5-1-2-1　小学语文"碰撞导学"的教学实践流程图

二、"四W"自主预学的流程详解

"四W"自主预学策略指的是小学语文碰撞课堂教学中，以学生为主体的自主预学的过程，即"我的发现""我的疑惑""我的探究""我的延伸"。

（一）我的发现——读懂的地方

对于所学内容进行自主学习，我能发现什么？哪些是与原知识点有联系的？如果有联系，那是什么联系？哪些是经过自我努力就能解决的问题？哪些是需要特别提醒的？哪些是需要着重注意并仔细研读的？如字的读音、写法、意义有没有需要特别提醒的地方？词语的意义、用法有没有需要辨析的地方？哪些句段是文章的灵魂所在？……

要求：学生对易错的字音、字形、意义进行提醒；指出某些词语的意义及用法需要辨析，表述自己辨析的结果；标明文章的重点段落或精彩段落；厘清文章的条理或写作顺序；简要陈述自己读懂的地方。

（二）我的疑惑——不懂的地方

就是让学生对所学知识提出自己的疑惑，可以是对自我发现的再次否定，可以是难以理解的知识点或认识不够清楚的地方，可以是对教材的质疑……这些疑惑中哪些是最有价值的问题？核心的问题是什么？

质疑的方法有：从课题质疑、从重点词语质疑、从重点句子质疑、从过渡处质疑、从修辞手法上质疑、从写法上质疑、从看似不合情理的地方质疑、从课后作业质疑等。

要求：学生必须提出3个以上的有价值的问题，梳理出核心问题。

（三）我的探究——怎样努力的

就是让学生在"我的疑惑"基础上，根据梳理出来的中心问题，进行自主探索。这可以是对学习内容的发展变化过程的探究，可以是新旧知识的联系上的探索，可以是针对疑难问题的深度探讨，可以是针对学习内容的创新性学习与探究……整个过程，是学生利用已有的知识与经验，去解决预学时产生的疑难问题，在"学、思、问、探、悟"的多维学习中，挖掘自己内在的学习潜力，构建新知，发展自身能力的过程。

要求：学生写明探究思路或方法，将探究结果有条理地表达出来（形成文字材料）。

（四）我的延伸——相关的阅读

就是让学生对预学内容进行相关延伸。可以是文本的背景资料，可以是主题文本的拓展阅读，可以是同种写作方法文章的汇聚，可以是对所读文本的另样解读……

要求：学生写明拓展阅读的类型；搜集整理相关资料，梳理出其信息的主要观点，形成简略的提纲。

三、"四W"自主预学的实施要领

（一）注重过程监管——自主预学的重点

自主预学对于学生来说，还是个新生事物。很多学生习惯性地认为自主预学只不过是预习而已，并不是真正的学习。这种想当然的观点导致了自主预学在开始阶段完成质量往往不尽如人意。如何改变这种现状呢？必须要加强对学生前置学习过程的监管。一方面需要教师多加引导，让学生明确预学的重要意义，以改变自主预学的态度；另一方面也可以通过提高自主预学本身的可操作性来激发学生预学的积极性，教师一定要有监管的手段和措施。如由家长负责督促，检查后签字确认；回校后由组长检查落实，并在组内进行评价；再由老师把关，进行预学评价。

（二）强化学法指导——自主预学的难点

教师要重视自主预学方法的指导，使学生具有自主学习的能力和本领。在指导策略上要遵循先扶后放、循序渐进的原则，让学生学习有章可循，逐渐让学生清楚自主预学要"学什么"。在这个基础上，再让学生逐渐掌握一些具体的学习方法，如问题的提出、内容的概括、词句的理解、批注的写法等，让学生明白"怎么学"。学生熟练掌握了流程后，可让学生练习编写预学案。

（三）实现有效衔接——自主预学的要点

在实际操作中可充分利用学生的自主预学，加强课内外的有衔效接。

"交流—引导"式。先让学生进行小组交流、全班交流，从中发现学生自主学习中感兴趣的内容、思维的盲点，抑或是理解浅显的内容，教师适时点拨引导，寻找帮助学生突破思维短板和瓶颈的方法，让学生渐入佳境。

"质疑—引导"式。先让学生提出前置学习中遇到的问题，然后进行筛选，将一些边缘化的问题及时解决，然后梳理出提纲挈领的重点问题，引导学生探根究底，解决疑难，完成既定目标。

"顺学—引导"式。教师预先把前置性预学案的内容有机地融入导学案中，然后按照既定流程展开教学。在这一过程中，我们要随机把预学案中的内容导入课堂中，让学生进行汇报交流来达成目标，完成教学。

第三节 "碰撞导学"之模式

——"小学'五学五导生长课堂'实践与研究"成果推广的教学模式

成都市温江区实验学校 张 伟

将成果推广定位于小学语文"核心问题"下的"碰撞导学"，该以怎样的模式进行？是照搬原有的模式吗？那又是否符合学校的校情实际呢？这些问题引发了我们的思考。我们进行了反复的思考后，探索出"以核心问题"引领学生"碰撞导学"，促进学生高质量学习的教学模式。

一、构建小学语文"核心问题"下"碰撞导学"的教学模式

新课程理念提倡发挥学生的主体性，让学生在自主、自觉、自信的状态下敢于质疑、敢于反思、敢于创造地学习。主张教学中要让学生拥有和谐、自在、兴奋的状态；要营造让学生自主的生成问题、思索问题、探究问题的环境；要给学生体验探究情趣、感受成功愉悦的机会。我们不断尝试围绕"核心问题"引领学生学习的课堂模式的构建，"碰撞导学"教学模式在这种背景下应运而生。

所谓"碰撞导学"，指的是以自主学习为主线，以问题探究为核心，以合作学习为手段，引领学生围绕"核心问题"不断探究，进行实践验证，营造快乐、活跃、民主的课堂氛围，培养学生优异的学习能力、终身意识和人文素养，促进教师教学观念、方式的转变，达成一种"以学为中心"的课堂学习方式。

"碰撞导学"学习方式优化了教与学的环境，实现了真正有利于教师与学生在课堂"二元结构"中的和谐互动，既尊重教师的创造性，又尊重学生学习的独特性。其基本流程如图5-1-3-1所示。

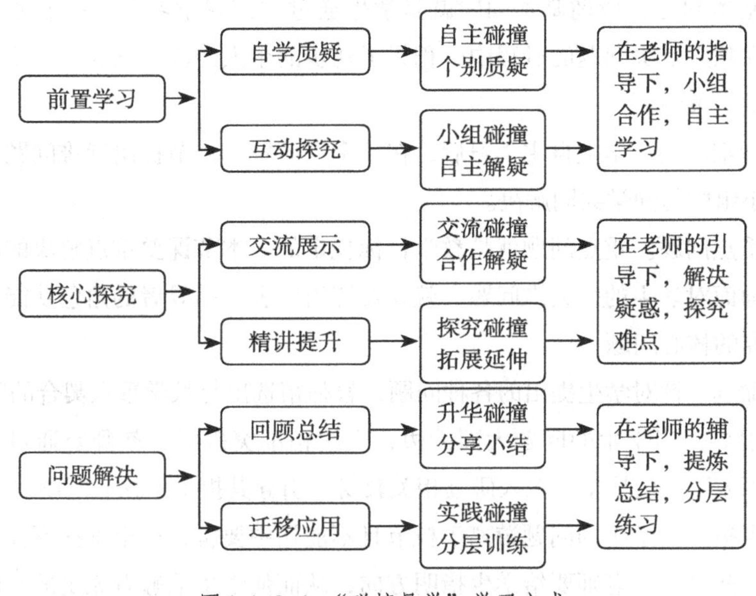

图5-1-3-1 "碰撞导学"学习方式

二、运用小学语文"核心问题"下的"碰撞导学"教学模式的要领

"核心问题"课堂教学，是以问题为核心的，重点是引导学生用自己的方法探究问题进而解决问题，在实践中应注意以下几点。

（一）以"自学"为主线

学生自主学习的内容分为"前置学习""核心探究""问题解决"三块，分别在课前、课中、课后使用。

"前置学习"，主要是课前准备，让学生对新知识进行自主学习，收集和整理资料，主要包括知识的准备、问题的铺垫、新课的自学等。

"核心探究"，是学生自主合作探究问题的阶段。老师让学生提出自己不能解决的问题，聚焦"核心问题"，在课堂上进行合作探究。探究形式多种多样，可以进行小组研讨、验证猜想、争辩讨论、角色扮演等，再以小组的形式进行汇报展示，获得探究的启迪。

"问题解决"，主要是通过联想、画图等方式对一节课的内容进行小结，并通过教师的拓展引导，将学习延伸向课外，实现问题的解决。

（二）以"问题"为核心

"核心问题"课堂教学要有效开展"问题探究"，必须把握以下三点。

解决基本问题。所谓基本问题就是学生通过"前置学习"自己能够解决的问题。学生在独立解决问题的过程中，积累了初步的个人经验，又为下一步的"经验分享"提供了条件。

交流疑难问题。学生自主学习后，在"个别质疑"环节提出疑难问题，教师引导学生在小组中与同学共同解决。

突出重点问题。重点问题就是教学目标规定的、本节课要重点解决的问题。课堂上，老师面对学生的一大堆问题，就要发挥组织者、引导者的角色功能，提炼出需重点探究的核心问题。

一要筛选：针对学生提出的各种问题，教师精选出与教学重点契合的问题。

二要引导：当学生的问题大而无边，无法精准突破时，教师要通过"铺路搭桥，层层深入"，引导学生深入研读相关教材，引导其提炼出核心问题。

三要点拨：当学生的问题游离于枝节且不能切中要害，或根本抓不住本节课要解决的核心问题时，老师要给学生指明方向，从而使学生能够有充足的时间进行更深入的探究。

（三）以"合作"为手段

合作学习，要把握好三个关键。

1. 建立"合作"机制

构建小组。根据学生的实际情况，教师作适当调配，逐步构建多个成员相对固定的学习联合体，每组选举组长一名，组长负责进行本组成员的学习任务的分工，组织讨论问题。

汇报展示。合作学习是以小组为单位的，其学习成果的汇报展示也必须以小组集体的形式进行。小组的汇报展示，其实质是在进行班级探究成果的分享交流，能使学生思维变得开阔。

2. 激发"合作"机制

"激"出合作主动性。"谁能成为'碰撞之星'""哪个小组能成为'碰撞周冠军'"等班级一系列的评价机制，会令组员们跃跃欲试，同时也增强了小组的核心凝聚力，这便使学生产生了合作探究的动力。

"引"出规律和方法。引，其实就是对问题的一种追问，是老师把探索引向深入的有效手段。老师在学生已有认知的基础上，不断抛出更多问题，引发学生合作探究的欲望，从而使学生发现规律，掌握方法。

3. 创造"合作"环境

恰当把握时间。合作的目的是为解决问题，学生需要有充分时间进行组内交流甚至辩论，从而为展开高效合作奠定基础。时间太长难以完成教学任务，时间太短，使合作流于形式，达不到理想的结果。

建立正确规则。规则是合作得以顺利进行的保证。合作学习就是把大问题化成若干小任务，每个组员都有分工。小组成员只有相互支持，相互配合，才能完成核心探究的任务。每一个合作者都应了解组内成员怎么开展合作，小组汇报展示有什么要求，如何进行小组评价等问题。

善用合作策略。不同的合作活动方式，必然也会包含不同的策略性选择。运用多种策略，合作的趣味性才会油然而生，学习效率才会明显提高，如竞争性策略、参与性策略、师生共进策略等。在小组合作学习的背景下，通过"游戏""对话""讨论"等形式，会使学生对学习活动兴味盎然。

总之，"让每一位孩子成为更好的自己"，是"碰撞导学"教学模式构建的出发点，也是我校课堂教学改革的基本理念。我们将积极探索，不断总结，切实创建高效课堂，提高我校课堂教学效率。

第四节“碰撞导学”之策略

——“小学‘五学五导生长课堂’实践与研究”成果推广的教学策略

成都市温江区实验学校　王成奎

“小学‘五学五导生长课堂’实践与研究”成果推广，定位于小学语文“核心问题”下的“碰撞导学”，必然要有其课堂教学的策略。我们在推广与应用的实践中。进行了一系列的探索，总结出以核心问题引领学生“碰撞导学”，促进学生高质量学习的策略。

一、以核心问题引领学生的自主探究

（一）以情境体验激发探究

生活即语文。课堂中，教师可凭借情境体验来帮助学生建立学习与生活间的联系，让学生以学习去感悟生活，以生活来加强语文素养间的联系与感悟，以有效、适时的介入引领学生自主探究，从而在问题的解决过程中实现“高质量学习”。教师要认真解读课程标准，深入解读教材内容，认真分析学情，确定适宜的学习目标，精准定位学习重、难点，明确引领学生达成学习目标的路径；要围绕核心问题的解决，结合教学实情，创设合适的情境，让学生在情境中得到充分体验，为解决问题提供便利；要借助创设的情境引发学生情感的共鸣，激活学生的思维，从而使学生主动探究问题的解决策略，加深学生的阅读体验与感悟，促进学生深度阅读；要引发师生间的多维互动，让学生在多向沟通与交流中，表达自己的阅读感悟。

案例1：郑孟教学《北京的春节》时，就创设过春节的情境，让学生从情境中体验春节的浓厚的传统文化，体会到不同人物在节日中的表现也不同，以角色扮演的方式体悟家庭长辈在春节中的各种表现……

这样，在情境体验中激发学生的情感共鸣，激活学生的情感体验，激发学生深度阅读的愿望，加深学生对文本的理解与感悟，使学生在情境体验中形成自己的学习智慧。

（二）以合作学习进行探究

以"核心问题"为主线的课堂教学，能很好地促进师生紧密互动，教师也能够通过设计围绕核心问题的问题串，引导学生有层次地进行深度探索，提高学生的思维力，让学生以逻辑思维解决语文问题，并将头脑中的思维以语言形式表达出来。而达到这一学习目标的重要手段，就是引导学生围绕核心问题，在问题串的引领下进行深度探究，使师生之间、生生之间能进行多维碰撞，从而强化学生的探究体验。智慧的生成，素养的提升，离不开亲身实践，离不开体验感悟，离不开合作探究。课堂教学让学生主动探究，确保了学生的学习首位，能让学生在合作学习中探究问题，从而生成智慧。

案例2：王成奎教学《军神》时，用文章的主人公展开教学。他先让学生梳理自己预学时产生的问题，聚焦核心问题：沃克医生为什么称刘伯承是一块会说话的钢板呢？然后引领学生围绕核心问题进行自主阅读，批注自己的阅读感悟与疑惑；再进行小组合作探究，让学生交流已经解决的问题，探究能够解决或努力解决的问题，深入体悟文章的情感；最后，让学生汇报展示学习的收获，使全班同学都参与碰撞并发表自己的看法，在碰撞共鸣中加深了学生对文体的理解，加深了学生对文章情感的领悟。再追问："刘伯承为什么是'军神'？"凭借这个问题，激活学生的思维力，让学生进行互动交流，在交流中互相补充、互相完善，可以说出自己的理由，也可以补充他人的见解，甚至可以反驳他人的观点，使学生在激烈的碰撞中见到"真知"，促进其自我建构，达成高质量学习。

整个教学过程都是由学生活动来推进的，无论是学生的自主学习，还是小组交流、汇报展示，都是学生学、学生讲，教师在此过程中主要起到调控、指导、引领、评价的作用。在这个过程中，学生通过自主探究获取新知识，又在探究过程中提升了自主探究与协作交流的智慧，这是一个使学生在探究过程中进行"高质量学习"的过程。

（三）以任务驱动引领探究

在语文课堂教学中，教师在真实的情境中，以问题激发学生思维，在思维碰撞中呈现任务，能使学生产生强烈的学习动机，推动学生积极思考，从而在教师的点拨引领下，学生能主动完成学习任务。学习探究过程中，以任务为主线，学生为主体，教师为主导，激发学生的学习兴趣，维持学生的学习动机，提高学生分析问题、解决问题的能力。

案例3：王叶教学《故事里巧妙的结局》时，先创设情境，引出学习任务：老师读了几篇文章，发现一个有趣的现象——它们的故事结局都惊人的相似！这明明是不同作者写的呀，为什么会出现这种情况呢？难道是这几篇文章都有相同的写作密码吗？我们今天的任务就是来挖掘这其中的奥秘。然后，王老师引领学生在阅读中感知《摩尔根掉井里去了》的故事结局，接着让学生捕捉《老鼠夹》《遗嘱与狗》两个故事中的重要信息完成作业单上的表格，学生通过比较再发现三篇故事的相同点：结尾都是幽默、讽刺且意犹未尽，引人深思的。在比较中，就形成了学生自己的知识体系：在写文章时也可以用细腻的描写进行铺垫，结尾点出事情的真相，让自己的文章更加扣人心弦。

我们发现，以问题引导学生进行主题任务学习，可让学生有意识地从课内走向课外，拓宽学生知识视野，还可引领学生在比较中深入探究，让学生在理解、感悟、欣赏、评价、反思中建构，形成自己的知识体系，变知识为能力，形成自己的“智慧”。

二、以核心问题助推学生的深度理解

（一）挖掘文本理解的深度，丰富知识内涵

阅读课堂中，教师的教学手段直接影响学生能否达成高质量学习。教师引领学生围绕核心问题研读文本，理解文本的内涵，感悟作者的情感，在批判、质疑中完成阅读感知的构建，才能促成学生高质量学习。这样的课堂，师生是学习的共生体，教师引领学生质疑、思考、发现、探讨、碰撞、争鸣，共同完成对文本的深度阅读，及时给学生反馈并启发学生解决问题的思路，营造积极探究的学习氛围。学生在学习体验中，能享受到学习的乐趣、探究的快乐，实现对文本的深度阅读，达成高质量学习。

案例4：在《白鹅》一文的教学中，实验教师郑孟利用学生已有的知识积累，补充作者的生平，介绍与作者相关作品，让学生与作者进行思想上的交流碰撞，体会其对白鹅的喜爱之情。再以“自主阅读—合作交流—汇报展示—碰撞共鸣”的形式，让学生对文本的前三段进行深度阅读，使学生在学习过程中习得方法的同时，加深对文本的理解与感悟，丰富情感体验。学生在学习过程中，能自觉地丰富预学时的认知，作者笔下的“白鹅”形象也就更为丰满。

（二）重构阅读知识的体系，促进知识整合

语文阅读课堂教学中，我们从课堂学习反馈中看出学生的知识结构是不成体系的，所学的知识无法进行自我建构，不清楚知识间的联系，无法在知识间搭建合适的桥梁。怎样才能帮助学生建立合理的知识体系？我们认为，首先，要激活学生的知识储备，让学生发现其已有知识与新知识之间的联系，帮助学生建立必要的关联，让学生所学知识变得结构化。其次，要引领学生对所学知识进行深加工，对所学知识进行必要的梳理，形成知识的条理化。最后，要指导学生将所学知识运用于实践，确定问题的解决方案，促进其素养的提升。

三、以核心问题促进学生的知识建构

语文课堂中的深度学习是在学生原有知识体系中，融入新的语文素养或知识的过程。这就像搭积木一样，新的积木块搭上去，最终将和原有的积木一起，成为整个积木作品的一部分。当然，小学语文知识的建构学习，不是简单的积木叠加。它是联通学生信息储备中的"语文素养信息块"，让学生运用已有的信息，理解、判断、整合原有的语文素养，从而获得学习的提升，并且使学生能运用新的"语文素养信息块"，修正自己的学习行为。在语文教学过程中，教师要根据学生的学情，按照循序渐进的原则，注重语文素养及知识的前后联系，引领学生不断内化知识，建构自己的知识体系。

案例5：王成奎教学《什么比猎豹的速度更快》时，王老师让学生快速默读课文，找出文章所说明的对象，并在文中标明根据。接着引导学生聚焦过渡句，启发学生思考：第6—8自然段的过渡句与第2—5自然段的过渡句有什么不一样？如果第6—8自然段的过渡句与第2—5自然段的过渡句采用一样的写法好不好？最后在学生争辩、领悟之后，让学生以"什么比蚂蚁的速度更慢"为题仿写过渡句。

这样，就让学生对过渡句的学习有了新的知识体系，进行了相关的自我建构：它不仅仅是交代清楚承上启下的事物或内容就行了，还要写得有文采一些，才更能引起读者的阅读兴趣，更能增加文章的表达效果。同时也会激发学生对所学知识的内容、学习知识的方法进行反思，并思考自己所学知识与自己的学习、生活、社会的关系，从而在此基础上建构自己的知识体系，并进行自主运用，解决自己所遇到的实际问题，从而使学生进行知识的创新与"高质量学习"。

四、以核心问题丰富学生的情感体验

小学语文课本中有很多富有哲理的诗文，一般都是熔形象鲜明、情韵真挚、哲理深邃、语言韵味于一炉，以寓教于乐。教学要与生活密切相关，加深学生对课文的认识，并以此为依据，引导学生背诵、积累，将学生引导到具体的诗意情境中，这样可以让他们对诗中哲理有更好的感悟，从而达成"智慧"的目标。

案例6：彭娟教学《观书有感》时，先让孩子们回顾：生活中的一片塘，用什么词来描绘？学生自然地想起"微波粼粼、水平如镜、清澈明净"等词语。然后链接《死水》这首诗，让孩子们说说自己的感受："死水"是什么样的？为什么都是水塘的水，却会有这么大的区别呢？学生很快就会明白：前者不断有源头活水注入，才会清澈明净。这样，学生就很容易理解"问渠那得清如许？为有源头活水来"的意思了，也能在美的熏陶中感悟诗中哲理：塘水之所以清澈明净，是缘于"源头活水"；人要知晓事理，就必须不断学习。

五、以核心问题达成学生的深度运用

学生在语文课堂上习得语文素养，掌握语文知识，其最终目的是进行语言文字的运用。教师要引导学生阅读教材中的典型范文，让学生从名家的文章中学习写作方法，实现由读到写的迁移与运用，让学生由模仿、借鉴，到自由表达、创意表达，真正实现对知识的深度理解和运用。

案例7：吴海燕教学《珍贵的教科书》时，先引领学生在阅读中感悟：文章所有语句都围绕"当时，我们的学习条件非常艰苦"来写，作者用三个"没有……就……"和"最困难的是……"来具体描写当时学习条件的艰苦。接着让学生谈自己的阅读感受，最后，让学生结合现在的幸福生活，用三个"有……"与"最幸福的是……"，围绕"我们的学习条件非常好"进行具体描写。

在这个过程中，学生能根据课文中的语言规律仿写片段，进行了写法的迁移与运用，这就是一种变式学习，能引发学生在深度阅读中，围绕学习主题进行深度思考，从而使学生实现问题的解决。

六、以核心问题实现学生的反思评价

及时的多维互动评价能引领学生反思自己的学习状况并及时调整学习策略，从而使学生围绕"核心问题"进行深入探究。学生的主要收获来自不断的互动评价，如果评价点明了探究的方向，就会促进学生深入学习。这就要求我们在评价学生的学习时，既要中肯地评判其学习结果，还要给出努力的方向，激发学生的探究欲望，让其经过自己的努力，解决学习中遇到的问题，体会学习的快乐与成功。

案例8：郑孟教学《荷花》时，让学生把第2自然段中自己认为最美的句子读给大家听，把快乐与大家分享。学生发言后，郑老师评价学生的声音优美、好听，让他说说为什么觉得那个句子优美，学生再次发表意见：“我从‘挨挨挤挤’‘冒出来’，联想到在一个很大的池塘中，平铺着一大片绿绿的荷叶，微风吹过，飘来诱人的清香，白色的荷花在微风中轻轻摇摆……哇，好美！”郑老师适时介入引领：“你的发言很有感情，让我们体会到了那份美。如果能抓住比喻，说不定会说得更好！”随后，学生纷纷举手进行补充：“这里把荷叶比喻成大圆盘，好像那圆圆的、绿绿的荷叶就在我面前，散发着清幽的荷香。”……

这样的评价，让学生感受到老师的关注，能激发学生思维，及时调整学生思考方向。教师也能利用多维评价，引领学生关注需要解决的“核心问题”，让学生思维在评价中碰撞，在碰撞中明晰，实现知识与方法的自我建构，自然能实现“高质量学习”。

第五节 “碰撞导学”之成效

——“小学‘五学五导生长课堂’实践与研究”成果推广的课例研究

成都市温江区实验学校 文家富

“碰撞导学”教学实践是“小学‘五学五导生长课堂’实践与研究”的推广，也是该成果在课堂教学改革中的升华。我们的改革成效表现为：

一、学生关键能力得到发展

（一）预学能力增强

“以核心问题引领学生高质量学习”的研究，以学生的“疑惑”为课堂的起点，必然能有效地促使学生在课前自主预学，与文本“碰撞”，与已有的知识或技能“碰撞”，进行碰撞生疑。实施的“四W”自主预学策略，不仅有效促进了学生的自主预学习惯的养成，促使学生进行有思维的预学，让学生对需要着重注意并仔细研读的地方进行批注，使其能够简单地厘清文章的条理，陈述自己读懂的地方，还能从不同角度进行质疑，并从原有的知识结构中梳理探究思路，找到解决问题办法，甚至能进行创新思维的学习。

案例1：实验班学生张子谦在预学《草船借箭》时，他提出“谁草船借箭”“怎样借箭”“结果怎样”的问题，问题无多大价值。实验后期，在预学《月光曲》时，他在“我的疑惑”中提出了3个有价值的问题：“贝多芬为什么要弹琴给盲姑娘听”“为什么弹了一曲之后，又弹一曲呢”“课文反映月光曲内容的仅有第9自然段，前面那么多内容与月光曲有什么关系”，并且他在梳理后确定以第三个问题为探究的核心问题，其自学能力可见一斑。

（二）探究能力提升

"四W"自主预学策略的实施，不仅提升了学生自主预学的能力，学生在高质量学习的"我的探究"环节也有明显的进步，不再是浅显地找文本中的原句，或进行简单的内容概括，出现了较有深度的追问与思考，或提炼文本内容，进行高度概括，或紧扣文章关键语句，进行深入思考，或深挖语句背后的含义，或联系所学进行比较，与已有知识建立结构联系，从具体的经验水平过渡到了抽象概括水平，完善问题的解决方案，提升了学生的阅读探究能力。

案例2：实验班学生欧美灵在预学《祖父的园子》时，提出问题"祖父的园子带给'我'怎样的感受"。她在"自我探究"中写出了自己的努力："祖父的园子带给了我幸福、快乐的感受。"实验后期，预学《灯光》时，她提问后梳理出核心问题"课文为什么以'灯光'为题"。她在"自我探究"中这样写道："作者以'灯光'为题，原因有三：灯光是文章的线索；灯光象征着幸福、美好的生活；灯光象征着像郝副营长一样的革命先烈英勇献身的精神。"瞧，这是多么有深度的思考，是多么有意义的探究。

（三）迁移能力增强

研究使学生形成了一定的预学能力，其质疑水平、梳理问题的能力、进行自我探究的尝试，不仅在课内得到发展，在阅读其他文章，甚至是课外的阅读中，也得到了展现，其知识与技能的迁移能力也得到了增强。

案例3：实验班学生杨力诚在课外阅读《无声的高贵》时，自己在阅读记录本上提出了好几个问题："题目有什么样的含义""姑娘第二次打小战士时，她分别在想什么""当姑娘明白了事情的真相后想些什么"……他提的后两个问题，就是对课内学习第一单元的语文要素"从所读的内容想开去"的反映。这足见其迁移能力之强！

（四）知识视野拓宽

研究使学生养成遇到问题，勤于思考，善于进行相关的拓展，主动搜索或阅读与文章相关的资料的习惯，或能阅读类似文章，进行知识延伸，加深对文本的理解。这使学生思维广度更宽，深度更深，知识面更加广阔，能丰富学生的课内学习，拓展学生的知识视野。

二、教师教学技能得到提升

（一）教学理念得以更新

自开展该研究以来，教研氛围强烈且浓厚，教师教学理念发生了根本变化：实验前，仍有部分教师的课堂没有引领学生梳理核心问题，不能引领学生进行高质量学习；现在，全体教师均接受了"以核心问题引领学生高质量学习"的教学理念，明确了"高质量学习"的内涵，能够自发地进行基于儿童立场的"高质量学习"的思考，从而转变教学观念与行为，促成高质量学习的发生。

案例4：实验教师彭娟在研究后期，在与本项目引领者王成奎老师交流时说："跟着师父学习了很多，感觉自己的教学理念得到了更新，学习了高质量学习的相关文献，学会了以核心问题促进学生高质量学习的教学方式……"

（二）课堂调控能力提高

新的课程标准下的教学要求学生成为知识的发现者和探索者。我们的研究正是这样践行的：在预学案的帮助下，让学生主动去发现课文中具有探究价值的问题，并在探索过程中，使其自发地解决问题，发表不同的见解，而教师则利用这些"问题"和"见解"进行师生间深层次的互动，提炼和生成教学中的"核心问题"，从而将生动的课程资源，转变为非预设的教学设想，使得老师能更及时地了解学生的学习活动情况，收集信息反馈，及时发出控制信息，并调整教学措施，进行课堂的调控，使碰撞式的课堂激荡出更有效的火花。

（三）评价引领能力增强

探索出小学语文"碰撞导学"中以核心问题引领学生进行"高质量学习"的策略，教师能根据对文本的解读确立合适的学习目标，从而引导学生在合作学习中实现问题的解决，能整合意义连接的学习内容来引导学生批判建构，能创设促进高质量学习的真实情境来引导学生积极体验，能选择持续关注的评价方式来引导学生进行反思，让形成性评价贯穿学生学习的始终，以综合性评价提升学生学科的素养，以激励性评价促进学生的成长，促进学生解决问题的能力的提高，使自己的引领能力也明显增强。

案例5：实验前，郑孟老师常常先观察师父在课堂上是如何引领学生进行高质量学习的，再进行教学。实验后期，她在《三个儿子故事多》的教学中，引领学生感知"情节相似"后，抛出疑惑："奇怪了，故事不同，作者不同，却有着惊人的相似。此时，你有什么疑问？"学生纷纷质疑："为什么总是老三获胜？"……然后让学生以小组合作的形式，围绕问题进行探究……其教学介入自然，仿佛水到渠成，其引领能力得以增强。

三、课堂教学生态得到优化

（一）问题探究成为常态

"碰撞"课堂呈现以学生的"疑"为主线的教学，教师以"核心问题"为教学主线，引领学生更加主动地进行围绕"核心问题"的合作探究。"问题探究"的课堂初步形成，使学生更加积极地参与互动，让学生思维能力得到发展，注重知识学习的批判理解，其批判性思维、创新精神和复杂高质量学习能力也得以提升。

案例6：开学初，我们走进王叶老师的课堂，发现课堂上常常出现"我对×××同学的发言有质疑""我对×××同学交流的内容有补充""我觉得×××同学的发言很精彩"类似的语言，学生相互质疑、解疑，相互补充、修改、建议、评价，促进了高质量学习，达成了课堂学习目标。这样的课堂更美了！

（二）课堂学习有了深度

在"碰撞导学"中对碰撞生疑的梳理到位，能有效聚焦核心问题，引领学生进行合作探究。学生在碰撞争辩中不断深入探讨，能基于"核心问题"，聚焦"牵一发而动全身"的核心问题，直达教学目标。教师把握学生思路，激发课堂活力，使课堂学习具有时效高、互动强、及时反馈的优势，让学生进行语言的辨析、知识的建构、认知的比较、方法的应用、情趣的培养，使课堂学习有了深度，也形成了"高质量学习"的经验。

案例7：郑盂在教学《三个儿子故事多》时，引领学生把握三个儿子的优秀品质后，抛出疑惑：既然三儿子那么优秀为什么不直接写三儿子呢？然后，引导学生对自己的理解过程进行再思考，与已有旧知进行联系，分析、甄别问题所在，得出新知新理解："用前两个儿子和第三个儿子进行对比，更能凸显三儿子品质的优秀""诚实和勇敢本就是很好的品质了，用它们来衬托三儿子的仁爱，更凸显三儿子品质的高尚"……

四、绿色教学质量得到提高

我们的实践是一个不断收获而又艰辛的过程，成果推进以后，给学校教学带来了显著变化，尤其是教学质量的提升。老师们的科研成果和赛课获奖级别越来越高，人次越来越多。课堂教学效益明显提高，绿色教学质量也明显提升，实验班的平均成绩均在A+以上。

第二章

“五学五导生长课堂”习作推广

领衔教师：成都市新都区桂林小学　龙　晓　付琬贻

习作教学一直是所有语文老师的专业成长痛点，从2021年3月开始，我校先后有6位老师加入工作室，对在“五学五导生长课堂”习作教学取得的研究成果，低段“绘画与写话”、中段“体验与表达”和高段“评改与发表”三项成果进行推广，为学校习作教学搭建了进阶的阶梯，激发了师生习作教学的兴趣，提升了师生的习作能力，提升了学校语文学科的整体素养，助推学校习作教学特色发展。

第一节　低段：绘画写话　激发兴趣　乐评乐展

成都市新都区桂林小学　龙 晓　付琬贻

低年级学生以具体形象思维为主要思维形式，他们最感兴趣的是童话、故事、游戏，低年级是想象力最敏感的时期。

《语文课程标准》对低段写话提出了明确的要求"对写话有兴趣，写自己想说的话，写想象中的事物……"我们要打通从口头语言到书面表达之路，鲜明地倡导写话要以兴趣为首，为孩子提供自由空间，并从中得到乐趣，真正实现"易于动笔，乐于表达"的目标。

"画·话"是探索"绘画"与"写话"的关联，要将画画的特点引进写话教学，提高学生的语言表达能力，有效地激发他们的写话灵感与热情，维持学生的写话兴趣，最终提高学生的写话能力。它从激发学生绘画兴趣入手，先画后写，以画促写，科学地、有步骤地进行写话教学，从而激活学生的思维，开阔学生的思路，让学生画出心中画，写出心中话，使写话真正成为"童心、童真、童趣的流露"，为学生逐步平稳过渡到中、高年级习作打下坚实的基础。

"人性中最本质的属性是想得到别人的赞赏。"评价能力是低年级写话能力的重要组成部分，评价也是学生的认识不断变化的过程。所以，对学生的"画·话"作品的评价，我们一般鼓励学生采用正向的评价，打心底本着激励的原则进行，不断发现他们的进步，挖掘他们每一次创作的亮点。小学进阶体验列表见表5–2–1–1。

表5–2–1–1　小学进阶体验列表

年段	形式	操作		
一、二年级	绘画写话 激发兴趣 乐评乐展	巧手搜画 细心观察	链接生活 "意"写千里	鉴图赏话，提升审美

续 表

<table>
<tr><th>年段</th><th>形式</th><th colspan="5">操作</th></tr>
<tr><td>三、四年级</td><td>真我习作
立体评价
动态展示</td><td colspan="3">多元立体评价
（自我评价、相互评价、放宽标准、寻找亮点、淡化分数）</td><td colspan="2">多位动态展示
（成果袋收集优秀习作、班级板报展示优秀习作、公众号发布优秀习作）</td></tr>
<tr><td>五年级</td><td>阶梯习作
多维提升
精准评价</td><td colspan="2">激发内驱力、改善课堂
（学生主体、情境创设、目的明确）</td><td colspan="2">多维度训练、有的放矢
（日常练习、分层互评）</td><td>多方引导，助推发展
（欣赏学习、批注词句、总体评价）</td></tr>
<tr><td>六年级</td><td>征文习作
主动参与
深度评价</td><td>创设情境
激发热情</td><td>指定量表
明确目的</td><td>搭建平台
多维展示</td><td>探索创新
自评互评</td><td>寻求发展
增强动力</td></tr>
</table>

一、巧手搜画，细心观察

我们积极开设"画·话"指导课，对学生进行选材、用词、写话方法和技巧、标点符号运用等方面的指导，让学生习得方法，获得能力，更好地进行"画·话"练习，以达到量中有质的效果。在"以画促话"写话教学策略导向下，教师需要科学预设，规划好对低年级学生的教学任务与目标，解决好"画什么、写什么"的问题。低年级的学生爱动手，操作性强，抓住这一特点，引导学生搜集生活中的各种图片，剪下一丛小花、一棵大树、一只蝴蝶的图片作为拼贴的素材。再在课堂上经过确定主题，选择素材，构思，举行图片大比拼，让学生将自己准备的素材，围绕主题进行拼贴设计，如学习《雨点儿》后，可以鼓励学生想一想大雨点去到没有花也没有草的地方后，这里会变成什么样。让学生将自己搜集的图片拿出来摆一摆，说一说。这样以教材为依托，经过阅读、裁剪、拼贴的过程，既锻炼了学生的观察、动手能力，也让学生在"一搜、一剪、一拼、一说"的过程中进行了头脑风暴，发展其思维能力。

二、链接生活，"意"写千里

孩子们的意识会被兴趣左右，没有联想，思维的海洋就会枯竭，一直以来写作课对孩子们的吸引力就比较低。而"以画促话"则是根据学生自己绘制的图画，或拼贴的图画，让学生充分思考、联想，再进行写话。有了前期收集和绘画的过程，学生对自己的图画已经有了一定的构思，在进行绘画和图片拼凑的过程中学生思维在跳跃，这样再进行写话的构思就会简单许多。低年级的教材为每一篇课文都配上了色彩明丽的插图，这些图片就可以作为写话教学的结合点，让学生通过自己的阅读感受结合图片展开想象，为课文添画、续写。如在教学《井底之蛙》这一课时，可以引导学生根据课文展开想象"青蛙听了小鸟的话，决定跳出井口看一看，它会看到些什么？"学生就可以将自己在生活中所看到的美景画下来，写出来。

三、鉴图赏话，提升审美

科学合理的评价可以提升学生写话的兴趣和能力。在学生完成"绘画与写话"之后进行展示交流会，为孩子提供一个展示的平台会极大地增强孩子们的自信心，从而提升其对写话的兴趣。低年级的学生对句子的停顿和标点符号的使用感知不准确，常常一段写话一个标点都没有，句意不通的句子比比皆是。但好的写话不是写出来的，而是改出来的，所以我们要促使学生主动地对自己的作品进行修改。（表5–2–1–2）

表5–2–1–2　修改要求列表

评价要素		自我评价	同伴评价
格式	开头空两格，标点占一格		
语言	语句通顺，没有错别字		
内容	能把想象中的事物写清楚（谁+在哪里+看到了什么）		
图画	构图完整、色彩鲜艳		

自主修改。学生朗读自己的写话，边读边想边修改，力求把句子写通顺，把自己的意思表达清楚。

同伴修改。将学生四人分为一个小组，让学生按照量表给同伴的写话进行打分。学生在打分的过程中既学习了别人的文本，又萌发了将自己的作品写到最好的念想，还激起了作者再次修改自己作品的意识。

展示成果。将"画·话"终稿再进行展示，这里的展示不同于随堂班级的展示，而是要在教室外摆好画架，将作品展览在画架上，面向全校进行展示。前来观展的学生都会被发放贴纸，他们将对终稿作品再次进行贴花评价。作者和编辑员在画架旁对自己的作品进行讲解，观展的人也可以提出自己宝贵的修改意见。作者和编辑员可以学习观展人的评价角度以及评价的细节。学生的作品从课堂上"半成品"的展示到画廊上"成品"的展示，这既是对作者的肯定，更是对评价者的激励。学生在评价的过程中体会到了如何欣赏美文、如何提修改建议，并且通过初稿和终稿的对比，让学生更深地刻感知到了修改的重要性，从内心深入调动学生评价的积极性。

第二节　中段：引向"真我"　立体评价动态展示

新都区桂林小学　毛　欢　黄　莉

在"画·话"的基础上，学生的习作以及评价兴趣已经被调动起来了，为让学生继续保持并深化兴趣，我们在中段习作中利用校园、家庭、社会和自然等资源让学生进行体验式作文创作。学生有了切实的体验，能够表达真情实感，但还需要教师的唤醒、激活，让学生传递真情，进入生机勃勃的习作状态，把属于自己的独特的认识和体验"原汁原味"地表现出来。所以我们构建了"说真话、表真情、传真意"的评价模式，锻炼学生的持续表达能力。兴趣的产生和保持有赖于成功，当学生比过去有所进步时，他们又会感到"成功"的喜悦，体验习作的乐趣，对习作产生亲切感，此时，必会反馈出巨大的内驱力，驱使他们向第二次、第三次的成功迈进，从而调动了他们的写作积极性。

一、多元立体评价，激发习作热情

传统的习作评价不足以客观公正地评价学生，无法让学生的习作得到充分的展示，从而促进学生习作表达能力的提高。多元评价，指评价者的多元参与。其中有学生的自评；有学生的互评；还有教师的评价；有条件的还可请家长评价，使家长不再是学生学习的旁观者，并能通过评价了解自己的孩子，与孩子进行沟通。

在新课标和新习作教学理念的前提下，我们认为建立这样的动态生成性的评价体系，立体展示学生的习作，才能让习作素养落地生根。

（一）自我评价

我们以自我评价为基础和前提，让学生自己品味被教师肯定或未被教师发现的、但自己觉得好的词句，修改或重新发现作品存在的问题，在自我评价中提高自身分析、解决问题的能力。

（二）相互评价

我们还以学生间的相互评价为核心和纽带，让学生把自己的习作读给同小组的同学听，让学生以孩子的眼光共同发现习作的闪光点和不足之处，并让小组成员对不足之处提出自己的修改意见，从而发展学生的合作意识，培养学生的探究、创造精神。

值得提出的是：在学生评价的同时，我们的实验教师常以主持人的身份参加，起到组织串联的作用，并且认真聆听学生关于习作的评价。当学生分析、解决问题遇到障碍时，教师就适当借机做一些疏导。

（三）放宽标准

我们在习作批改的过程中，鼓励和商榷的语气使用较多，批评和指责的话很少使用，给学生逐步提高的时间。在批阅时，我们常故意降低评改尺度，对病句及文句章法尽量多就少改，多采用激励性的评语："运用倒叙的写法，想不到你还会变式习作，不错！""这句话写活了当时的情景""对人物语言的描写充分展示了文中人物和你自己的个性"。多采用宽容的态度："如果结局这段文字删去，留下想象的无穷空间，就更能引发读者的阅读兴趣和猜想""这几个句子的意思一样，可以用一个成语来替换吗？"

（四）寻找亮点

习作评价中，我们充分挖掘学生习作中的"亮点"，让学生获得习作的成功与喜悦，给学生以鼓励，因为学生总是期盼老师能够给他哪怕是一点点的肯定。我们要常用宽容心态和独到眼光去发现习作中的亮点：赏心悦目的文字书写、大胆创新的观点、个性化的语言、独到新颖的感悟，甚至小到一个佳句、一个妙词等，我们都要予以肯定和赞扬，把学生带到激越亢奋的写作佳境中。

（五）淡化分数

习作的批阅不是简单地给一个分数，要重点关注学生习作的过程。所以，我们要淡化分数，为学生树立信心。对优生的学生习作的评价不求全责备，不吝啬分数。几次过低的得分，就会浇灭学生写作的希望之火，而逐步上升的分数或偶尔的高分，就可能让学生重拾信心。

二、多维动态展示，体验成功乐趣

（一）个人档案袋——收集优秀习作

每位学生准备一个纸质档案袋，让其个性化设计封面并命名，如"童心写作屋""作文小天使""未来小作家""心灵小屋"等。学生把自己满意或者已经发表（获奖）的习作放入档案袋内。每隔一定时间，班级定期展示习作档案袋，让学生感受收获的喜悦，品尝成功的乐趣，激发学生继续写作的动力。

（二）班级作文墙——展示优秀习作

在教室内开辟习作展示墙，将学生优秀的习作张贴在展览墙上，定时更换，不限习作内容，只要见解独到，文字优美，情真意切，就可以张贴。学生乐于将自己感兴趣的题材作为习作内容写出来，当他们看到自己的习作上了墙报，特别有成就感，下次写得更认真了。其他同学可以带上红笔，为这些习作"点赞"（欣赏）或者"捉虫"（修改），各班自主约定，每发现一处加多少分，既给原作者加分，又给评价者加同样的分数，促进习作的交流展示，提高综合效率。

（三）学校公众号——发布优秀习作

"善表现"是学生的天性，我们借助这一点为学生营造习作展示的天地。通过班级公众号、校级公众号、少年百科知识报等为学生提供佳作展示的天地；鼓励学生参加报纸杂志的投稿；学生经教师审批，获得在学校公众号上展示自己写得满意的习作的机会。看着自己的习作出现在各种各样的平台上，学生的成就感油然而生，对习作的兴趣就更浓了。

第三节　高段：阶梯习作　多维提升精准评价

新都区桂林小学　马　利　石春兰

一、激发内驱力，改善课堂

习作是综合性的教学，既是对字、词、句、段的综合训练，又是学生思想水平、认知能力和生活经验的整体体现，是学生语文综合素养的体现。小学高段的学生已经具备丰富的想象力和写作的技巧，如何激发学生的兴趣，使学生乐于表达是教学的关键。在教学过程中我们着重提升阅读教学的效果，致力于提升学生的表达和写作的能力。教师积极地与学生进行沟通，了解当下学生喜欢的元素，并将这些元素融入课堂教学中。利用学生感兴趣的方式展开教学，通过游戏化的手段，如开展"创意造句"的活动，立足修辞或写作手法的教学，准备相应的词语、动图，让学生随机抽签，组成句子或进行一段话的表达。通过这样的活动可以使学生更好地掌握习作的技巧。

二、多维度训练，有的放矢

当前学生在进行习作时可以发现学生存在着中心不突出、想象力匮乏、不善于修改等问题。因此，在习作教学中我们要改变单一的教学模式，为学生创设情境。如在课堂上开展"故事会"，内容可以是指定的课外读物要可以与教材习作要求相配合。如教学习作《形形色色的人》时，教师要求学生留心观察生活中不同性别、不同年龄、不同工作的人，"故事会"上学生纷纷讲到环卫工人、老师、建筑工人、厨师等不同职业的人衣着、肢体语言上的不同，充分地讲后再写，自然不会无话可说。通过"故事会"的形式，充分地让学生认识到习作与生活是紧密相关的，也对学生的观察和表达能力进行了训练。有效的观察更有利于写作的发生，通过书写的形式将所观察的内容表达出来，能有效提升学生的习作能力。

再则是在课堂上结合课文内容进行小练笔。教材课文大多文质兼美，是学习语言表达的最好范本。句式仿写、情感表达的方法、多角度把事物写具体等丰富多样的语言训练，有助于丰富学生语言表达的形式。

三、多方引导，助推发展

传统的作文教学系统中一般是老师"精批细改"，庞大的数量让老师没办法完整地对症下药，使得作文教学在日常教学中很难体现其作用。而同伴之间的欣赏和批改，可以让学生参与到作文批改中，由被动变为主动参与。同伴间的分析探讨，更容易激发学生思维的火花，对习作中的亮点给予及时的肯定和鼓励，能让学生体会到习作的乐趣。对于习作修改较为成功的，可以鼓励学生在相关平台投稿，文章一旦发表，学生的习作兴趣则会越来越高涨，其良好的修改习惯也就此养成。

附件："五学五导生长课堂"成果推广剪影

一、国培推广

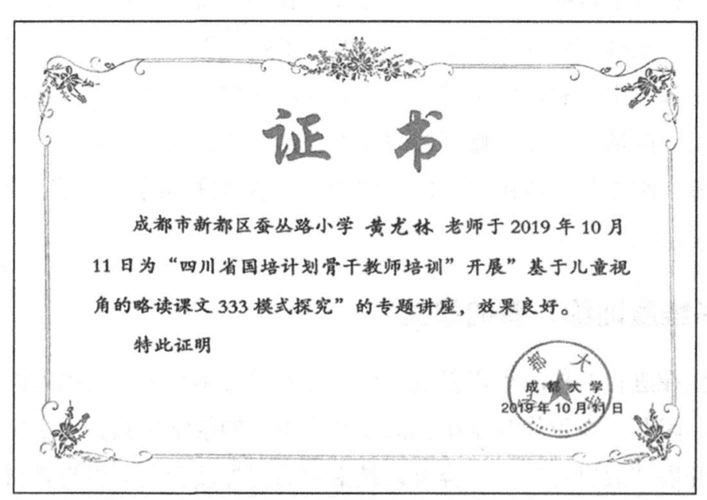

证书

成都市新都区蚕丛路小学 黄尤林 老师于2019年10月11日为"四川省国培计划骨干教师培训"开展"基于儿童视角的略读课文333模式探究"的专题讲座，效果良好。

特此证明

成都大学
2019年10月11日

2019年10月11日，阶段成果在成都大学推广

荣誉证书

黄尤林 老师：

您在由宁夏回族自治区隆德县教育体育局主办，都江堰翰海博雅教育咨询有限责任公司承办的"隆德县2020年中小学（幼儿园）阅读教学培训班"任"基于儿童视角的略读课文333教学模式"专题讲座的专家讲师，被评为：

优　秀　讲　师

都江堰翰海博雅教育咨询有限责任公司
二〇二〇年[illegible]

2020年10月18日，在都江堰党校为宁夏的骨干教师培训班推广略读课文教学"333"模式

二、名校推广

工作室领衔人黄尤林将研究成果送教泸县梁才学校

2021年5月9日，到金堂实验小学讲座

三、区内推广

2020年10月8日，在全区教学质量分析大会上，李继美校长就"生长课堂"研究成果《以课堂变革实现"脱困"与"新生"》做交流发言，赢得专家和同行的高度评价

2019年11月27日，区语文校本教研成果推广展示获得一等奖，
与两位教研员合影留念

附录

一、荣誉

黄尤林：四川省特级教师、四川省教书育人名师。

袁丽芳：新都区学科带头人、成都市优秀青年教师。

柳黎：新都区优秀青年教师。

吕焱：新都区教坛新秀。

张黎：新都区优秀青年教师。

孙熙忠：区级语文中心组成员。

二、主要论著

（一）参与编写的著作

黄尤林、唐琬淋、袁丽芳：2020年10月参编著作《36位名师指引名校作文》。

黄尤林：2022年12月发表著作《厚积薄发智教慧学——基于深度学习的“激发课堂”实践》。

（二）发表文章及获奖情况

黄尤林、李继美：2021年4月16日，《精耕细“作”显成效　传道授“业”谱新篇——“双减”背景下作业设计与管理初探》发表于《中国教育报》。

黄尤林、杨荻：《群文阅读：部编教材“加”“减”的背后密码》发表于陶行知研究会专著《草心》。

黄尤林：2020年10月，“五学五导生长课堂实践与研究”发表于陶行知研究会；2020年发表专著《学科关键能力》。

唐琬淋：2021年5月，《难忘腊八》发表于《少年百科知识报》第20期。

张黎：2021年5月，《弟弟是个贪吃鬼》发表于《少年百科知识报》第21期。

吕焱：2021年9月，《怎样写好作文结尾》发表于《少年百科知识报》第36期。

包俊：2022年1月，《习得说理方法培养思辨能力》发表于《少年百科知识报》第4期。

孙熙忠：2022年10月，《巧用过渡有序换景》发表于《少年百科知识报》第42期。

吕焱、黄尤林：2020年3月，《“画·话”提升低段学生写话能力的实践研究》获得成都市教科院一等奖。

袁丽芳：2020年4月，“对单次习作终点的深度追问”获得成都市教育学会一等奖。

陈昱蓓：2020年4月，“小学语文低段部编版教材儿童本位表现形式的研究”获得成都市教育学会二等奖。

吕品：2021年12月，《“读”厚“教”薄让语文课堂更有效率》获新都区教科院一等奖。

（三）获奖成果

黄尤林：2014年9月，《习作与生命同在——小学体验式习作教学的策略研究》获得四川省教科院二等奖。

黄尤林：2014年12月，《小学体验式习作教学策略研究》获得达州市人民政府教学成果二等奖。

黄尤林：2015年9月，《农村小学高段体验式习作教学策略的应用研究》获得达州市教育局一等奖。

黄尤林：2018年7月，《基于核心素养的小学生习作创新能力的培养策略研究》获得达州市教育局一等奖。

柳黎：2020年12月，《小学中高段教学“五学五导生长课堂”实践与研究》获得成都市教科院2020年度阶段成果一等奖。

吕焱：2021年12月，《中高段“五学五导生长课堂”实践与研究》获得成都市教育科学规划办、成都市教科院2021年度阶段成果评审一等奖。

三、主要讲座

2020年12月6日，受安康学院邀请，为“国培计划（2020）”乡村小学初任职校长主讲《从一个人到一群人——学习共同体的构建与实践策略》。

2020年7月20日，黄尤林受都江堰瀚海博雅教育邀请，为宁夏隆德县2020年中小学阅读教学培训班主讲《基于儿童视角的略读课文333教学模式》，获得好评。

2021年7月14日，黄尤林受泸州市教育和体育局邀请为2021泸州市乡村小学全科教师骨干培训主讲《农村小学习作教学的设计与实践》，深受学员好评。

2022年5月26日，黄尤林受成都大学师范学院邀请，为2020级全体同学主讲《让每个学生在课堂翩翩起舞——小学语文五学五导生长课堂的实践策略》。

2022年8月25日，黄尤林受泸州市教育和体育局邀请，在泸州职业技术学院主讲《体验式习作策略的深度实践》，深受学员好评。

2022年10月14日，黄尤林受乐山市教科院邀请，为"国培计划（2022）"乡村小学初任职校长主讲《从一个人到一群人——学习共同体的构建与实践策略》。

2023年1月7日，受成都市新都区儿童友好教育联盟邀请，在巴德美际学校做专题讲座《预测：儿童"悦读"的金钥匙》，受到与会专家的好评。

2023年3月14日，受成都市教育局邀请，在西部教育研究院为成都市任职前干部培训班做专题讲座《让每个学生在课堂翩翩起舞——"五学五导生长课堂"实践与研究》。

参考文献

[1] 郭思乐. 教育激扬生命：再论教育走向生本 [M]. 北京：人民教育出版社，2007.

[2] 周一贯. 语文课堂变革的创意策略：周一贯谈好课的应有样态 [M]. 上海：华东师范大学出版社，2018.

[3] 孟晓东. 用生长定义教育 [J]. 教育研究与评论（中学教育教学），2018（5）：31–48.

[4] 黄厚江. 语文课堂寻真——从原点走向共生 [M]. 上海：华东师范大学出版社，2016.

[5] 钟启泉. 课堂研究 [M]. 上海：华东师范大学出版社，2016.

[6] 佐藤学. 静悄悄的革命：课堂改变，学校就会改变 [M]. 李季湄，译. 北京：教育科学出版社，2014.

[7] 成尚荣. 儿童立场 [M]. 上海：华东师范大学出版社，2018.

[8] 朱瑛. 对核心素养视域下阅读教学走向的理性思考（上）[J]. 小学教学参考，2019（16）：1–3.

[9] 胡宇. 小学语文阅读教学中的“让学引思” [J]. 江苏教育研究，2019（2）：31–35.

[10] 陆林珍. 从“为了不教之教”走向主体性教育 [J]. 江苏教育研究，2019（Z1）：109–111.

[11] 张军亮. 小学语文生长课堂的教学立意与实践建构 [J]. 语文教学通讯，2018（36）：52.

后记

方向对了就不怕路途遥远

——“五学五导生长课堂”的变革历程

课堂变革是一场心灵的变革，是一场观念的变革，是一场技术的变革，是一场行为的变革，是“学”与“导”活动发生的核心部位，是文化传承的核心地带，是师生成长的关键路径，要回归教育常识和儿童立场，在“学”与“导”深刻变革上下真功夫，迈开真学真教的步履，努力实现“真学真导”。我们坚持在四川省黄尤林名师工作坊、成都市黄尤林名师工作室、新都区黄尤林名师工作室的成员所在学校推广研究成果。

一、“五学五导生长课堂”的“三个回归”

儿童本位的缺失会导致学习对象的丧失、学习伙伴的丧失、学习意义的丧失。理念转变、角色转换、课堂转型是“五学五导生长课堂”的变革路径，是从关注知识走向关注情智，从关注“少数人”走向关注“每个人”，从关注“教”得精彩走向关注“学”得精彩，从关注认真听讲走向关注倾听对话，推进“五学五导生长课堂”要实现三个回归。

（一）回归儿童立场

回归儿童立场要关注三个视角：一是以孩子的眼光看课堂。孩子看到的和想到的与成人世界有天壤之别。课堂要为孩子而设计，孩子需要慢，慢才有得；孩子需要少，少即是多。二是教师眼里要有每一个学生。课堂不仅是几个优秀儿童的T台，更是每个儿童的展示台。保障每个儿童全程有效参与学习，要从“班级”变革为“学习共同体”。三是要相信儿童。提倡“我的问题我来提，我的问题我来想”。相信儿童就能无限精彩，真正实现发展儿童，成就儿童。

（二）回归教育常识

回归教育常识是推进“五学五导生长课堂”变革的起点和基础，要明辨教师常识（教学相长，没有爱就没有教育），明了学生常识（相信学生潜力，每个学生都有一个元宇宙），明晰教学常识（以学为主，教师必须把课堂还给学生），明白内容常识（将内容生活化，明白所学知识能解决生活中的什么问题）。

（三）回归学习本质

学习本质上就是对话性实践，对话主要有三个维度。

1. 与文本对话

“五学五导生长课堂”给学生留下足够的与文本对话的时间，力求让学生凭借自己的理解、同伴的启发、教师的点拨，把文本读熟悉，读明白，读透彻。与文本进行深度对话，完成从知识传递到知识建构的自主生成过程，关注重点从“写了什么”转变到“怎么写的”“写得怎么样”，实现“读写融合”，发展学生核心素养。

2. 与同伴对话

“五学五导生长课堂”注重同伴间彼此启发和彼此成全，同伴既是“导师”，又是“学友”，把教师与“少数优等生的对话”转变为“同伴对话”，使课堂呈现“兵教兵”的高效学习状态，让学生的倾听、思考、表达、观察、合作等综合素养得以生成。

3. 与自我对话

“五学五导生长课堂”借助三重对话，帮助儿童建构世界，建构伙伴，建构自我，使学生追求最高级学习状态，促进学生自我评价，这种生命体精神的生命发育最重要的形式就是最有价值的成长。

二、“五学五导生长课堂”的“四从变脸”

“五学五导生长课堂”是一场触及心灵的变革，是一场教育观念的变革，是一场课堂技术的变革，是一场教学行为的变革。我们丢弃传统教学手段和教学方法，迈开真学真导步履，实现了“四从”变脸。

（一）备课——从“教案”到“学案”

传统课堂的许多教师精心设计一份结构完整的“教学思路图”——“教案”，是以教师为中心按照教师预设的逻辑顺序为学生铺就的学习之路——请跟我来、请君入瓮。“五学五导生长课堂”把学生置于课堂中心，精心设计符合班情的“预学单、共学单和拓学单”，把学生存在的、真实的核心问题转变为“任务链”，将独立学习、小组合作、全班探究贯穿全程，真正做到"先学后导""以学定导"，实现"我跟你去"的华丽转身，实现"学案"变脸。

（二）观课——从"观教"到"观学"

走进课堂，听课时应当坐在什么位置上？观课的位置、视角，会清楚地暴露管理者的课堂教学观。推动课堂变革需要管理者观课的目光由"教"转向"学"，将一个或一组学生作为重点观察的对象，记录他们在每个焦点的学习状态，尤其要注意收集关注对象的"特别表现"，并推断发生这些现象的原因。

（三）议课——从"评教"到"评学"

"学习共同体"话语下的议课，应当让所有听课者都在小组内表达自己观课的所见所感，重点分享所关注学生的学习故事，以及由此产生的感悟。当然，评价一节变革的课是不是好课，需要一把简约而不失精准的评学尺子。比如在"生成与建构"这个维度上，看其是否注重了建构知识，在倾听、串联与反刍中即时生成；在"成长与共赢"这个维度上，看是否每个学生走出课堂时都有收获，且这种获得是否更多的是在与同伴互动的过程中形成的。

（四）评价——从"知识"到"素养"

考查往往是课堂变革的指挥棒。因此，学习检测形式和命题方式上也要转型，坚决摒弃机械地检测学生记忆信息的做法，重在聚焦真实的情境，评判其用所学知识解决生活中的问题能力。

要教给学生一生有用的东西，培养其决胜未来的关键技能。这是一个教育变革的时代，为真学而真导，我们身负重塑课堂的使命。课堂正在发生静悄悄的革命：学习活动化，活动游戏化，让师生在课堂翩翩起舞。

罗伯特·弗罗斯特在《未选择的路》中写道："一片树林里分出两条路，而我选择了人迹更少的一条。"人迹更少的路不易行走，但走这样道路的人更容易成为志同道合的同路人，更容易彼此帮扶，彼此照亮。

庆幸的是，我和我的队员已经走在路上，把每个人的个性、潜能充分发挥出来，扬长容短，抱团发展，让每个队员成为最好的自己。我们有理由坚信：方向对了，就不怕路途遥远，终将会遇到我们的盛典！

黄尤林
2023年3月18日